인류에게 공통의 언어가 있다면

 P 카이로스총서 60

인류에게 공통의 언어가 있다면

Se la homaro havus komunan lingvon

지은이 루도비코 라자로 자멘호프
옮긴이 최만원

펴낸이 조정환
책임운영 신은주
편집 김정연
디자인 조문영
홍보 김하은
프리뷰 이수영 · 정현수

펴낸곳 도서출판 갈무리 등록일 1994. 3. 3. 등록번호 제17-0161호
초판인쇄 2019년 9월 24일 초판발행 2019년 9월 30일
종이 화인페이퍼 인쇄 예원프린팅 라미네이팅 금성산업 제본 경문제책

주소 서울 마포구 동교로18길 9-13 [서교동 464-56] 2층
전화 02-325-1485 팩스 02-325-1407
website http://galmuri.co.kr e-mail galmuri94@gmail.com

ISBN 978-89-6195-214-9 03300
도서분류 1. 인문 비평 2. 역사 3. 언어 4. 에스페란토

값 18,000원

이 도서의 국립중앙도서관 출판예정도서목록(CIP)은 서지정보유통지원시스템 홈페이지(http://seoji.
nl.go.kr)와 국가자료공동목록시스템(http://www.nl.go.kr/kolisnet)에서 이용하실 수 있습니다.(CIP제어
번호 : CIP2019030308)

인류에게 공통의 언어가 있다면

에스페란토 창시자
자멘호프의 인류인주의

루도비코 라자로 자멘호프 지음
최만원 옮김

갈무리

일러두기

1. 이 책은 L. L. Zamenhof, *Originala Verkaro*, kolektitaj kaj ordigitaj de d-ro. Joh. Dietterle (Ferdinant Hirt & Sohn En Leipzig, 1929, 이하 OV)에서 골라 번역하였다. 부록의 세 번째 글 「에스페란토주의의 본질에 대한 선언」은 "Deklaracio pri la Esenco de la Esperantismo"(1905, https://eo.wikipedia.org/wiki/Deklaracio_pri_Esperanto)를 번역한 것이다.

2. 『자멘호프 선집』(*Originala Verkaro*)은 자멘호프가 자기 책에 쓴 서문, 잡지 기고 글, 논문, 각종 대회에서 행한 연설, 에스페란티스토들과 주고받은 편지 및 자작시로 구성되어 있다. 이 책은 자멘호프의 수많은 글 중에서 국제어에 관한 그의 이상과 그 이상의 발전 과정에 관련된 글들을 뽑아 번역했다. 원문에는 서문, 잡지 기고 글, 논문, 연설, 편지, 시(詩)의 순서로 실렸지만, 한국어판에서는 전체 글을 본문과 부록으로 나눠, 본문에는 에스페란토에 대한 저자의 주장과 그 주장을 뒷받침하는 글들을 본 역서의 취지에 맞게 배치하였고, 부록에는 자멘호프의 개인적 신앙에 가까운 인류인주의의 초기 형태와 최종 완성된 형태의 글을 배치했다. 1887년 에스페란토가 공식적으로 발표되면서 1879년 발표된 첫 세계어 볼라퓌크 지지자들의 엄청난 공격과 반대에 직면했으며, 자멘호프는 당시 볼라퓌크와 에스페란토 지지자 사이의 격렬한 논쟁과 대립이 진행되고 있는 상황에서 여러 글에서 반복적으로 볼라퓌크에 대한 에스페란토의 언어적, 이념적 우위를 주장하고 있다.

3. 지은이 주석, 독일판 편집자 디테를레의 주석, 옮긴이 주석은 같은 일련번호를 가지며, 디테를레의 주석에는 [디테를레], 옮긴이 주석에는 [옮긴이]라고 표시하였다.

인류에게 공통의 언어가 있다면

차례

L. L. Zamenhof

* 15. XII. 1859 — † 14. IV. 1917

1장

국제어 이념의 본질과 미래[1]

I

인류 역사에서 중요한 역할을 하게 될 모든 사상은 항상 다음과 같은 운명을 맞이하게 됩니다. 어떤 새로운 사상이 처음 세상에 모습을 드러낼 때, 동시대인들은 엄청나게 완고한 불신과 설명할 수 없는 어떤 적대감으로 이 새로운 사상을 대하면서, 이 사상의 선구자들을 정신병자 또

---

1. [디테를레] 『기초 문선』(*Fundamenta Krestomatio*) 5판, pp. 268~316. 『기초 문선』에 수록된 이 논문의 원제목은 「익명의 저자가 작성한 후 보프롱이 그 내용을 약간 수정하고 축약해 〈프랑스과학증진협회〉의 대회에서 낭독한 보고서」(Raporto verkita de anonima aŭtoro kaj legita (en formo iom ŝanĝita kaj mallongigita) de s-ro L. de Beaufront en la kongreso de l' Association Française pour l'Avancement des Sciences, Parizo, 1900)이다. 이 글은 1900년 초에 작성된 것으로 추측되지만 정확한 연도는 알 수 없었고, 사람들은 보프롱이 작성했을 것으로 추측할 따름이었다. 그러나 이런 견해에 대해서 자멘호프는 『언어 문제에 관한 답변』(*Lingvaj Respondoj*)에 발표한 글(「홍보에 관한 글」[Pri Propaganda Artikolo] II. 117 참고)에서 이견을 제기했다. 자멘호프는 이 글에서 자신이 「보고서」의 저자라고 명확히 밝히진 않았지만, 「보고서」의 저자가 사용한 필명 'Unuel'은 자멘호프가 사용하던 것이다. 이런 내용을 자멘호프는 워싱턴에서 개최된 〈제6차 세계에스페란토대회〉에서 행한 연설(OV, pp. 393~400)과 크레스타노프(Krestanof)에게 보낸 편지(OV, p. 574)에서 언급했다. [루이 드 보프롱(Louis de Beaufront, 1855~1935)은 프랑스 에스페란티스토다. 뛰어난 언어적 재능과 열정으로 적지 않은 프랑스의 저명인사들을 에스페란토로 유인했으며 수많은 에스페란토 관련 저서를 출판하면서 에스페란토의 두 번째 아버지로까지 불렸다. 독실한 가톨릭 신자였던 그는 자멘호프의 '인류인주의' 같은 종교적 이념과 충돌한 후 에스페란토를 개조한 이도(Ido)를 창안하고 에스페란토운동과 결별했다. ─ 옮긴이]

는 어린애처럼 무지한 사람, 심지어는 아주 해로운 사람으로 간주하기 때문에, 새로운 사상의 선구자들은 이런 선입견에 맞서 끈질기게 투쟁해야 하고 고통을 겪게 됩니다. 반대로 어떤 목적이나 의미도 없는 일에 종사하는 사람들이라도 그들의 주장이 당시의 유행에 부응하고 대중의 틀에 박힌 생각과 부합하기만 하면, 모든 좋은 것을 누릴 수 있을 뿐 아니라 '지식인' 또는 '공공에 유익한 활동가'라는 명예를 누릴 수 있습니다. 하지만 새로운 사상의 선구자들은 오직 비웃음과 공격에 직면하게 됩니다. 아직 많이 배우지 못한 어린애들조차 그들을 우습게 보면서 "당신들은 멍청한 짓을 하고 있다."고 비웃고, 잡지의 문예란 담당 기자들 역시 이 선구자들이 무엇을 위해 이런 일을 하는지에 대한 최소한의 조사도 없이 흥미 위주의 기사를 써 내려갑니다. 그리고 항상 고함치는 양치기의 뒤꽁무니만 쫓아가는 양 떼 같은 대중은, 이런 재기발랄한 조롱이 어떤 의미나 논리를 담고 있는지 일분일초도 의문을 가져 보지 않은 채 그저 웃음을 터트립니다. 이런 사상에 대해 "지금 유행하는 사상"이라고 말하는 것은 단지 빈정대고 멸시하며 비웃는 것일 뿐인데, 거의 모든 사람이 이렇게 하고 있습니다. 이들 모두는 이런 사상이 어리석음 외에는 아무런 의미도 없다는 사실을 이미 알고 있고, 또 자신이 이런 어리석은 사상을 아주 잠깐이라도 진지하게 고려했다는 사실을 다른 사람들이 알게 되면, 자신도 이런 어리석은 사람으로 분류될까 두려워 이런 사상에 대해 일분일초도 진지하게 고민하는 것을 두려워합니다. 사람들은 지금 같은 실용적인 시기에 어떻게 이런 어리석은 몽상가들이 나타날 수 있으며, 대체 왜 이런 사람들을 정신병원에 가두지 않았는지 놀라워합니다.

그러나 세월이 흘러 오랜 투쟁과 고통을 겪은 후, 이 '어린 몽상가들'이 목적지에 도착하고 이 새로운 성과물 덕분에 인류의 생활이 좀 더 풍요로워지며 또 그것으로부터 광범위하고 다양한 유용함을 얻게 되면 상황이 달라집니다. 이미 강력한 지지를 얻은 이 새로운 사상은 "어떻게 사람들이 이것도 없이 수천 년 동안이나 살아왔는지 이해할 수 없을 만큼" 당연한 것으로 받아들여집니다. 후세들은 앞에서 언급된 사상에 대한 동시대 사람들의 반응을 읽으면서 그 내용을 믿지 않은 채, 오히려 이 모든 것이 과거 세대들을 조롱하기 위해 역사가들이 상상해 낸 것이라고 생각할 것입니다. "그 당시에는 정말로 그렇게 바보 같은 사람들만 살았나요?", "정말로 사람들이 이런 사상의 선구자들에게 그런 황당한 반론을 폈고 또 일부 사람들은 이에 대해 침묵했을까요?", 그렇게 비난하는 사람들에게 다섯 살 어린이는, "아무런 근거도 없는 헛소리에 대한 반증이 바로 당신들 눈앞에 있는데 어떻게 그런 말을 할 수 있나요!"라고 말하지 않았을까요? "결코, 이해할 수 없습니다! 역사가들이 사건을 너무 과장했겠죠!"라고 그들은 말할 것입니다.

기독교·도덕·철학·과학 등의 분야에서 위대한 사상들이 탄생한 역사, 아메리카 발견의 역사, 그리고 철도 도입의 역사 등에 대해서도 읽어보시기 바랍니다. 어디서든 같은 상황일 것입니다. "이것은 오래된 이야기지만 여전히 새로운 것으로 남아 있다."[2] 빛은 먼 거리에 위치한 사람에게는 아주 소중한 것이지만, 가까운 거리에 위치한 사람은 그 빛이 눈을 자극하기 때문에 그것을 꺼 버리려 할 것입니다. '인도로 가는 서쪽 항로가 반드시 있을 것'이라는 콜럼버스의 생각은, 현재 우리에게는 아주 간단하고 자연스러운 진리입니다. 그러나 과거에 지구가 타원체橢圓体라는 사실을

---

2. [옮긴이] Es ist eine alte Geschichte, doch bleit sie immer neu. 독일 시인 하이네(Heinrich Heine, 1797~1856)의 『노래의 책』(Buch der Lieder)을 독일 작곡가 슈만(Robert Schumann)이 작품화한 「시인의 사랑」(Dichterliebe) Op. 48 중 11번째 곡 〈한 총각이 처녀를 사랑했으나〉에 나오는 구절.

이미 알고 있으면서도, 동쪽만이 아니라 서쪽을 통해서도 어떤 나라에든지 도착할 수 있으며, 미지未知의 서쪽에 우리가 알지 못하는 흥미로운 나라들이 존재한다는 사실을 의심하는 사람들이 있었다는 사실을 우리는 쉽게 믿기 어렵습니다. "그 누구도 유럽의 서쪽으로 여행하지 않았고, 따라서 그것은 불가능하다. 하느님이 그것을 허락하지 않았고, 배들은 물 밑으로 가라앉아 다시는 떠오르지 못할 것이다." 등등, 당시 사람들이 콜럼버스에게 제기했던 반론들을 읽으면서, 우리는 마지못해 "어떻게 어른들이 우리 시대에는 어린이들마저 얼굴을 붉힐 그런 어리석은 질문을 할 수 있었을까요?"라는 질문을 우리 자신에게 던지게 됩니다. 그러나 당시에는 이런 유치한 주장들이 "어떠한 의심도 가질 수 없는 진리" 또는 "사려 깊은 인류의 가장 논리적인 견해"로, 반대로 콜럼버스의 견해는 어떤 주의를 기울일 가치도 없는 어린애의 유치한 생각으로 간주되었습니다. 대중에게 증기 기관의 힘과 그 유용성을 처음 설명했을 때, 그렇게 사려 깊은 사람들이 증기 기관에 대해 어떤 반론을 제기했나요? 발명가는 얼마나 오랫동안 투쟁하며 고통과 조롱을 감수해야 했나요? 그리고 마침내 이 노력이 성공해서 최종 목표에 도달하고, 영국에서는 이미 3년 동안 기관차를 운행해 커다란 효과를 거뒀습니다. 그런데도 유럽 대륙의 지식인과 모든 지식인 단체는 이 사업을 정직하게 직시하고 인정하는 대신에, "철도 사업은 아직 성숙하지 않은 구상이며, 가능하지 않을뿐더러 유용하지도 않다."는 등의 논문들을 계속 발표했습니다. 대체 무엇 때문에 이런 일들이 발생했을까요? 우리는 이런 사건들이 "모든 사람의 전염병적인 우둔함 때문일까요? 진짜로 그런 세대가 존재했나요?"라는 질문을 스스로 던져 봐야 합니다. 그렇습니다. 정말로 그런 세대가 존재했습니다. 그리고 현재 그런 상황에 놀라고 있는 우리는 실제로 그들보다 더 좋지 않은 상황에 부닥쳐 있으며, 우리 후손들의 상황은 우리보다 더 좋지 않을 것입니다. 이 모든 사람의 분노에 찬 의미 없는 반론과 공격은 그들이 바보나 멍청이가 아니었음에도 현시대의 우리에게는 마치 그들이 그런 사람이었던 것처럼 보이게 하는데, 그들의 모든 잘못은 오직 우리 모두에 자연스럽게 내재해 있는 정신적 타성惰性 때문입니다. 그들은 그저 웃음 가득한 얼굴로 새롭게 출현한 현상을 올바로 평가하려고 하지 않았거나, 그들에게 제안된 사업이 실현 불가능할 것이라는 기존의 확신을 갖고 접근했을 수도 있습니다. 그리고 그들은 이런 논점들이 전혀 근거가 없다는 사실에는 주목하지 않은 채, 자신의 모든 논점을 과거의 결정에 맞추려고 노력했습니다. 새로운 이상을 방어하는 사람들의 변론에 맞서, 그들은 가장 강력한 열쇠로 자신의 이성에 자물쇠를 채워 버렸습니다. 이 때문에 "모든 사람이 불가능하다고 인식하고 있는 그 계획"의 실현 가능성을 입증하려 노력한 이러한 논쟁들이, 지금 우리가 보기에 마치 당시의 변론들이 어린아이들의 말장난처럼 유치하게 보였던 것과 마찬가지로, 이런 타성에 젖어 있던 사람들에게는 유치하게 보였을 것입니다.

동시대의 사람들에게 아무런 의미도 없는 환상幻想처럼 들리는 생각들이 후대의 사람들에게는 "어떻게 선조들이 이것도 없이 수천 년을 살아왔는지 이해하지 못하는" 자연스러운 일이 되는 것처럼, 서로 다른 민족 간의 교류를 위한 공용어 도입이라는 이념 역시 이런 범주에 포함됩니다. 지구의 주인이자 세계 지성의 가장 높은 대표자들이면서 또 수천 년 동안 이웃하며 살아온 반신半神의 능력을 지닌 인간들이 서로를 이해하지 못한 채 이웃해 살았다는 사실을 우리의 후세들이 역사를 통해 알게 되면, 그들은 이 사실을 믿지 않을 것입니다. "이웃 간의 소통을 위해 어떤 초자연적인 힘도 필요하지 않습니다. 자신의 가장 가까운 이

웃과 완벽하고 정확하게 이해할 수 있는 다수의 발성 체계를 다 갖추고 있는데, 문명화된 다수의 사람을 위해 이미 오래전에 단일한 규칙, 알파벳, 음악 부호들을 도입했던 것과 마찬가지로, 그런 조건에 부합하는 언어 중의 하나를 모든 사람의 상호 교류를 위해 도입해야 한다는 생각이 왜 사람들의 머릿속에 떠오르지 않았을까요?"라고 질문할 것입니다. 사람들은 공용어를 도입하기 위해 노력한 선구자들을 향해 사려 깊은 사람들에게 어울리는 호칭보다는 '광적인 애호가'라고 부르거나 그들을 '어린애' 취급하면서 손가락질하고, 또 아무런 개념도 없는 머리가 텅 빈 사람들이 제멋대로 언론을 통해 그들을 신나게 조롱했습니다. 그리고 우리 후세들은, 이런 개념 없는 사람들에게 어느 누구도 "당신들은 이런 이상이 실현 가능한 것인지 아닌지 검토해 봤어야 해요. 그들을 제대로 알지도 못하면서 조롱만 하는 당신들은 부끄러운 줄 알아야 해요."라고 말하지 않았다는 사실을 알게 되면 분노할 것입니다. 우리 후손들은, 국제어의 일반적인 이상과 특히 인공어에 대한 많은 우리 동시대인의 순진한 반론에 정말로 박장대소할 것입니다. 수천 년 전 우리의 선조 중 일부는 대단한 지식인인 체하면서, 인간의 생각을 표현하는 방식은 "상형문자 같은 도안 형태에서 시작해 역사적 발전 경로를 거쳐 형성된 자연스러운 것"이라는 사실과 "언어는 책상 위에서 만들어질 수 없다."는 점에 대해서는 전혀 입증하지 못한 채, 인위적인 알파벳의 도입에 저항했으며, 우리는 그들에게 그저 연민의 미소를 보냈습니다. 이와 마찬가지로 우리 후손들 역시 현재의 언어들이 특별한 계획에 의해서가 아니라 오로지 자연적인 필요에 의해 만들어진 상황에 관해서는 설명하지 못하면서 언어는 인위적으로 창안될 수 없다고 단호하게 확언하는 우리 시대의 사람들을 비웃을 것입니다. "인공적으로 창안된 국제어는 지금까지도 없었고 앞으로도 없을 것이다.", "우리는 결코 그것을 믿을 수 없다."는 주장에 대해, 다음 세기에 열 살 된 어떤 학생이 자기 선생님에게 "그들의 코앞에서 그런 언어가 이미 사용되고 있고, 이미 많은 문학 작품들이 존재했으며 또 사람들이 국제어에 요구한 기능을 실제로 훌륭하게 실행하고 있었는데, 인공어의 존재 가능성을 부인하는 사람이 있었다는 사실을 어떻게 믿을 수 있나요? 그들은 무의미한 이론만 늘어놓지 말고 눈을 크게 뜨고 지켜봤어야 해요! 매 순간 어떤 민족의 구성원이 다른 민족의 언어로 아주 훌륭하게 대화하는 것을 모든 어린이가 지켜보고 있는데, 어른들은 단지 민족들 간의 발성 기관의 차이에 대한 헛소리만 늘어놓고 있었다는 게 가능하기나 합니까?"라고 질문할 때, 선생님은 "정말로 믿을 수 없는데, 그런 일이 있었답니다."라고 대답할 것입니다.

그러나 지금 당대의 국제어 사업에서 건전한 상식이 낡은 관성과 정신적 타성을 하나씩 대체하기 시작했습니다. 이미 오래전부터 여러 지역의 다양한 언론 매체들에서 국제어 사상 및 이를 위해 투쟁하는 사람들에 대한 긍정적인 글들이 잇따라 게재되고 있습니다. 그렇지만 이런 기사를 보면, 국제어 관련 활동가들이 여전히 대중의 비난 앞에 자신을 드러낼 용기가 없는 것처럼 보입니다. 이런 용기 없는 태도는 습관적으로 가장 큰 목소리를 내는 방향으로 따라가면서, 비웃는 사람을 현명한 사람으로, 공격하는 사람을 용감한 사람으로, 반대로 공격받는 사람을 죄인으로 간주하면서, 여전히 국제어 사상을 의미 없는 유치한 환상으로 여기는 다수의 대중이 큰 소리로 외쳐대는 조롱과 비난에 묻혀 버릴 것입니다. 그리고 이런 사람들을 설득하려는 우리의 주장이 허공에 사라져 버릴 것이 분명하기 때문에 이런 사람들을 설득하려 노력하지 않을 것입니다. 오직 시간만이 그들을 설득할 수 있을 것입니다. 오늘날 그들이 우리 사업의 선구자들을 모욕한 것과 같은 군중 심리로, 내일 그들은 이 사상의 선구자들을 위해 기념비를 세울 것입니다. 우리의 주장은, 우리의 사상을 독자적으로 판단하려 하지만 자신이 이미 접했던 다양한 사상의 영향으로 어떤 관점을 취해야 할지 주저하면서, 우리의 주장을 신뢰하는 동시에 끊임없는 의구심으로 고통받는 사람들을 대상으로 하고 있습니다. 이런 사람들을 위해 우리는 여기서, "국제어 사상의 친구들이 실제로 어떤 이상을 추구하고 있는가? 우리를 반대하는 사람들이 주장하는 것처럼, 우리의 노력이 물거품처럼 헛되이 사라질 위험에 우리가 처해 있는가? 아니면 우리는 명확하게 규정된, 확실하게 도달해야 할 목표를 향해 가고 있는가?"라는 질문에 대해 분석할 것입니다.

친애하는 청중 여러분! 우리는 여러분이 아주 유명한 인사들의 수많은 인용구와 의사疑似 과학적인 과장된 수식어들로 빛나는 그런 논증들에 습관적으로 존경심을 갖고 대한다는 사실을 알고 있습니다. 그러나 우리의 주장에서는 그러한 화려한 논증들을 찾아볼 수 없다는 점을 여러분께 미리 말씀드립니다. 만약 여기서 어떤 유명 인사와 연결된 주목할 만한 내용을 기대한다면, 국제어에 대한 논문이나 저서를 읽어 보시기 바랍니다. 여러분은 거기서 국제어 사상을 위해 공헌한 수많은 뛰어난 학자들을 발견할 수 있을 것입니다. 여기서는 다른 모든 화려한 주장이나 논증은 제쳐 두고, 오직 순전히 논리적인 입장에서 언급하겠습니다. 베드로와 요한[3]의 주장에만 귀를 기울이지 말고, 여러분 스스로 생각해 보시기 바랍니다. 만약 우리의 논증이 정확하다면 받아들이고, 틀렸다고 판단되면 수천 명의 저명한 학자들이 이 주장을 지지한다 하더라도 무시하고 폐기해 버리기 바랍니다.

우리는 다음 질문들에 대해 체계적으로 분석해 보겠습니다. 1) 과연 국제어는 필요한가? 2) 국제어는 원칙적으로 가능한가? 3) 국제어가 실질적으로 도입될 수 있을 것이라는 희망이 있는가? 4) 언제 그리고 어떤 방식으로 국제어가 만들어지고 또 어떤 언어가 채택될 것인가? 5) 현재 우리의 사업은 어떤 명확한 목표를 향해 가고 있는가? 아니면 우리는 여전히 맹목적으로 행동하고 있으며, 우리의 사업이 헛되이 좌초할 정도로 위험한 상황에 부닥쳐 있는가? 그리고 이런 이유로 신중한 사람들은 여전히 상황이 뚜렷해질 때까지 우리 옆에 서서 관망해야만 하는가?

---

3. [옮긴이] 성경에 나오는 기독교 사상의 주요 전파자들로, 본문에서는 권위 있는 학자들을 지칭한다.

II

　"국제어가 필요합니까?"라는 질문은 너무나 순진한 것이어서, 우리가 "우편 제도가 필요합니까?"라는 질문에 폭소를 터트리는 것처럼 미래 세대의 웃음을 자아낼 것입니다. 대다수 지식인은 이미 이 질문이 전혀 쓸모없는 것이라는 점을 알아챘을 것입니다. 그러나 여전히 이 질문에 많은 사람이 "아니요!"라고 대답했기 때문에 이 질문을 포함했습니다. "아니요!"라고 대답한 사람 중의 일부가 제시한 유일한 동기는 "국제어가 민족어와 민족들을 파괴할 것"이라는 이유 때문입니다. 아무리 우리의 머리가 무뎌졌다 하더라도, 미래의 어떤 아름다운 날, 민족과 민족어들이 존재하지 않고 모든 사람이 하나의 언어를 사용하는 한 가족이 되는 것이 어떻게 인류에게 불행을 주는 것인지 도무지 이해할 수 없음을 고백합니다. 그러나 우리는 이런 생각이 실제로 어떤 공포를 불러일으킬 수도 있다는 가정에 따라, 이런 사람들을 신속하게 진정시키고자 합니다. 국제어는 오로지 소통하지 못하고 벙어리처럼 마주하고 있는 사람들에게 소통 가능성을 제공하려는 것일 뿐, 민족들 내부의 일에 개입하려는 의도는 전혀 없습니다. 국제어가 민족어들을 파괴할 것이라고 두려워하는 것은, 예를 들면 멀리 떨어져 있는 사람들이 서로 교류할 수 있도록 도와주는 우편 사업이 마치 사람들 간의 직접 대화의 존재를 위협할 것이라는 주장처럼 우스운 것입니다. 다른 사람들 간의 소통을 돕기 위해 사용되는 국제어와 모든 사람에게 사용을 강요하는 세계 공용어는 전혀 다른 성질의 것으로 우리가 이둘을 서로 오해하면 안 됩니다. 언젠가 모든 사람이 더불어 사는 하나의 민족이 형성된다면, 이런 불행(국수주의자들은 이렇게 표현할 것입니다.)은 국제어의 잘못이 아니라 이 사업에 참여한 사람들의 지나친 확신과 견해 때문일 것입니다. 만약 그런 시기가 도래한다면, 국제어는 실제로 과거에 사람들이 원칙적으로 바람직하다고 결정했던 그런 목표에 쉽게 도달할 수 있도록 도울 것입니다. 그러나 인류의 대단결이라는 이런 목표가 사람들에 의해 자발적으로 형성된 것이 아니라면, 국제어 스스로 사람들에게 그러한 통합을 강요하지는 않을 것입니다. '민족적 국수주의자들이 이것을 원하는지 원하지 않는지'의 문제는 완전히 배제한 채, 우리는 국제어를 향해 나아가는 과정에서 가장 열광적이고 맹목적인 국수주의자마저도 배제해서는 안 된다는 점을 언급하고자 합니다. 그 이유는 국제어와 민족적 국수주의의 목표의 관계가 민족적 애국주의와 자신의 가족에 대한 사랑 사이의 관계와 같기 때문입니다. 애국적인 국민들 상호 간의 소통과 교류의 확대가 가족 구성원 간의 사랑을 위협한다고 말할 수 있을까요? 국제어는 민족어를 말살시킬 수 없을 뿐 아니라, 오히려 의심의 여지없이 민족어를 더 강화하고 완전히 꽃피울 수 있도록 도울 것입니다. 지금 우리가 사는 이 시대는 다양한 외국어 학습의 필요성 때문에, 자신의 모국어를 완벽하게 구사할 수 있는 사람을 찾아보기 어렵습니다. 각각의 민족어 역시 항상 서로 뒤섞이면서 점점 더 복잡해지고 기형적으로 변하면서 자신이 원래 가지고 있던 풍부함과 아름다움을 상실하고 있습니다. 그러나 우리가 모두 단 하나의, 그것도 아주 완벽히 배우기 쉬운 외국어(모국어 외의 다른 언어)만을 배운다면, 우리는 모두 자신의 모국어를 훨씬 심도 있게 배울 수 있으며, 모든 언어는 수많은 주변 언어들의 압력에서 벗어나고 자기 민족의 모든 역량을 완벽하게 보존하면서 머지않아 가장 빛나는 성취를 이룰 수 있을 것입니다.

국제어 반대자들이 제기한 두 번째 동기는 만약 국제어가 어떤 민족어 중에서 선택되면 사람들이 서로 쉽게 가까워지지 못하고, 반대로 자신의 언어가 국제어로 선택된 민족은 다른 민족을 압도하는 엄청난 권력을 갖게 되며, 이로 인해 어떤 한 민족이 손쉽게 다른 민족을 억압하고 집어삼켜 버릴 것이라는 두려움입니다. 이런 이유가 전혀 근거 없는 것은 아니지만, 이런 이유는 심사숙고하지 않았거나 잘못된 형태의 국제어에만 제기할 수 있습니다. 이런 우려는 우리가 아래서 제시할 "반드시 중립적인 어떤 언어가 국제어로 선택될 것이다."라는 문제로 시선을 돌리면, 곧바로 모든 의미를 상실하게 될 것입니다.

따라서 만약 우리가 국제어 도입이 가능한지 아닌지(이 문제는 아래서 언급하겠습니다.)의 문제를 잠시 내려놓고, 대신 그런 언어의 도입이 오직 우리의 의지에 달려 있으며 만약 우리가 국제어의 선택에서 엄청난 실수를 범하지 않을 것이라고 가정한다면, 국제어 무용론은, 그것이 아주 사소한 것이라 하더라도, 결코 어떤 의미를 가질 수 없다는 점에 동의해야 할 것입니다. 반대로 국제어가 인류에 가져다줄 효과는 너무 명확해서 이 점에 대해 일부러 언급할 필요는 없지만, 우리의 분석에 완벽함을 더하기 위해 이 점에 대해 몇 마디만 언급하겠습니다.

무엇이 인류를 실제 사람과 비슷한 모습으로 태어난 다른 모든 동물이 근접하지 못할 정도로 엄청나게 발전시켰는지 생각해 본 적이 있습니까? 인류가 누리는 모든 고상한 문화와 문명에 대해 우리가 감사해야 할 것이 하나 있는데 그것은 바로 사람들이 서로의 생각을 교환할 수 있게 해 준 '언어'의 소유입니다. 만약 인류가 언어를 통해 서로 소통하지 못하고, 인류에 의해 창안된 수천, 수백만, 수십억 개의 다양한 지식과 경험의 성과들을 자유롭게 사용하지 못하고, 모든 지식과 지혜를 처음부터 우리 스스로 배워야 했다면, 만물의 영장灵长인 우리의 모습은 어떠했을까요? 그랬다면 인류는 지능도 없고 서로 협력하지도 못하는 다른 동물의 가장 낮은 수준에도 도달하지 못했을 것입니다. 인간에게서 손과 발 그리고 다른 어떤 신체 일부를 빼앗아 가더라도 생각을 교환할 수 있는 능력만 남겨준다면, 인간은 만물의 영장으로 살아남을 수 있을 것이며 계속해서 끊임없이 완벽해질 것입니다. 그러나 만약 인간에게 1백 개의 손을 주고, 지금까지 알지 못했던 1백 개의 감각과 능력을 선사하더라도 생각을 교환할 수 있는 능력을 빼앗아 간다면, 인간은 지혜도 없고 서로 협력할 줄도 모르는 동물로 생존해 갈 수밖에 없을 것입니다. 그러나 만약 가장 적은 그리고 가장 제한적이나마 생각을 교환할 가능성을 인류에게 남겨 준다면, 그것은 다른 어떤 선물과도 비교할 수 없는 엄청난 의미가 있습니다. 인간이 생각을 충분하게 교환할 수 있게 도와주는 언어는 A가 B뿐 아니라 C, D, E, F와도 상호 이해할 수 있도록 해 주며, 모든 사람의 상호 이해를 도와 줍니다. 인류 역사에서 가장 위대한 1백 개의 발명도 국제어의 도입이 인간 생활에 기여할 엄청난 지고지선의 혁명을 가져다주지 못할 것입니다. 몇몇 간단한 예를 살펴보겠습니다. 우리는 다른 모든 국가의 언어를 번역하기 위해 노력하고 있습니다. 그러나 이 사업은 비생산적이며 큰 노력과 자금이 필요합니다. 그런데도 우리는 전체 인류의 문학 중 아주 적은 수의 작품만을 번역할 수 있으며, 다양한 사상과 풍부한 내용을 갖춘 대다수의 문학 작품들에 접근할 수 없습니다. 그러나 만약 국제어가 존재한다면, 인간의 사고 범위 내에서 나타나는 모든 것들이 이 중립어로 번역되고 많은 저서가 직접 이 언어로 쓰이며 인간 정신의 모든 결과물을 우리가 모두 누릴 수 있을 것입니다. 인류가 생산한 지식 일부를 완성하기 위해 우리는 끊임없이 다양한 국제대회를 개최하지만 이런 국제대회는 얼마나 형편없는 역할을 하고 있습니까? 이런 대회에 참가할 수 있는 사람은, 어떤 실질적인 유용함을 위해 무엇인가를 듣고 싶은 사람도, 실제로 어떤 중요한 의견 교환을 하려는 사람도 아니며 단지 몇몇 언어로 잡담이나 할 수 있는 사람들뿐 입니다. 우리의 인생은 짧지만 학문은 광범위합니다. 따라서 우리는 배우고, 배우고 또 배워야 합니다. 그리고 우리는 배우기 위해 우리의 짧은 삶에서 아주 일부, 즉 어린 시절부터 청년기까지를 투자합니다. 그러나 안타깝게도 이 귀중한 시기의 중요한 부분을 다른 언어를 배우기 위해 비생산적으로 소모하고 있습니다. 만약 국제어 덕분에 현재 언어를 배우려고 비생산적으로 투자하는 시간을 실질적이고 실험적인 학문을 위해 투자할 수 있다면 엄청난 성과를 거둘 수 있을 것이고, 그때가 되면 인류 역시 상상할 수 없는 발전을 이룰 수 있을 것입니다!

그러나 이 점에 대해서는 더 언급하지 않겠습니다. 그 이유는 여기 앉아 계시는 청중 모두가 이런저런 형태의 국제어와 관련이 있을 것이며, 누구도 국제어의 유용성 그 자체에 대해서는 의혹을 품지 않으리라 믿기 때문입니다. 자신의 호불호에 대해 정확하게 고려하는 습관을 갖지 않은 많은 사람은, 대체로 자신이 어떤 사상을 인정하지 않으면 반드시 그 사상에 대해 전체적으로 비판합니다. 따라서 우리 분석의 체계성을 위해, 만약 여러분 자신이 절대 의심하지 않을 수준의 국제어가 도입된다면, 무엇보다 먼저 국제어의 전체적인 유용함에 대해 스스로 기억하고 주목해 줄 것을 요청합니다. 우리가 도달한 첫 번째 결론을 똑똑히 기억하고 또 여러분이 동의한 다음과 같은 결론, 즉 '모든 국가와 민족의 구성원들을 서로 이해하게 해 주는 국제어는 인류에게 커다란 유용함을 가져다줄 것'이라는 사실을 명심하고 기억하시기 바랍니다.

III

이제 "국제어는 가능한가?"라는 두 번째 질문으로 넘어가겠습니다. 이 가능성에 반대할 아주 최소한의 이유도 존재하지 않을 뿐 아니라, 일분일초도 의심을 갖게 할 만한 이유가 없기 때문에, 어떤 사람도 이 질문에 대해 의심하지 않을 것입니다. 실제로 과학적 신념에 근거해, 언어는 모든 사람의 발성 기관의 개별적인 생리학적 특성 및 기후, 유전, 인종 간의 교류, 역사적 조건 등에 의해 결정된다고 믿는 사람들이 있습니다. 특히 지식인들의 이런 발언이 다양한 인용문과 신비한 과학적 단어들로 마구 뒤섞여 있을 때 대중은 크게 감명받습니다. 그러나 용기 있게 자신의 판단을 구하는 교양 있는 사람들은 이런 질문들이 아무런 의미도 없는 사이비 과학으로 위장한 잡담 수준의 내용이며, 이런 내용을 처음 접하는 어린이들도 쉽게 반박할 수 있다는 점을 잘 알고 있습니다. 어떤 국가나 민족의 아이들이 태어날 때부터 전혀 낯선 지역 심지어 지구의 대척점에 있는 국가나 민족 지역에서 교육받는다면, 그 지역의 언어를 원래 거주민 자녀들처럼 잘할 것이라는 사실을 일상의 경험에서 잘 알고 있습니다. 성인들은 일반적으로 외국어를 배우기가 매우 어려운데 그 이유는 결코 그의 발성 기관 때문이 아니며 단순히 그가 인내심이나 충분한 시간 또는 좋은 선생님이나 방법을 찾지 못했기 때문입니다. 성인들 역시 어린 시절부터 자신의 민족어로 교육받지 않고 단지 학교 수업을 통해서만 배운다면 자신의 민족어를 배우는 데 있어서 똑같은 어려움에 직면할 것입니다. 마지막으로, 모든 교양 있는 사람들은 몇 개의 외국어를 배워야 하는데, 그 사람이 외국어를 선택할 때의 기준은 자신의 발성 기관에 적합한 언어인지가 아니라 자신의 필요 때문입니다. 따라서 모든 사람이 몇 개의 언어를 배우는 대신에, 모든 사람이 같은 하나의 언어를 배워 서로를 이해하자는 생각이 전혀 불가능한 것은 아닙니다. 심지어 모든 사람이 국제어로 도입된 그 언어를 완벽하게 구사하지 못한다 하더라도 국제어에 대한 요구는 확고해질 것이며, 사람들이 서로 소통하지 못하면서 마주 보고 서 있는 상황 역시 사라질 것입니다. 만약 전 세계 모든 사람이 다른 사람과 교류하기 위해 오직 하나의 언어만 배워도 된다는 사실을 알게 된다면 세계 곳곳에 이 언어를 가르치는 좋은 선생님과 학교들이 생겨날 것이고, 모든 사람이 이 언어를 완전히 자발적으로 또 열정적으로 공부할 것이며, 그 결과 모든 부모는 자신의 아이들이 어릴 때부터 모국어와 함께 이 언어를 배우게 할 것입니다. 따라서 우리는 이제 "사람들이 어떤 언어를 국제어로 선택할 것인가? 그들은 이 선택에 상호 동의할 수 있을 것인가?"라는 질문은 잠시 제쳐 두고, 우리가 위에서 언급했던 국제어의 존재 그 자체는 전적으로 가능하다는 주장에 한 점의 의혹도 없다는 사실을 확인할 수 있습니다. 지금까지 도달한 다음의 두 가지 결론을 여러분의 기억 속에 분명하게 새겨야 합니다. 1) 국제어는 인류에게 커다란 유용함을 가져다줄 것입니다. 2) 국제어는 현실적으로 가능합니다.

IV

국제어는 언제쯤 도입될 수 있을까요? 국제어가 인류에게 커다란 유용함을 가져다주고 또 현실화될 수 있다는 결론에 도달했다면, 이 두 가지 결론을 통해 국제어가 언젠가는 반드시 도입될 수 있으리라는 결론이 도출되었다고 말할 수 있습니다. 그렇지 않다면 우리는 인류의 가장 기본적인 이성의 존재마저도 부정해야 할 것입니다. 만약 지금까지 국제어 역할을 수행한 언어가 존재하지 않았고 따라서 앞으로 창안되어야 한다면, 이런 언어를 창안할 수 있는지 아닌지 알 수 없기 때문에 이 장의 첫 부분에 제시되었던 국제어가 창안 가능한 것인가, 라는 질문의 답변을 의심해봐야 할 것입니다. 그러나 우리는 이미 많은 언어가 존재한다는 것을 알고 있고 이런 언어들은 단지 국제어의 목적을 수행하기 위해 좀 더 적합한가 좀 덜 적합한가의 차이가 있을 뿐이어서, 국제어가 필요하다면 이들 중 한 언어를 국제어로 선택할 수 있습니다. 따라서 이제 우리는 모든 것이 준비되어 있으며 국제어의 필요성을 느끼고 선택하기만 하면, 위에서 언급한 질문의 답변을 의심할 필요가 없을 것입니다. 인류는 의식적인 삶을 영위하면서 끊임없이 더 나은 목표를 추구합니다. 그 때문에 사람들은 어떤 일이 자신에게 의심의 여지 없이 커다란 이익을 안겨 주고 또 자신이 그 목표에 도달할 수 있다는 사실을 알게 되면, 그 일에 관심을 두기 시작하는 순간부터 집요하게 그 일에 매달리고 또 성공을 거둘 때까지 노력을 중단하지 않으리라는 점을 확실하게 예측할 수 있습니다. 두 인간 집단이 작은 강을 사이에 두고 분리되어 있는데, 그들 모두 아주 쉽게 소통할 수 있다는 사실을 알고 있고 또 강 사이를 연결할 수 있는 널판들이 이미 준비되어 있다는 사실을 알고 있다면, 그들이 조만간 널판을 하나하나 이어서 강둑과 강둑 사이를 연결하고 곧 소통할 것이라는 사실을 굳이 예언할 필요가 없습니다. 일반적으로 잠깐의 소동이 지나고 나면, 이런 소동이 아주 보잘것없는 이유에서 비롯되었다는 것을 알게 됩니다. 예를 들면, 똑똑한 체하는 사람들은 어느 누구도 강둑을 연결하기 위해 널판을 이으려 하지 않으면서, 이런 일은 자신이 사는 시대의 유행에도 어울리지 않기 때문에 소통하려고 노력하는 것 자체가 유치한 것이라고 말할 것입니다. 경험에 의지하는 사람들은 선조들은 강둑을 연결하기 위해 널판을 연결하지 않았으므로 강둑을 연결하려는 것은 망상이라고 말할 것입니다. 지식인들은 소통이란 그저 자연스러운 현상이며, 유기체는 널판 위에서 움직일 수 없음을 증명하려 할 것입니다, 등등…. 그리고 얼마

후 널판이 던져지고 강을 사이에 두고 격리되었던 두 인간 집단 사이에 소통이 시작됩니다. 모든 유용한 사상과 발명은 이렇게 시작됩니다. 관습에 사로잡힌 사람들과의 여러 형태의 투쟁에도 불구하고, 적어도 선입견이 없는 사람들은 이런 생각의 실질적인 유용함과 또 이런 생각이 실현 가능하다는 확실한 결론에 도달하고 언젠가는 이런 노력이 받아들여질 것이라고 전적으로 확신하게 됩니다. 그 이유는 이런 사상이나 발명이 인류의 자연스러운 이성뿐 아니라 인류에게 가져다줄 실질적인 이익과 선에 부합하기 때문입니다. 국제어도 그렇게 될 것입니다. 수천 년 동안 사람들은 국제어의 필요성을 느끼지 못한 채 이 문제를 고민하지 않았습니다. 그러나 이제는 사람들 간의 교류가 확대되면서 이 문제가 관심을 끌게 되었고, 국제어가 사람들에게 엄청난 이익을 줄 것이며 또 그것이 실현 가능하다는 확신을 갖게 되었습니다. 이 사람들은 어떤 의심도 없이 국제어의 실현이라는 목표를 향해 전진하고 또 국제어의 필요성을 일상적으로 느끼게 되며, 따라서 오랫동안 이 문제가 해결될 때까지 안정을 찾지 못할 것입니다. 당신은 이런 주장에 대해 의심할 수 있습니까? 전혀 의심하지 않으리라는 점입니다! 언제 이런 꿈이 실현될 것인가에 대해 우리는 지금 예측하지 않겠습니다. 이 이상은 1년 후, 10년 후, 100년 후 심지어 수백 년 후에 실현될 수도 있습니다. 그러나 확실한 것이 하나 있는데, 그것은 바로 국제어 보급 운동의 초기 선구자들이 아무리 많은 고난을 겪고 또 이 노력이 중도에 심지어 수십 년 동안 침체에 빠지더라도, 이 이상은 절대 사라지지 않을 것입니다. 오히려 좀 더 빈번하게 그리고 고집스럽게 국제어의 도입을 주장하는 목소리가 높아질 것이며, 이 문제를 사회 내부의 힘으로 해결하지 못하면 결국 언젠가는 모든 국가의 정부가 나서서 국제대회를 개최해 어떤 한 언어를 국제어로 선택할 것입니다. 따라서 이제는 오직 시기에 대한 질문만이 남아 있습니다. 여러분 중 일부는 그 시기가 이미 가까워졌다고 말할 것이고, 다른 일부는 아주 오랜 시간이 흐른 후에나 가능하다고 주장할 것입니다. 그러나 이 이상은 언젠가는 실현될 것이며, 모든 인류는 국제어의 엄청난 효용과 그것의 실현 가능성을 보면서 이 문제에 대해 영원히 무관심하지는 못할 것이고, 서로를 이해하지 못하고 협력하지 않는 사람들도 사라질 것이고, 누구도 이 점에 대해서는 절대 의심하지 않을 것입니다. 우리는 여러분이 '언젠가는 국제어가 반드시 도입될 것'이라는 세 번째 결론에 주목해 달라고 요청 드립니다.

여기서 우리는 잠시 숨을 돌리면서 국제어 사상을 위해 투쟁하는 전사, 즉 우리 자신에 대해 몇 마디 언급하고자 합니다. 앞에서 입증한 사실들을 통해 이미 여러분은 우리가, 여러분이 우리에게서 발견했던 것과 같은, 그리고 우리가 투쟁하는 문제들의 본질에 접근하기를 원하지 않는 언론 매체들이 우리에 대해 묘사한 것과 같은, 그런 공상空想주의자나 이상주의자 들이 아니라는 사실을 파악했을 것입니다. 여러분은 우리가 인류에 엄청난 이익을 선사하고 또 머지않아 실현될 사업을 위해 투쟁하는 것을 지켜보고 있습니다. 따라서 사려 깊은 모든 사람은 어리석고 무지한 대중의 비웃음을 두려워하지 않고 용감하게 우리의 대열에 참여할 수 있습니다. 우리는 완전히 준비된 확실한 미래를 위해 투쟁하고 있으며, 따라서 어떤 비웃음이나 공격에 대해서도 반격할 수 있습니다. 미래는 우리의 것입니다. 그러나 우리는 우리가 쟁취하기 위해 투쟁하고 있는 국제어의 형태가 미래에 잘못된 것으로 드러날 수도 있고 또 미래의 국제어가 우리가 이미 선택한 언어가 아닐 수도 있다는 점까지 예측해야 합니다. 우리의 투쟁 목표는 국제어의 형태가 아닌 그 이상이기 때문에 이 모든 것이 우리를 혼란에 빠뜨리지 못할 것입니다. 추상적이고 이론적인 모든 투쟁은 일반적으로 어떤 성과도 가져다줄 수 없기 때문에 우리는 우리의 투쟁에 구체적인 형태를 부여했습니다. 아래에서는 국제어의 구체적인 형태 역시 완전하게 고안되었고 확실한 장래성을 갖고 있다는 점을 증명하겠습니다. 그런데도 여러분이 이 점에 대해 의심한다면, 언어의 형태에 절대 연연하지 않을 것입니다. 만약 이 형태가 잘못되었다는 사실이 드러나면 당장 내일이라도 그것을 변경할 것이며, 만약 필요하다면 우리는 모레 다시 한번 그 형태를 변경할 것입니다. 우리는 언젠가 우리의 이상이 완전히 받아들여질 때까지 멈추지 않고 투쟁할 것입니다. 만약 우리가 냉담한 이기주의적 주장에 굴복해, 단지 국제어의 형태가 우리가 추진했던 그런 형태가 아니라는 이유로 우리 운동의 추진 속도를 늦춘다면, 그것은 후일 더 좋은 교통수단이 발견될 것이라는 핑계로 증기 기관의 사용을 거부하고 또 언젠가 더 나은 형태의 국가가 수립될 것이기 때문에 국가를 개선하는 작업을 거부하는 것과 같을 것입니다. 지금은 우리의 힘이 여전히 약하고 그 때문에 모든 어린이마저 우리를 비웃고 손가락질하지만 최후에 웃는 사람이 진정한 승자입니다. 우리의 운동은 아주 느리고 어렵게 진행되고 있으며 우리 중 대다수는 자신의 노력으로 이룬 성과를 생전에 볼 수 없을 것이고 죽을 때까지 조롱의 대상이 될 수도 있습니다. 그러나 우리의 노력은 멈추지 않을 것이고 또 결코 멈출 수도 없으며 언젠가는 반드시 목표를 달성할 것이라는 생각을 우리는 무덤까지 갖고 갈 것입니다. 심지어 헛된 노력에 지친 우리가 절망과 냉대로 인해 손을 놓더라도 이 운동은 절대 멈추지 않을 것이고, 지친 전사들 대신해 새로운 전사들이 등장할 것입니다. 따라서 우리는 다시 한번 반복합니다. 만약 국제어가 인류에 엄청난 이익을 가져다주고 또 이 이상이 실현될 것이라고 확신한다면, 맹목적인 관습에 빠져 있지 않은 모든 사람은, 이 사업이 언젠가는 반드시 실현될 것이며 인류를 위한 우리의 계속되는 노력 역시 국제어 사상이 실현될 때까지 영원히 기억되리라는 점에 어떤 의문도 갖지 않을 것입니다. 후세들은 우리를 기억하고 축복하면서, 아메리카를 발견한 사람들 및 증기 기관차를 발명한 사람들을 비웃은 당시의 현학자들을 지금 우리가 비웃는 것처럼, 지금 우리를 몽상가라고 비웃는 똑똑한 사람들을 비웃을 것입니다.

V

이제 잠시 중단했던 분석으로 돌아가 보겠습니다. 우리는 국제어가 시기의 문제일 뿐 언젠가는 도입되리라는 점을 입증했지만, 여전히 문제가 하나 남아 있는데, 그것은 바로 언제 그리고 어떤 방식으로 도입될 것이냐의 문제입니다. 1백 년 또는 1천 년 후에는 실현될 수 있을까요? 이를 위해 모든 국가의 상호 동의가 필요할까요? 이런 질문들에 좀 더 만족스러운 답변을 제공하기 위해, 우리는 먼저 "어떤 언어가 국제어로 선택될 것인지 예측할 수 있을까?"라는 질문에 대답해야 할 것입니다. 전자와 후자의 질문 사이에는 다음 같은 협소한 연관성이 있을 뿐입니다. 만약 어떤 언어가 국제어로 선택될 것인지 사람들이 예측할 수 없고 또 다양한 언어들이 국제어로 선택될 동등한 기회를 얻고 있다면, 우리는 모든 국가 적어도 주요 국가들의 정부가 모여 회의를 열고 국제어 문제를 결정하기까지 기다려야 할 것입니다. 각국 정부의 모든 새로운 사안들에 대한 결정이 얼마나 어려운지 아는 사람들은, 먼저 각국 정부가 국제어 문제에 대해 개입할 만한 가치가 있고, 또 그 논의가 충분히 성숙해 있는지 확인하기 위해서는 아주 오랜 시간이 필요하며 최종적으로 결정하기 전에도 수많은 위원회와 외교관 들의 협의를 위해 기나긴 시간이 필요할 것이란 점을 알고 있습니다. 그리고 개인과 개별 단체 들은 이런 상황에서 할 수 있는 일이 거의 없습니다. 이들이 계속해서 정부를 추동할 수는 있지만, 정부의 개입 없이 스스로 이 문제를 해결할 수는 없습니다. 이런 상황에서 문제를 해결하기까지는 아주 오랜 시간이 필요합니다. 그러나 어떤 언어가 국제어로 선택될 것인지 사람들이 정확하고 분명하게 사전에 예측 가능하다는 사실이 드러나면 이야기는 완전히 달라질 것입니다. 그렇게 되면 우리는 오랜 세월 동안 기다릴 필요도 없고 또 모든 단체와 개인은 자신이 주도적으로 이 언어의 확산을 위해 노력할 수 있습니다. 매시간 이 언어의 지지자가 증가할 것이고, 이 언어를 통해 문학 작품들이 풍부해지며, 각 회원의 상호 이해를 위한 모든 국제대회에서 즉시 이 언어를 사용할 수 있을 것입니다. 가장 짧은 시간 내에 이 언어는 각국 정부가 이미 현실화된 이 사실을 비준할 수밖에 없을 만큼 전 세계적으로 강력해질 것입니다. 우리는 어떤 언어가 국제어가 될지 예측할 수 있을까요? 다행스럽게도 우리는 이 질문에 완전히 긍정적으로 대답할 수 있습니다. 우리는 어떤 언어가 국제어가 될지 예측할 수 있습니다. 한 줌의 의혹도 없이 정확하고 자신 있게 예측할 수 있습니다.

이 점에 대해 여기 계신 청중께 확신을 드리기 위해, 이미 다양한 국가의 대표자들이 참가한 대회가 현실화한 사례를 소개하면서, 우리는 이 대회에 참가한 대표자들에게 어떤 언어를 선택할 것인지 스스로 제안해 달라고 요청할 것입니다. 그들이 선택 가능한 언어가 오직 하나밖에 없다는 사실을 입증하기는 어렵지 않습니다. 그러나 모든 사람의 기대와 사려 깊은 토론에도 불구하고 그들이 다른 어떤 언어를 선택한다면, 이런 선택에 대해 여러분이 지금까지 살아온 삶 자체가 반발할 것이고, 그들의 선택은 단지 사문화된 문자로 남게 될 것입니다.

앞서 우리는 다양한 국가의 대표자가 함께 모여 국제어를 선택하기 위한 과정을 진행해야 한다고 제안했는데, 그들 앞에는 다음과 같은 선택 가능한 조건들이 놓여 있습니다. 1) 현존하는 언어 중에서 하나의 언어를 선택하는 것. 2) 현재 사용하고 있지 않은 죽은 언어, 예를 들면 라틴어, 그리스어, 히브리어 중에서 선택하는 것. 3) 현존하는 인공어 중에서 선택하는 것. 4) 현재 존재하지 않는 완전히 새로운 어떤 언어를 창안할 위원회를 구성하는 것, 등이 그것입니다. 청중 여러분이, 국제어 결정권자로서의 업무와 고민을 공유하면서 참여할 수 있도록, 우리는 먼저 여러분이 이미 언급된 언어들에 대해 약간 익숙해지도록 도우려 합니다. 현존하는 언어나 이미 사문화된 언어들의 특성에 대해서는 이미 어느 정도 알고 있을 것이기 때문에, 저는 오직 대다수에게 미지의 분야인 인공어[4]에 대해서만 몇 마디 언급하겠습니다.

어떻게 해서 사람들 사이에서 인공어 사상이 생겨났고, 또 어떻게 해서 이 사상이 초기의 가장 조잡했던 상형 문자에서 시작해 다양한 단계를 거쳐 발전한 후 현재의 가장 풍부하고 완전한 형태의 언어로 발전했을까요? 이런 발전을 위해 얼마나 많은 시도가 진행되었을까요? 지난 2세기 동안 이 사상을 위해 얼마나 많은 공헌이 있었을까요? 여러분이 이런 모든 것을 듣기 위한 충분한 시간적 여유를 갖고 있지도 않고 그럴 만한 인내심도 갖고 있지 않을 것이기 때문에 이 문제에 대해서는 언급하지 않겠습니다. 단지 우리는 인공어들의 독특한 어떤 특성들, 즉 우리가 분석했던 과거의 다양한 실패 사례들보다는, 우리 눈앞에 현존하는 가장 완벽한 형태의 국제어에 대해서만 언급할 것입니다.

---

4. [옮긴이] 이후에 언급되는 인공어는 특별한 설명이 없는 한 에스페란토를 지칭한다.

민족어와의 관계에서 완벽한 중립성 외에도 이 인공어는 다음과 같은 특성으로 구분할 수 있습니다.

1) 이 인공어는 믿을 수 없을 정도로 쉽게 배울 수 있습니다. 어떤 과장도 없이 이 인공어는 모든 자연어와 비교해 적어도 50배는 배우기 쉽다고 말할 수 있는데, 이 인공어를 접해 보지 않은 사람들은 이 언어가 그렇게 배우기 쉽다는 사실을 믿지 못할 것입니다. 위대한 작가이자 사상가인 톨스토이(그가 국제어를 홍보하고 싶어 했다는 사실은 세상 사람 모두가 알고 있는 사실입니다.)는 에스페란토에 대해 다음과 같이 말했습니다. "에스페란토 문법, 사전 그리고 에스페란토로 쓰인 글을 받은 후, 혼자 공부한 지 두 시간이 채 안 돼서, 글을 쓰지는 못했지만 자유롭게 읽을 수 있을 정도로 에스페란토는 배우기 쉬웠다. 어떤 경우든지, 유럽의 모든 사람이 약간의 시간을 투자해 이 언어를 배우는 것이 그리 큰 기여는 아니지만, 이로 인해 전 인류, 적어도 유럽과 아메리카 사람들만이라도 이 언어에 관심을 갖게 할 수 있다면, 우리 모두 반드시 이런 시도, 즉 에스페란토를 배워야 할 커다란 의미가 있다." 여러분은 "배우기 시작한 지 두 시간도 안 돼서"라는 말이 어떤 의미인지 이해해야 합니다. 이와 같은 방식으로, 편견을 갖지 않은 정직한

사람들이 에스페란토에 대한 맹목적인 반대 대신 이 언어를 알기 위해 적지만 실질적인 노력을 기울였습니다. 교육받은 사람이 그렇지 않은 사람보다 에스페란토를 더 빨리 배울 수 있는 것은 사실이지만, 에스페란토를 배우는 데는 어떤 사전 지식도 필요하지 않기 때문에, 교육받지 않은 사람도 아주 빠르고 쉽게 배울 수 있습니다. 여러분은 에스페란티스토[5] 중에서 자신의 모국어는 잘 쓰지 못하고 또 많은 실수를 범하면서 에스페란토는 전혀 실수 없이 잘 쓰는 사람들을 목격할 수 있었을 것입니다. 그들은 이 언어를 불과 몇 주 만에 배웠지만 다른 어떤 민족어를 배워 에스페란토처럼 능숙하게 사용하기 위해서는 적어도 4~5년의 세월이 필요할 것입니다.

1895년에, 오직 스웨덴어와 에스페란토만을 할 수 있는 스웨덴 학생들이 러시아 오데사Odessa를 방문했습니다. 이 학생들과 인터뷰를 원했던 현지의 한 기자는 당일 아침에 생전 처음으로 에스페란토 교재를 손에 쥐었지만, 같은 날 밤 스웨덴 학생들과 충분히 대화를 나눌 수 있었습니다.

국제어의 이런 믿을 수 없는 간편함[쉬움]은 어디에서 비

---

5. [옮긴이] 에스페란토의 이상을 지지하고 사용하는 모든 이들에 대한 통칭이다.

롯할까요? 모든 자연어는 가장 다양하고 순수한 상황에서 맹목적으로 결집하는 방식으로 만들어졌습니다. 이런 언어들은 어떤 논리나 명확한 규칙도 없었고 단순히 구전되어 사용되었을 뿐입니다. 단어들은 단지 그렇게 사용하도록 수용되었고 따라서 그렇게 사용되어야 했으며, 다른 단어는 또 다른 방식으로 사용하도록 수용되었으므로 다르게 사용되어야 했습니다. 따라서 의식적이고 엄격한 규정과 규칙에 따라 인간의 지적 능력을 창조할 사고를 표현할 발성 체계는, 그저 상황에 따라 무의식적으로 만들어진 발성 체계보다 훨씬 더 쉽게 사용할 수 있도록 창안되어야 합니다. 모든 인공어의 창안자들을 이러한 인공어 창안의 길로 이끈 사상 전반에 대한 분석 작업은 너무 광범위해서 사실상 불가능하며, 민족어들과 비교해 인공어들이 가진 엄청난 간편함을 자세하게 설명할 수도 없기 때문에, 여기서는 몇 가지 간단한 사례를 제시하고자 합니다. 거의 모든 언어에서 명사는 성(性)을 가지고 있습니다. 독일어에서 '머리'[kapo]는 남성 명사이고 프랑스어에서는 여성 명사이며 라틴어에서는 중성입니다. 이러한 규칙은 어떠한 의미나 목적이 있을까요? 이런 언어를 배우는 사람에게 모든 명사의 '성'을 기억하라는 것은 얼마나 어려운 요구일까요? 예를 들면, 얼마나 많은 사람이 프랑스어를 배우면서 "la fin" 대신 "le fin"이라고 말하지 않기 위해, 또는 독일어를 배우면서 "der Strick" 대신 "das Strick"이라고 말하지 않고 혼란을 겪지 않으면서 더 완벽하게 언어를 익히기 위해 반복에 반복을 거듭해야 할까요? 어떤 단어가 문법적으로 갖고 있는 '성'이 언어에서 아무런 역할도 하지 않기 때문에 에스페란토는 그것을 완전히 제거했습니다. 이를 통해 여러분은 언어에서 아주 작은 문제점의 개선을 통해 극복하기 어려운 문법의 한 부분을 아주 쉽게 개선한 사례를 볼 수 있습니다. 자연어들에는 몹시 어렵고 복잡하고 다양한 어형 변화와 엄청나게 많은 형태의 동사 활용이 존재하고, 이 어형 변화와 동사 활용에는 다시 다양한 형태의 변화가 있습니다. 예를 들면, 동사 활용에서는 시제時制와 격格이 있고 또 이런 시제와 격은 인칭과 수에 따라 각각 다른 형태를 갖고 있습니다. 우리가 외국어를 배우고 기억하기 위해서는 일련의 커다란 문법 관련 표表를 받게 되는데 이것은 단지 고난의 시작일 뿐입니다. 곧이어 이와 연결된 수많은 불규칙한 어형 변화와 동사 활용이 다양한 형태를 띠고 뒤따르는데, 이 모든 것을 배우고 머릿속에 기억해야 할 뿐 아니라 어떤 단어가 규칙적인 또는 불규칙한 어형 변화와 동사 활용에 따라 변화하는지를 항상 기억해야 합니다. 이 모든 것을 습득하기 위해서는 끝없는 인내심과 엄청나게 많은 시간 그리고 끊임없는 연습이 필요합니다. 그러나 에스페란토는 수많은 시간의 노력과 인내를 해야 하는 이런 엄청난 혼란스러움 대신에 여러분에게 몇 분만 공부하면 완벽하게 습득할 수 있고 절대 잊을 수도 없고 혼란스럽지도 않은 6개의 짧은 어미들(i, as, is, os, us, u)만을 제시하고 있습니다. 어떻게 이런 일이 가능한지 여러분이 놀라서 질문할 텐데 에스페란토의 대답은 아주 간단합니다. "에스페란토는 어형 변화 없이 사용하는 전치사들이 있기 때문에 어떠한 어형 변화도 필요하지 않습니다. 동사 활용은 모든 동사에 단 하나의 활용 표만 필요하며, 각각의 다른 형태를 나타내는 분사들을 제외하고 이 표 안에 여섯 개의 어미語尾, 즉 현재, 과거, 미래 시제와 부정, 명령 및 조건을 나타내는 '격'을 갖고 있어서 이 표 하나만으로도 충분합니다. 여러분은 이 작은 동사 활용 표 때문에 이 언어가 유연성을 상실했다고 생각할 수 있지만, 전혀 그렇지 않습니다. 이 인공어를 배운 후 여러분은 이 언어의 동사 활용이 자연어들의 복잡하고 혼란스러운 활용 표와 비교할 필요 없이 훨씬 정확하게 모든 생각과 감정을 표현할 수 있다는 것을 발견하게 될 것입니다. 그 이유는 이 인공어가 제거한 것이 쓸데없이 복잡하면서도 문법적으로 별다른 역할을 하지 않는 그런 것들이기 때문입니다. 실제로 인칭과 수數를 위해 각각의 수많은 어미가 필요하고 모든 시제와 격에 일련의 새로운 어미가 필요한 이유가 무엇입니까? 동사 앞에 오는 대명사가 이미 충분히 인칭과 수를 보여 주고 있으므로 이러한 어미는 모두 불필요하지 않습니까?

수많은 언어, 특히 이들 중 국제어로 채택될 가능성이 높았던 다수 언어의 철자법은 이 언어를 배우는 사람들에게 진정한 고통을 줍니다. 어떤 단어에서 발음이 되는 글자가 다른 단어에서는 묵음이 되거나 발음이 달라지기도 하고, 어떤 단어에서 주어진 음가가 다른 단어에서는 다르게…. 프랑스인과 영국인은 자신의 모국어를 올바로 쓰기 위해 평생 노력해야 합니다. 이런 철자법을 근본적으로 바꾸는 것은 절대로 불가능한데, 그 이유는 발음할 때 거의 같거나 아주 미세한 차이로 구별할 수 있는 엄청나게 많은 단어가 필기할 때는 서로 구분할 수 없게 되어 버리기 때문입니다. 에스페란토는 모든 알파벳이 각각 뚜렷하고 엄격하게 규정된 그리고 변하지 않는 음가를 갖고 있어서 철자법으로 인한 문제는 전혀 존재하지 않습니다. 간단하게 알파벳을 배운 후 15분 정도만 이 인공어를 배우면, 모든 사람이 전혀 실수하지 않고 받아 적을 수 있지만, 자연어에서는 몇 년 동안의 지루하고 힘든 노력을 기울인 후에야 겨우 이런 수준에 도달할 수 있습니다.

이미 우리가 제시한 몇 개의 사례를 통해 여러분은 의식적이고 인위적인 문법의 개선이 얼마나 큰 유용함을 주는지 느낄 수 있을 것입니다. 자연어를 배우면서 단계마다 부딪히는 커다란 어려움과 복잡함을 에스페란토에서는 언어 자체의 정확성, 풍부함, 유연성 등에 어떤 최소한의 불편도 주지 않으면서 완전히 폐기하거나 또는 아주 작은 변화나 규칙으로 해결한 다른 많은 사례를 제시할 수 있습니다. 그러나 우리는 여기서 이 문제에 대해서 더 언급하지 않는 대신, 에스페란토의 전체 문법이 겨우 16개의 짧은 규칙들로 구성되어 있으며 30분 정도면 그것을 아주 손쉽게 배울 수 있다는 점만을 언급하고자 합니다. 에스페란토를 30분 정도 배운 사람은 전체 문법과 구조를 이해할 수 있으며 단어들을 쉽고 빠르게 습득하는 일만 남게 됩니다. 이 문제의 중요성을 이해하고 평가하기 위해 당신이 어떤 자연어를 배우기 시작했다고 상상해 보기 바랍니다. 몇 년 후 당신은 이 언어를 완벽하게 습득했기 때문에 문법이나 철자법에서 결코 어떤 실수를 범하지 않을 것이라는 확신을 갖게 될 것이고, 이제 좀 더 많은 단어만 알게 되면 외국어를 배우는 과정에서의 가장 힘들고 지루한 시기를 통과했다고 행복해하면서 말할 것입니다. 그렇지 않습니까? 그러나 에스페란토는 배운 지 겨우 30분 만에 이런 수준에 도달할 수 있습니다.

에스페란토가 단지 위에서 언급했던 것처럼 문법과 철자법에서의 규칙성과 엄청나게 쉽게 배울 수 있다는 장점만 갖고 있다면, 우리는 에스페란토가 모든 자연어보다 몇십 배나 더 배우기 쉽다고 주장하지 못했을 것입니다. 그러나 에스페란토의 장점은 이것만이 아닙니다. 이제 당신이 더 배울 것이라고는 단어뿐인데, 여기서도 엄청나게 쉽게 단어를 습득할 수 있다는 사실을 깨닫게 될 것입니다. 언어의 규칙성 그 자체만으로도 배워야 할 단어의 수에서 엄청난 이익을 얻을 수 있습니다. 왜냐하면, 어떤 단어의 명사형을 알고 있다면, 어떤 학습도 없이 그 단어의 형용사와 부사 그리고 동사 등등을 알 수 있기 때문입니다. 모든 자연어는 다양한 표현을 위한 각각의 단어를 갖고 있지만, 동사, 형용사, 부사 등의 형태 변화가 불규칙합니다. 예를 들면, 프랑스어에서는 parler(동사 : 말하다, 이야기하다), oral(형용사 : 구두의, 구전의), verbalement(부사 : 구두로, 말로)처럼 형태가 모두 다릅니다.[6] 에스페란토에서 모든 단어는 전치사 및 다른 모든 단어와 조합할 수 있는 완전하고 무한한 자유를 갖고 있기 때문에, 모든 단어가 각각의 어근을 갖고 있어서 단어의 조합을 허용하지 않는 자연어에서의 단어 공부에 대한 엄청난 압박에서 자유로워질 수 있습니다.[7] 에스페란토가 가진 이런 자연스러운 단어 조합의 편리함 외에도 여러분은 그 안에서 단어 공부에 엄청난 효율을 주는 규칙적인 특별한 방법들을 발견할 수 있습니다. 그것은 바로 접두사와 접미사인데 몇 개의 예만 들어 보겠습니다. 접두사 'mal'은 어떤 단어에 반대한다는 의미를 더해 줍니다('좋은'bona(bon) '나쁜'malbona). 따라서 '좋은, 부드러운, 따뜻한, 넓은, 위에, 사랑하다, 존경하다' 등등의 단어를 알고 있으면, 이미 여러분이 알고 있는 단어

6. [옮긴이] 에스페란토에서는 같은 뜻을 가진 단어 parol-i(말하다, 동사)의 형용사형(parol-a), 부사형(parol-e)이 단 한 글자의 어미변화로 완성된다.

7. [옮긴이] alparoli(방향을 나타내는 전치사 al과 결합해 '에[를] 향하여 말하다'), interparoli(상호, 중간, 매개 등을 뜻하는 inter와 결합해 '담화, 대담하다'), fluparola(흐름, 유동의 뜻을 가진 형용사와 결합해 '유창하게 말하는'), al과 자동사 어미 iĝ가 결합해 aliĝ-i(어떤 모임, 단체에 가입하다). 단어와 단어, 전치사와 단어, 전치사와 접미어 등의 조합을 통해 수많은 단어를 직접 만들어 사용할 수 있다.

에 접두사 'mal'을 더해서 'malbona[나쁜], malmola[딱딱한], malvarma[차가운], mallarĝa[좁은], malsupre[아래], malami[미워하다], malestimi[무시하다]' 등등의 단어를 만들 수 있습니다. 접미사 'in'은 여성을 의미하기 때문에, 'patro[아버지], frato[형제], onklo[아저씨], fianĉo[약혼자], bovo[소], koko[닭]' 등등의 단어를 알고 있으면, 'patrino[어머니], fratino[자매], onklino[아주머니], fianĉino[약혼녀], bovino[암소], kokino[암탉]' 등등의 단어를 따로 배울 필요가 없습니다.[8] 접미사 'il'은 도구를 의미합니다(tranĉi[자르다, 절단하다], tranĉilo[칼, 나이프]). 따라서 여러분이 'tranĉi, kombi[빗질하다], tondi[깎다, 가위질하다], pafi[쏘다], sonori[소리나다, 울리다], plugi[경작하다]' 등등의 단어를 알고 있으면 'tranĉilo[칼], kombilo[빗], tondilo[가위], pafilo[총], sonorilo[종], plugilo[가래]' 등등의

---

8. [옮긴이] 여성을 나타내는 어미 'in'에 대해 에스페란토운동 초기에 여성 차별적 단어라는 비판이 제기되었는데 실제는 여성을 뜻하는 단어에서 남성이란 단어가 파생되었다. 에스페란토의 황태자(kronprinco)라는 단어를 독일어 Kronprinz에서 차용한 자멘호프는 황태자비(kronprincedzino) 역시 독일어 Kronprinzessin에서 차용했다. 그러나 edzino라는 단어 자체로 남성과 법적 관계를 지닌 여성이란 뜻을 내포하고 있다는 사실을 파악한 후 자멘호프는 이 단어에서 제한된 관계를 표시하는 일반 어미와 그 자체로 여성을 의미하는 'in'를 만들었다. 남편을 뜻하는 단어 'edzo'는 원래 여성을 나타내는 'dezino'에서 파생된 단어이다.(『언어문제에 관한 답변』[*Lingvaj Respondoj*], pp. 34~35)

단어를 배우지 않고도 저절로 알게 됩니다. 사전을 아주 얇고 가볍게 축소할 수 있는 수많은 단어가 아직도 많이 있습니다.

인공어의 창안에 대해 우리가 언급했던 점을 다시 기억해 보시면 우리가 이미 언급했던 것처럼 인공어가 자연어보다 적어도 50배는 배우기 쉽다는 말이 전혀 과장이 아니라는 점에 쉽게 동의할 수 있을 것입니다. 이 문제에 대해서는 뒤에 다시 언급할 것이기 때문에, 인공어는 엄청나게 배우기 쉽다는 특성을 기억하시기 바랍니다.

2) 인공어의 두 번째 뚜렷한 특성은 수학적 정확성과 유연성 그리고 무제한적인 풍부함으로 구성된 완벽성에 있습니다. 인공어가 이런 특성을 갖출 것이라는 점에 대해서는, 이 국제어 사상과 관련이 있는 모든 저명한 사상가들이 훨씬 더 신중하게 예견했는데, 프랜시스 베이컨Bacon, 고트프리트 라이프니츠Leibniz, 블레즈 파스칼Pascal, 드 브로스de Brosses, 콩디악Condillac, 데카르트Descartes, 볼테르Voltaire, 드니 디드로Diderot, 볼니Volney, 암페어Ampère, 막스 뮐러Max Müller 등이 그런 사람들입니다. 이들은 인공어의 가장 피상적인 본질이 대중에게 알려지는 것만으로도 자신들의 명예와 공로功勞가 추락할 것으로 생각한 현시대의 권위자들보

다 앞서 이 세상에 첫 번째 인공어가 출현하기 전부터 인류에 매우 중요한 인공어가 갖춰야 할 특성에 관해 주장했습니다. 그러나 우리는 위에 언급한 사람들을 단지 학자인 체하는 궤변가들과의 투쟁을 위한 무기로만 간주할 뿐, 그들의 주장을 인용해 허풍 떨지 않고 오직 논리로 우리의 주장을 증명하고자 합니다. 인공어는 사용 가능하다는 점만으로는 그 실효성이 부족하고 자연어들보다 좀 더 완벽해야 한다는 주장은 다음과 같은 사실을 고려하면 모두 이해할 수 있습니다. 모든 자연어는 어떤 사람이 다른 사람에게서 들은 것을 반복해 사용하는 방식으로 만들어졌는데, 여기에는 인간 지성의 어떠한 논리나 의식적인 결정이 작용한 것이 아닙니다. 사람들은 자신이 자주 들은 표현은 사용할 수 있지만 들어본 적이 없는 표현은 사용할 수 없으며, 따라서 자연어는 모든 단계에서 다음과 같은 과정을 거치게 됩니다. 우리 뇌 속에 어떤 개념이 떠오르면, 그러나…그 개념을 말로 표현할 수 없기 때문에, 뇌 속에 하나의 개념 또는 하나의 영적인 단어로 존재하는 그 개념을 서술하기 위해 매우 많은 단어의 도움을 받아야 하는 불편함을 겪게 됩니다. 예를 들면, 옷감을 세탁하는 일에 종사하는 여성에 대해 모든 언어는 '세탁을 직업으로 하는 여

52

성'lavistino이라는 개념의 단어를 갖고 있지만, 만약 남성이 옷감을 세탁하는 일에 종사하려고 할 때, 우리는 아주 많은 언어에서 옷감을 세탁하는 남성에 관한 명칭을 들어 본 적이 없기 때문에 이 사람을 어떻게 칭해야 할지 모르고 어떠한 도움도 받지 못합니다. 지금까지 오직 남성들만이 의료 행위를 해 왔는데, 이제 여성 의사들이 등장하고 또는 어떤 학술적 권위를 지닌 여성들이 등장했습니다. 그러나 대다수 언어에서는 이런 단어들을 발견할 수 없습니다. 그들의 명칭을 표현하기 위해서는 몇 개의 단어를 사용해 도움을 받아야 했고, 그들의 호칭과 관련된 형용사, 동사 등을 만들기를 원하지만, 이것은 완전히 불가능합니다. 모든 언어에서 당신은 이런저런 '성', '격' 및 '기원 형태'를 갖고 있지 않은 명사들, 이런저런 '비교급'과 '형태'를 갖고 있지 않은 형용사들, 그리고 또 이런저런 '시제', '인칭' 및 '격'을 갖고 있지 않은 동사들을 많이 발견할 수 있습니다. 이런 명사를 형용사로 만들 수 없으며, 이러한 동사에서 명사를 만들어 낼 수도 없습니다. 이 때문에 우리는 모든 자연어가 어떤 논리에 근거해 만들어진 것이 아니라 맹목적으로 만들어졌으며 이 때문에 "사람들이 그렇게 말한다." 또는 "사람들이 그렇게 말하지 않는다."라고 반복해 주장하고 있습니다. 따라서 당신의 머릿속에 떠올랐지만, 지금까지 그에 합당한 표현을 들어 보지 못한 모든 개념에 대해 당신은 일반적으로 한 단어로 표현할 가능성이 없으며 묘사를 통해 도움을 받아야 합니다. 그러나 인공어는 어떠한 예외나 임의성을 엄격하게 허용하지 않기 때문에 자연어들이 가진 불규칙성을 전혀 발견할 수 없습니다. "그런 단어는 그런 형태를 가질 수 없다거나 그런 개념적인 결합을 허용하지 않는다."라는 유형의 표현들은 인공어에서는 결코 불가능합니다! 만약 내일 남성이 아이를 낳을 수 있다거나 자신의 젖으로 아이에게 우유를 먹일 수 있게 된다고 가정해 보시기 바랍니다! 인공어에서는 하나의 '성'에만 유효하고 다른 두 번째의 '성'에는 유효하지 않은 그런 단어가 존재하지 않기 때문에, 이런 상황에 적합한 단어가 즉시 준비될 수 있습니다. 내일 어떤 사람이 어떤 새로운 직업, 그것도 아주 이상한 직업, 예를 들면 우주 공간에서 일하는 직업을 선택한다고 가정해 봅시다. 인공어는 직업을 표현하는 접미사가 있어서, 이런 개념이 여러분의 머릿속에 떠오르기만 한다면 이 직업을 표현하는 단어가 곧바로 준비될 수 있습니다.

이 외에도 인공어의 완벽함은 무제한 지속된다는 점을

잊어서는 안 됩니다. 모든 언어에 존재하는 좋은 규칙과 형태 및 표현을 인공어는 자신의 것으로 수용할 수 있으며, 반대로 모든 언어의 단점을 인공어는 개선하고 바꿀 수 있습니다. 그러나 자연어에서는 그런 상황이 발생하면 이미 인공어가 되어 버리기 때문에 이와 비슷한 어떤 것도 논의할 수 없습니다.

우리가 분석했던 인공어의 두 가지 가장 큰 장점, 상상을 초월하는 완벽함과 쉽게 배울 수 있다는 점을 제외하고도 여전히 다른 장점들이 많지만 여기서는 더 언급하지 않고 대신 인공어가 가진 단점들에 관해 이야기하겠습니다. 인공어를 거의 알지 못하면서도, 자신이 목격한 사실만을 강하게 주장하고, 자신의 눈과 귀를 막은 채 무지無知한 주장을 용감하게 되풀이하는 사람들은 자연어가 인공어와 비교해 어떠한 차이도 없다는 결론에 도달할 것입니다. 실제로 여러분 모두가 인공어에 대한 수많은 비난을 들었겠지만, 우리는 이런 비난에 대해 오직 이 하나의 답변으로 대신하겠습니다. 인공어에 대해 어떠한 지식도 없고 그것을 직접 본 적도 없으며 심지어 자신이 발언한 내용을 검증하지도 않으면서 또 인공어의 본질에 대해 어떤 논리적인 고민도 해 본 적이 없는 사람들이 맹목적으로 시류에 영합해 아무런 의미도 없는 내용을 큰 목소리로 쏟아 내고 있습니다. 만약 그들이 인공어에 대해 조금만 알게 된다면, 그들은 자신의 발언이 터무니없는 거짓이라는 사실을 알게 될 것이며, 만약 그들이 심지어 인공어를 전혀 알지 못하더라도 조금만 이론적으로 고민한다면 자신의 발언이 전혀 근거가 없다는 사실을 알게 될 것입니다. 어떤 사람이, 옆 마을의 모든 집이 종이로 만들어졌고, 그곳에 사는 사람들이 손과 발이 없다는 사실을 다른 사람들이 믿게 하려면, 모든 현자의 권위 있는 발언을 인용해 그것을 숭고하게 신뢰하는 대중들을 설복시킬 수 있을 것입니다. 그러나 사려 깊은 사람은 자신의 지식을 근거로 이런 발언들에서 인정할 만한 어떤 근거도 발견하지 못하기 때문에 처음부터 비판적으로 대할 것입니다. 따라서 그는 의문을 갖고 직접 옆 마을로 가서 살펴보고 자신이 들었던 모든 내용이 전혀 근거 없는 헛소리였다는 것을 확인할 것입니다. 인공어에 대해서도 마찬가지입니다. 맹목적으로 근거 없는 발언들을 되풀이하는 대신에, 이런 발언들의 본질을 간단하게 생각해 보면 그런 발언들이 최소한의 근거도 없다는 것을 알게 될 것입니다. 또 이론적 내용이 충분하지 않다고 생각되면, 직접 인공어의 교재를 눈으로 직접 확인하면서 이 언어의 구조를 공부하고, 이 언어가 가진 풍부하고 다양한 문학 작품들에 깊이 빠져 보기 바랍니다. 여러분의 눈앞에 펼쳐지는 모든 사실을 살펴보고 확인해 보기 바랍니다. 그러면 지금까지 자신이 들었던 인공어에 반대하는 주장들이 얼마나 엉터리 같은 것이었는지 이해할 수 있을 것입니다. 여러분은 "생명체가 화학자의 실험실에서 만들어질 수 없는 것처럼, 언어는 서랍 위에서 만들어질 수 없다."라는 이야기를 들어봤을 것입니다. 이 구절은 인공어는 유치한 것이라는 주장에 어떤 의혹도 가져보지 않은 수많은 사람에게는 아주 멋지고 지혜로운 말처럼 들릴 텐데, 이런 사람들이 만약 "왜?"라는 가장 짧고 단순한 질문을 할 수 있는 비판 능력만 갖추고 있다면, 어떤 근거도 없지만 아름다운 수사로 포장된 이 구절들에 어떠한 논리적 답변도 들어 있지 않다는 것을 발견할 수 있기 때문에, 이런 과장된 표현들은 그들의 눈앞에서 단번에 의미를 상실하게 될 것입니다. 우리는 이와 똑같은 주장을 인류가 그렇게 오랫동안 유용하게 사용했던 인위적인 알파벳, 증기 기관이나 속보기速步機 9의 도움을 받은 인위적인 여행과 인류의 모든

---

9. [옮긴이] 자전거의 전신으로 발로 땅을 차면서 앞으로 나아가는 기계다.

인위적인 문명에 대한 반대 등에 대해서도 똑같이 사용할 수 있습니다. 그리고 사람들은 이런 비슷한 문구들을 어떤 새로운 유용한 사상이 출현할 때마다 항상 고집스럽게 반복하고 있습니다. 아! 겉만 번지르르한 빈말들이여, 언제나 인간의 영혼에 대한 지배를 멈출 것인가!

인공어는 "가능하지 않고, 그것을 통한 상호 이해도 불가능하며, 모국어의 영향으로 사람마다 서로 다르게 사용하게 되고 또 그것으로는 어떤 것도 표현할 수 없을 것"이라는 등등의 발언을 여러분은 이미 많이 들었을 것입니다. 그러나 우리는 최소한의 솔직함과 선한 의지만으로도 이 모든 것을 쉽고 철저하게 검증할 수 있습니다. 또 언변이 뛰어난 사람들이 대중의 박수 소리에 고무되어 자신이 그렇게 권위적으로 주장한 모든 것에 대해 인공어가 단지 새로운 것이고 아직 유행하지 않는다는 이유만으로 눈을 감고 비난한다는 사실에 조금만 관심을 기울인다면, 이런 모든 언사가 단지 웃기는 짓이며 간단히 무시해도 된다는 사실이 밝혀질 것입니다. 헛소리만 하지 말고 직접 가서 살펴보면, 이런 주장이 그저 단순한 예의 없는 거짓말이었다는 사실을 발견하게 될 것이고, 여러분은 실제로 인공어가 오래전부터 존재했고, 많은 민족의 구성원이 오래전부터 아주 효과적으로 사용하고 있으며, 문자와 마찬가지로 대화를 통해서도 서로를 아주 잘 이해하고 있는 것을 발견할 수 있습니다. 게다가 모든 민족의 구성원이 이 언어를 전적으로 평등하게 사용하고 있고, 이미 풍성하고 다양해진 인공어의 문학 작품들을 직접 확인할 수 있으며, 사람들의 생각과 느낌의 모든 미묘한 차이가 가장 뛰어난 방식으로 이 문학 작품들 안에 표현되어 있습니다. 맹목적으로 아무런 의미 없는 다양한 이론적 잡담들을 늘어놓는 대신 직접 가서 이미 오래전부터 사용되고 있으며, 의심의 여지없이 아주 쉽게 검증이 가능한 사실들을 직접 확인해 보기 바랍니다. 그러면 여러분이 인공어의 공적인 활용의 도입에 반대하는 어떠한 의심의 동기도 사라질 것입니다.

이제 다시 이 장의 첫 부분에서 언급했던 내용, 즉 국제어를 선택하기 위해 세계 주요 국가의 대표들이 모인 대회에 대해 소개하겠습니다. 그들이 어떤 언어를 선택할지 우리가 지켜봅시다. 그들이 어떤 언어를 선택할 것인지 우리가 커다란 자신감과 신뢰를 갖고 정확히 예측할 수 있다는 점을 증명하는 것은 절대 어렵지 않습니다.

위에서 언급했던 자연어와 비교했을 때 인공어가 가진 모든 장점 덕분에, 인공어가 국제어로 선택될 수밖에 없다는 결론을 도출할 수 있습니다. 그러나 만약 국제어를 선택하기 위한 회의에서 불행하게도 가장 완고한 관습慣習주의자들과 모든 새로운 것에 반대하는 사람들이 100배는 더 쉬운 인공어 대신 모든 면에서 불편한 자연어를 선택할 수 있다는 가정도 잠시 해 봐야 합니다. 그렇게 된다면 어떤 상황이 발생할까요? 만약 그들이 현재 사용되고 있는 민족어 중의 한 언어를 국제어로 선택하기 원한다면, 민중 상호 간의 질투뿐 아니라 모든 민족이 오로지 자신의 생존에 대한 두려움 때문에 이를 막으려는 엄청난 반발에 직면할 것입니다. 왜냐하면, 자신의 언어가 국제어로 채택된 국가의 국민은 머지않아 다른 모든 국가의 국민보다 훨씬 강력한 힘을 갖게 되면서 다른 국가들을 탄압하고 또 삼켜버릴 것이 너무나 분명하기 때문입니다. 그러나 회의에 참석한 대표들이 이런 점을 전혀 개의치 않는다거나, 또는 상호 간의 질시나 합병을 피하고자 라틴어처럼 이미 사문화된 언어를 선택한다면 어떤 일이 발생할 수 있을 것인가를 예상해 봅시다. 대회의 결정은 그저 생명력을 상실한 문서로 남을 뿐이고 결코 실현되지 못한다는 사실이 드러날 것입니다. 현재 사용되고 있는 모든 민족어도 어렵지만, 이미 사문화된 언어는 훨씬 더 어렵기 때문에, 이런 언어의 기본적인 내용을 배우는 것은 자유로운 시간과 돈을 아주 많이 가진 몇몇 사람들만 가능합니다. 이렇게 되면 우리는 국제어라는 단어가 내포하고 있는 진정한 의미 대신에 좀 더 상층 계급의 사람들만을 위한 국제어를 갖게 될 것이고, 만약 일이 이런 방향으로 진행된다면 이것은 우리에게 논리적으로뿐 아니라 이미 오래전부터 우리의 삶에서 실제로 입증된 사실을 보여줄 뿐입니다. 실제로 라틴어는 이미 오래전부터 각국의 정부가 국제어로 선택했을 뿐 아니라 모든 국가의 김나지움[10]에서 정부의 지시에 의해 의무적으로 이 언어를 배우기 위해 학생들이 많은 시간을 투자하고 있습니다. 그런데도 이 언어를 자유롭게 구사할 수 있는 학생이 얼마나 될까요? 따라서 이 대회의 결정은 목적의식도 없고 아무런 성과도 거두지 못하며 어떤 새로운 내용도 제시하지 못한 그런 결정이 될 것입니다. 우리 시대의 가장 권위 있는 어떤 회의의 결정도 중세에 라틴어가 누렸던 만큼의 권위를 라틴어에 다시 부여할 수 없을 것입니다. 그 당

10. [옮긴이] 김나지움(Gymnasium)은 고대 그리스에서 유래한 말이다. 체력 단련 장소이자 교육을 통해 지성을 길러 주는 장소로 독일에서는 교육 기관을, 영어권에서는 체육관을 의미함. 독일을 비롯한 일부 유럽 국가의 중등 교육 기관.

시의 라틴어는 국제성뿐 아니라 다른 모든 정부, 사회 조직 및 전체 교회 그리고 심지어는 인간의 삶 자체에 절대적인 지배력을 행사했으며, 모든 과학과 지식의 바탕이 되었고 모든 사람이 라틴어를 위해 인생의 대부분을 바쳐야 했습니다. 라틴어는 스스로 다른 모든 민족어를 제압했고, 쉽게 말해 지식인들은 자신의 모국어로 표현하는 것이 불가능할 정도로 라틴어를 배우고, 연구하도록 강요당했습니다. 그런데도 라틴어는 몰락했으며, 가장 위세를 떨쳤던 시기에도 단지 선택받은 계급의 소유물이었을 뿐입니다. 반대로 에스페란토가 공용어로 선택된다면 불과 몇 달 뒤에는, 모든 계층의 사람, 즉 지식인이나 부자들뿐만 아니라 심지어는 가장 가난하고 교육받지 못한 산골 마을의 사람들을 포함한 전 인류가 단숨에 사용할 수 있게 될 것입니다.

따라서 여러분은 미래에 개최될 대회에서 인공어를 제외한 다른 어떤 언어도 선택할 수 없을 것이라는 점을 확인할 수 있습니다. 모든 면에서 어떤 자연어보다 의심의 여지없이 뚜렷하고 엄청난 효과가 있는 인공어 대신 자연어를 국제어로 선택하는 것은, 마치 철로를 이용할 수 있음에도 불구하고 말을 이용해 파리에서 페테르부르크로 화물을 보내는 것과 같은 어리석은 결정이며 어떠한 대회도 이러한 결정을 할 수 없을 것입니다. 그러나 만약 대회가 이 문제에 대해 고민도 거의 하지 않고 구태의연한 관습에 사로잡혀서 이러한 어처구니없는 결정을 하더라도 이런 결정은 제반 상황의 압력에 의해 생명력 없는 문서로만 남게 될 것이고 국제어 문제에 대한 논쟁 역시 새로운 대회가 개최되어 인공어를 국제어로 결정할 때까지 해결되지 않은 채로 남아 있게 될 것입니다.

따라서 우리는 여러분이 "다음 세대의 국제어로는 오직 인공어만이 유일하고 필요한 대안"이라는 결론을 기억해 주길 요청합니다.

VI

언제쯤 인공어를 공용어로 도입할 수 있을 것인가, 하는 문제가 여전히 남아 있습니다. 이 질문에 짧게 답하기란 거의 불가능한데, 그 이유는 여러분도 분명하게 알고 있는 것처럼 수많은 인공어가 존재하고 있고 그 수가 이미 수천 개를 넘어서고 있으며, 앞으로도 수많은 사람이 자기 멋대로 인공어를 만들어 낼 수 있기 때문입니다. 이런 상황에서 어떤 언어가 선택될지 예상할 수 있을까요? 실제로 이 사업에 대해 전혀 모르는 사람들이 첫눈에 보기에도 어떤 언어가 선택될 것인지 예측하는 것은 아주 간단합니다. 그 이유는 위에서 언급한 내용, 즉 현존하는 그리고 앞으로 창안될 수 있는 인공어의 숫자에 대한 대중의 보편적인 견해가 완전히 잘못된 것이고 또 이런 견해들이 인공어의 역사와 본질에 관한 전혀 잘못된 지식에 근거해 형성되었기 때문입니다.

무엇보다 먼저 이미 200여 년 동안, 수많은 사람이 인공어를 위해 노력해 왔고 지금도 그런 작업이 계속되고 있지만, 지금까지 오직 볼라퓌크와 에스페란토만이 실질적으로 완성되었다는 사실을 확인할 수 있습니다. 그러면 오직 두 개뿐인 인공어로 시선을 돌려 봅시다. 여러분이 거의 매일 많은 언론을 통해 여기저기서 새로운 인공어가 출현한다는 소식을 접하고 있고, 또 어떤 사람들은 이들 언어의 명칭을 여러분에게 언급하고 심지어는 종종 이런 언어의 창안 과정에 대해 언급한다거나 그 언어에 대한 간단한 정보를 전달해 줍니다. 이 때문에 이런 정보들이 대중에게는 마치 새로운 인공어들이 우후죽순처럼 빠르게 생겨나는 것처럼 보일 수도 있습니다. 그러나 이런 견해는, 언론계가 자신이 쓰고 있는 기사에 대해 심각하게 고민하지 않으면서, 단지 우스꽝스러운 내용과 재담으로 독자를 만족시킬 방안을 찾는 과정에서 나온 것으로 완전히 잘못된 것입니다. 언론이 여러분에게 매일 "새로운 국제어"라는 떠들썩한 제목으로 전달하는 모든 내용은 단지 아주 빠르게 그리고 충분한 고민 없이 만들어진 계획들일 뿐이며, 따라서 이런 계획들이 현실화되는 시점은 여전히 아주 먼 미래의 일이라는 사실을 알아야 합니다. 이런 계획들은 어떤 때는 아주 짧은 메모의 형태로 또 어떤 때는 호언장담과 많은 것을 약속하는 표현이 담긴 두꺼운 책으로 등장하지만, 순식간에 지평선 너머로 사라져 버리고, 여러분은 곧바로 그런 계획들에 대해 더는 듣지 못하게 될 것입니다. 이런 새로운 인공어의 창안자들은 자신의 계획을 실현하기 위해 첫걸음을 내디딜 때 이 작업을 결코 자신의 힘으로 완성할 수 없으며, 이론적으로 매우 쉽게 보였던 것들이 실제로는 매우 어려워 완성할 수 없다는 점을 즉시 인식하게 됩니다. 인공어를 현실화시키는 것이 이렇게 어렵기 때문에 실제로 사용할 수 있고 생명력 있는 인공어는 지금까지 겨우 두 개만 완성되었습니다. 이 문제에 대해서는 뒤에서 다시 언급하기로 하고 여기서는 현재 오직 두 개의 인공어만이 존재하고, 따라서 만약 오늘 대회가 개최된다면 이 대회에서 선택할 수 있는 인공어는 단지 두 개뿐이라는 사실로 여러분의 관심을 돌리고자 합니다. 이 대회가 해결해야 할 문제는, 어떤 문제에 처음 직면한 것처럼 결정하기 어려운 문제가 결코 아니며, 따라서 이 두 언어 중에서 어떤 언어를 선택할지 전혀 망설일 필요가 없습니다. 그 이유는 이 언어들의 역사가 가장 확실한 해답을 내놓고 있기 때문인데, 볼라퓌크는 이미 모든 곳에서 에스페란토에 의해 밀려나고 있습니다. 볼라퓌크보다 뛰어난 에스페란토의 장점은 처음 본 사람의 눈에도 즉시 드러날 만큼 확연하며, 심지어는 가장 열정적으로 볼라퓌크를 배웠던 사람들도 그러한 사실을 고백하고 있습니다. 볼라퓌크는 새로운 사상에 대한 대중의 열정이 매우 충만한 시기에 출현했으며, 에스페란토는 저자가 경제적인 어려움에 부닥쳐 있어서 볼라퓌크보다 몇 년 뒤에 대중과 만나게 되었고, 그 때문에 이미 곳곳에서 기다리고 있던 적을 만나게 되었습니다. 볼라퓌크주의자들은 자신을 위한 수많은 홍보 수단을 갖고 있었으며 가장 광범위하고 완전히 미국적인 방식으로 홍보를 전개했습니다. 그러나 에스페란티스토들은 거의 모든 기간 어떠한 실질적인 홍보도 하지 못했으며 오히려 자신의 활동에서 엄청난 미숙함을 드러내면서 누구의 도움도 받지 못했습니다. 그런데도 에스페란토운동의 초기부터 수많은 볼라퓌크주의자들이 공개적으로 에스페란티스토로 전향한 것을 여러분은 목격했을 것입니다. 게다가 볼라퓌크가 이미 에스페란토에 뒤처졌다는 사실을 인식하면서도 자신의 실패를 인정하지 않고 아예 국제어운동에서 이탈하는 사람들이 훨씬 더 많습니다. 그러나 에스페란토가 출현한 후부터 지금까지 13년 동안, 세계 어느 곳에서도 에스페란티스토였다가 볼라퓌크주의자로 전향한 사람은 단 한 사람도, 다시 반복하지만, 단 한 사람도 없습니다. 엄청난 어려움과 투쟁하면서도 에스페란토는 계속해서 생존해 왔고 꽃 피우고 있으며 더 강해지고 있습니다. 그러나 볼라퓌크는 이미 오랫동안 모든 사람에게서 멀어져 왔으며 이미 오랫동안 죽어 있다고 말해도 좋습니다.

물론 여기서 에스페란토가 볼라퓌크보다 뛰어난 점이 어떤 것들인지 아주 구체적으로 검토할 수는 없지만, 몇 가지 예를 들어 보겠습니다. 1) 볼라퓌크는 발음이 매우 거칠고 딱딱한 데 반해 에스페란토는 아주 조화롭고 미학적일 뿐 아니라 그 자체가 이탈리아어를 떠올리게 합니다. 2) 전혀 교육받지 않은 사람들에게도 에스페란토가 볼라퓌크보다 더 쉬울 뿐 아니라, 아주 소수의 몇몇 단어를 제외한 에스페란토 단어들은, 별 고민 없이 고안해 낸 것이 아니라 모든 사람이 쉽게 알 수 있는 로만-게르만 계열의 언어에서 가져왔기 때문에, 교육받은 사람들에게는 훨씬 더 쉽습니다. 따라서 조금이라도 교육받은 사람이라면, 에스페란토를 몇 시간만 배우면 사전이 없어도 에스페란토로 쓰인 모든 글을 자유롭게 읽을 수 있습니다. 3) 에스페란토를 사용하는 사람들은 한 번 그 단어를 배우면 오랫동안 사용하지 않더라도 잊어버리지 않지만, 볼라퓌크를 사용하는 사람들은 반드시 단어를 계속 반복해서 암기해야 하는데, 그 이유는 볼라퓌크의 단어들은 심사숙고해서 새로 창안했기 때문에 반복해서 암기하지 않으면 곧 잊어버리기 때문입니다. 4) 에스페란토는 기초 단계에서부터 대화가 아주 쉽지만, 볼라퓌크는 비슷하게 발음되는 많은 단어를 명확하게 구별하는 데 익숙해지기 위해서 아주 오랫동안 그리고 인내심을 갖고 연습해야 합니다. 예를 들면, bap, pab, pap, päp, pep, pop, peb, böb, bob, pop, pub, bub, püb, bip, pip, pup 등등의 단어들인데, 이들 단어는 만약 복수형(각 단어 뒤에 S를 추가)을 취하게 되면 훨씬 더 비슷하게 들립니다. 5) 볼라퓌크는 창안 원칙에 존재하는 몇 가지 근본적인 실수(예를 들면, 단어의 처음이나 끝에 오는 모음은 문법적인 부호로 사용되기 때문에 활용할 수 없다.)들로 인해, 새로 필요한 모든 단어는 반드시 창안자가 만들어야 합니다 (심지어 모든 고유 명사, 예를 들면, 미국은 Melop, 영국은 Nelij 등등). 이로 인해 이 언어를 배우는 데 전혀 불필요한 단어들을 엄청나게 많이 양산할 뿐 아니라, 이 언어의 발전을 위한 모든 과정을 이 언어의 창안자 또는 어떤 권위 있는 학회의 결정에 의존해야 합니다. 반대로 에스페란토는 문법이 단어들에 어떤 영향도 주지 않고 또 이미 그 자체로 국제성을 내포하고 있는 외국어에서 유입되는 단어들이 원래의 형태로 변하지 않고 사용되기 때문에, 많은 새로운 단어를 다시 배울 필요가 없을뿐더러, 언어의 창안자나 어떤 학회에 의존하지 않고서도 항상 발전할 가능성을 갖고 있습니다.

에스페란토가 볼라퓌크보다 뛰어나다는 점을 설명하는 동시에 우리는 볼라퓌크 창안자의 공로를 축소하려는 의도가 결코 없음을 언급하고자 합니다. 슐라이어Johann Martin Schleyer의 공로는 엄청난 것이며 그의 이름은 국제어 사상의 역사에서 항상 높이 추앙받을 것입니다. 단지 우리가 여기서 말하고자 하는 것은 만약 오늘 국제어를 선택하는 회의가 개최된다면, 현존하는 두 개의 인공어 중에서 어떤 언어가 선택될 것인지는 결코 흔들릴 수 없는 사실이라는 점입니다.

만약 오늘 국제어를 선택하기 위한 대회가 개최된다면, 현재 엄청난 숫자의 언어가 존재하지만 완전한 확신과 정확성에 근거해 어떤 언어를 선택할 것인지 예측할 수 있다는 점을 입증했습니다. 말하자면, 현존하는 모든 언어, 현재 사용되고 있거나, 아니면 사문화된 또는 인공어를 포함한 언어 중에서 오직 에스페란토를 선택할 수밖에 없을 것입니다. 이 대회가 어떻게 구성되고, 어떤 정치적 조건이 존재하든지 그리고 어떤 고려, 선입견, 동정 또는 적대감이 존재하든지 간에, 이 대회는 에스페란토를 제외한 다른 어떤 언어를 국제어로 선택할 수 없을 것입니다. 그 이유는 국제어의 역할을 위해 어떤 경쟁 상대도 없는 유일한 단 하나의 후보가 바로 에스페란토이기 때문입니다. 대회의 구성이 완전히 실패했더라도 이성을 갖춘 사람들이 이 대회에 참가했을 것이기 때문에, 다른 모든 언어보다 훨씬 뛰어난 에스페란토가 적어도 이 언어를 조금이라도 이해하고 있는 사람들의 눈을 사로잡을 것이기 때문에 다른 언어가 선택되리라는 추측은 절대 가능하지 않습니다. 만약에 이런 모든 기대에도 불구하고 다른 어떤 언어가 선택된다면, 위에서 언급했던 것처럼 이 대회의 결정은 새로운 대회가 다시 소집되어 새롭고 정확한 결정을 내릴 때까지 단지 사문화된 문서로만 남아 있게 될 것입니다.

VII

이제 우리에게 다음과 같은 마지막 질문이 남아 있습니다. 지금 당장에는 에스페란토가 국제어의 유일한 후보가 되었지만, 만약 국제어를 선택하기 위해 각국의 대표들이 참가하는 대회가 가까운 시일 내에 개최되지 못하고, 예를 들어 10년 또는 100년 후에나 개최된다면, 그리고 그때까지 수많은 새로운 인공어들이 등장하고 또 이들 언어가 에스페란토보다 높은 위상을 차지한다면 그들 중의 어떤 언어가 대회에서 선택될 수 있을까요? 또는 대회 스스로 새로운 인공어를 창안하기 위한 위원회를 설치할 수 있을까요?

이에 대해 우리는 다음과 같이 대답할 수 있습니다. 새로운 언어의 출현 가능성은 매우 불투명하며, 새로운 언어의 창안을 위원회에 위임하겠다는 것은 좋은 시를 쓰는 임무를 위원회에 위임하는 것만큼이나 황당한 발상입니다.

왜냐하면, 모든 면에서 많은 사람에게 적합하고 생동감 넘치는 언어를 창안하기가 손바닥 뒤집듯이 쉬운 일처럼 보이지만, 실제로는 매우 어려운 일이기 때문입니다. 새로운 언어를 창안하는 것은 한편으로는 특별한 재능과 영감靈感을 필요로 하고, 다른 한편으로는 주어진 사업에 대한 엄청난 열정과 인내심, 그리고 한없는 뜨거운 열정이 요구됩니다. 예를 들면 위원회는 책상tablo을 'bam', 의자sego는 'bim'이라고 결정만 하면 되고 이렇게 만들어진 단어들에 위원회는 놀라움을 감추지 못하면서 하나의 언어가 곧 완성될 것입니다. 그러나 완벽하고 적합하면서도 실현 가능한 언어를 창안하는 것은, 예를 들면 그랜드 피아노를 연주하거나 울창한 삼림을 통과하는 것과 같습니다. 음악의 본질을 모르는 사람에게 그랜드 피아노를 연주하는 것보다 더 쉬운 것은 없습니다. 그가 단지 건반 하나만 누르면 정해진 소리를 들을 수 있으며, 다른 건반을 누르면 다른 소리를 들을 수 있고, 일정한 시간 동안에 다른 건반을 계속 두드리면 완전한 작곡을 할 수 있습니다. 이보다 더 쉬운 것이 없는 것처럼 보입니다. 그러나 만약 그가 즉흥적인 작곡을 시작하면 모든 사람이 큰 소리로 웃으며 자리를 떠날 것이며, 그 자신도 자신이 작곡한 거친 소음을 들으면서 연주가 순조롭게 진행되지 않으며, 음악이 단지 건반을 두드리는 것만으로 완성되지 않는다는 사실을 깨닫게 될 것입니다. 그리고 다른 모든 사람보다 더 잘 연주할 수 있다고 허풍 떨면서 자신감 넘치는 표정으로 그랜드 피아노 앞에 앉았던 그 영웅은 머지않아 대중 앞에서 사라져 버릴 것입니다. 울창한 숲에 한 번도 가 보지 않았던 사람에게 그 숲을 통과하는 것처럼 쉬운 일은 없어 보입니다. "대체 무슨 기술이 필요하죠? 애들도 통과할 수 있을 겁니다. 그냥 숲에 들어가서 앞으로 쭉 가면 될 텐데 말이죠. 그리고 몇 시간 후 혹은 며칠 후, 당신은 숲의 반대편 끝에 있는 자신을 발견하게 되겠죠?"라고 말할 테지만, 실제로는 울창한 숲 속으로 조금만 들어가면 즉시 밖으로 나오지 못할 정도로 길을 잃어버리거나, 오랫동안 방황하다가 그가 나와야 할 장소와는 전혀 다른 어떤 곳으로 겨우 빠져나오게 될 것입니다. 인공어 역시 마찬가지입니다. 언어의 창안에 착수하고, 또 이 언어의 명칭을 만들고 선전하는 과정은 매우 쉽지만 순조롭게 이 모든 작업을 끝내기는 절대 쉽지 않습니다. 많은 사람이 자신 있게 이런 사업을 시작하지만, 실제로 작업에 좀 더 깊숙하게 돌입하는 순간부터 그들은 전혀 불필요한, 어떤 구체성도 없는 혼란스러운 것들을 수집하거나, 자신의 인내심을 잃고 사업을 포기할 수밖에 없는 상호 모순적인 요구 및 방해 들에 부딪히게 되면서 결국 대중 앞에 서 보지도 못한 채 사라져 버렸습니다.

적합하고 생명력 있는 언어를 창안하는 것이 많은 사람에게 보이는 것처럼 그렇게 쉬운 일이 아니라는 사실을 특히 다음과 같은 점에서 발견할 수 있습니다. 볼라퓌크와 에스페란토가 등장하기 전까지 인공적인 국제어를 창안하려는 다양한 시도들이 무수히 진행되었고, 앞에서 언급한 두 언어가 출현한 후에도 적지 않은 비슷한 시도들이 있었습니다.[11] 이렇게 시도되었던 수많은 언어 및 창안자들의 이름을 여러분은 국제어 사상의 역사에서 발견할 수 있는데, 이러한 시도들은 개인과 전 사회적 노력으로 진행되었고 일부 사업에는 엄청난 자본이 투자되었습니다. 이런 엄청난 노력과 투자가 소요된 수많은 시도에도 불구하고 오직 두 개의 언어만이 현실화하였고 지지자들을 만나서 실제로 사용될 수 있었습니다. 그러나 이 두 언어 역시 한 언어의 창안자가 다른 언어가 창안되고 있다는 사실을 몰랐기 때문에 세상에 나올 수 있었습니다. 자신의 이상에 일생

---

11. [옮긴이] E. Derzen, *Historio de la Mondolingvo; Trijarcetoj da Serĉado*, Ekrelo(Leipzig), 1931. 3~8장 참조.

을 바쳤던 에스페란토의 저자(이 사상과 함께 성장했고 또 이 사상을 위해 모든 것을 헌신할 준비가 되어 있었던)는 아주 어릴 때 이 인공어의 창안 작업을 시작하면서, 존재한 적이 없었던 새로운 언어를 창안해야 한다는 의지만이 자신의 열정을 유지하게 했으며 또 이러한 작업 과정에서 부딪히는 어려움이 커다란 인내심을 요구한다는 것을 알고 있었기 때문에, 만약 에스페란토가 완전히 완성되기 5~6년 전에라도 볼라퓌크가 발표되었다면, 에스페란토의 저자는 인내심을 잃고 자신의 언어가 볼라퓌크보다 훨씬 뛰어나다는 점을 잘 알면서도 이 언어를 더 완성하기 위한 노력을 거부했을 것이라고 스스로 고백하고 있습니다.

위에서 언급했던 모든 주장을 통해 여러분은 이미 완벽한 인공어가 존재한다는 사실을 전 세계가 알게 되면, 이 시점에서 이런 헛된 일을 새롭게 시작하거나 현존하는 언어들을 더 좋게 보완해 완성하고 싶다는 열정을 가진 사람들이 존재하리라고 생각하지 못할 것입니다. 이런 작업에 착수했던 사람들이 얼마나 보잘것없는 희망만을 가졌던 것인지는 에스페란토가 출현한 이후에 시도된 계획들을 통해 아주 잘 파악할 수 있습니다. 새로운 언어의 창안자들은 그들이 참고할 수 있는 이미 완성된 견본을 갖고 있었지만, 자신의 계획을 위해 이들 기존의 견본들에서 어떤 도움도 원하지 않았습니다. 오히려 이런 시도들을 통해 사람들은, 새로운 언어의 창안자들이 자신의 사업을 완성할 능력과 인내심을 갖췄음에도 불구하고 이들의 작업은 잘 진행되지 않았으며 에스페란토보다 훨씬 더 나쁜 결과를 거둔 사실을 분명히 볼 수 있습니다. 반대로 에스페란토는, 국제어 창안을 위한 모든 계획이 그 언어의 한 부분을 보완하기 위해 다른 어떤 부분을 훼손한 것과는 반대로, 국제어가 갖춰야 할 모든 요건(엄청난 간편함, 정확성, 풍부함, 자연스러움, 생명력, 유연성, 발성 등등)을 아주 잘 갖췄습니다. 예를 들면, 가장 최근의 국제어 창안자들은, 대중이 덕망 있는 언어학자들의 평가에 따라 새로운 언어를 평가한다는 사실을 간파하고서 이 언어가 얼마나 실질적으로 사용에 적합한가보다는 오로지 언어학자들에게 얼마나 좋은 인상을 줄 것인가, 하는 점만을 고려하는 교활한 방법을 사용했습니다. 그 때문에 이들은 단어를 만들면서 거의 아무런 변화도 주지 않은 채, 현존하는 가장 중요한 민족어들에서 차용했습니다. 이렇게 창안된 언어들의 문장을 읽으면서 언어학자들은 에스페란토보다 훨씬 쉽게 한눈에 이해할 수 있다는 사실을 발견하게 되고, 이들 새로운 언어의 창안자들은 자신의 언어(언젠가 완성하게 되면)가 에스페란토보다 훨씬 뛰어나다며 승리를 선언했습니다. 그러나 조금만 신중한 사람이라면 이러한 주장이 단지 사소한 원칙만 제시된 전시적이고 유혹적인 내용이며, 실제로 중요한 원칙들(예를 들면, 교육받지 못한 사람들을 위한 간편함·유연성·풍부함·정확성 등등)이 희생된 환상일 뿐이라는 점, 그리고 또 이와 비슷한 언어가 언제가 완성되었을 때, 결국에는 어떤 것도 남지 않을 것이라는 점을 즉시 깨달았을 것입니다. 만약 국제어의 가장 중요한 장점이 학식이 깊은 언어학자들이 즉시 이해할 수 있을 만큼 쉽게 배울 수 있다는 점으로 구성된다면, 우리는 그저 라틴어 같은 언어를 아무런 수정 없이 가져오면 될 것이고, 그렇게 되면 학식이 깊은 언어학자들은 한눈에 아주 쉽게 이해할 수 있을 것입니다. 자연어에서 차용한 단어들에 가능한 작은 변화만 주려는 방침은 에스페란토 창안자뿐 아니라 새로운 언어의 창안자들 역시 채택한 원칙입니다. 에스페란토는 가능한 국제어의 다른 더 중요한 원칙들에 반하지 않도록 노력하면서 이런 원칙을 가능한 범위 내에서 신중하게 충족시켰지만, 다른 창안자들은 오직 이 원칙에만 모든 관심을 기울임으로써, 이 원칙과 비교할 수 없이 훨씬 더 중요한 다른 모든 원칙을 희생시켰습니다. 왜냐면 그들은 국제어의 다양한 원칙들이 자신이 창안한 언어 안에서 충돌하지 않고 공존하게 할 능력도, 그럴 의지도 없었으며, 심지어 그들 자신의 언어에 어떤 적합성이나 필요성을 부여하는 것도 원하지 않았습니다. 그들은 단지 어떤 결과물을 보여 주고 싶어 했을 뿐입니다.

위에서 언급한 모든 내용에서 여러분은 어떤 새로운 언어가 출현해서, 아주 많은 장점을 갖고 있고 오랜 세월 동안의 인내와 노력의 산물인 동시에 여러 해 동안 우리가 국제어로 기대했던 모든 것을 현실에서 훌륭하게 구현한, 에스페란토를 배제할 수 있는 아주 작은 구실도 존재하지 않는다는 사실을 확인할 수 있을 것입니다. 그러나 존경하는 청중 여러분, 이런 성과가 아마도 여러분에게 여전히 충분하지 않을 수 있으며, 에스페란토가 어떤 경쟁 상대도 없는 언어라는 사실을 밝혀 줄 충분하고도 의심의 여지없는 이론적 확실함을 우리가 제시하기를 원할 것입니다.

만약 인공어의 전체적인 본질이 그 언어의 문법에 있다면, 볼라퓌크가 등장하는 순간부터 국제어 문제는 완전하게 해결됐다고 말할 수 있을 것이고, 볼라퓌크의 어떤 경쟁자도 출현할 수 없었을 것입니다. 왜냐하면, 다른 여러 문법적인 결함에도 불구하고 볼라퓌크의 문법은 더는 단순화가 불가능할 정도로 쉽고 간편하기 때문입니다. 새로운 언어가 볼라퓌크와 구별될 수 있는 점은 단지 몇몇 사소한 내용뿐이고, 따라서 이런 사소한 이유로 새로운 언어의 창안에 착수할 사람이 한 명도 없을 것이라는 점은 모든 사람이 알고 있으며, 인류 사회 역시 이런 사소한 것들로 이미 준비되고 검증된 언어를 거절할 수 없을 것입니다. 극단적인 경우에 미래의 위원회나 대회에서 볼라퓌크의 문법 중 유용하다고 생각되는 부분들을 약간 개선한다면, 볼라퓌크가 의심의 여지없이 국제어로 선택될 것이고 어떤 경쟁도 무의미해질 것입니다. 그러나 언어는 문법뿐 아니라 단어들도 중요한 구성 요소이며, 인공어에서 단어를 배우는 일은 문법을 공부하는 것보다 수백 배의 시간이 소요됩니다. 볼라퓌크는 단지 문법 문제만 해결했을 뿐 단어 문제에 관해서는, 모든 새로운 국제어의 저자들이 자신의 사적인 희망대로 만든 다양한 단어들을 단지 모아만 놓고서 아무런 주의도 기울이지 않았습니다. 볼라퓌크가 막 출현한 시기에 볼라퓌크의 열정적인 지지자들마저도 머지않아 볼라퓌크와 완전히 다른 새로운 언어가 등장하면 두 언어 사이에 경쟁이 시작될 것이라고 두려워한 이유도 바로 여기에 있습니다. 에스페란토는 전혀 다릅니다. 모두가 알고 있는 것처럼, 이 점에 대해서는 어떤 연구자들도 전혀 부인하지 않는데, 에스페란토는 문법뿐 아니라 단어 문제도 해결했으며, 따라서 문제 일부가 아닌 전체를 해결했습니다. 그러면 어떤 새로운 언어를 창안하는 사람들에게 만약 그런 시기가 온다면 어떤 문제가 남아 있을까요? 그들에게는 이미 발견된 아메리카를 발견하는 것 말고는 어떤 일도 남아 있지 않습니다. 이미 모든 면에서 훌륭하게 기능하고 있고 검증된, 수많은 지지자와 광범위한 문학 작품을 가진 에스페란토가 존재하지만, 많은 시간과 노력을 바쳐 새로운 언어를 창안하려는 사람이 나타나고 마침내 그가 성공해서 실질적으로 에스페란토보다 더 뛰어난 언어를 제안한다면, 우리는 이 언어를 어떻게 대해야 할까요? 인간이 생각하는 모든 의미를 가장 정확한 방법으로 완전하게 표현할 수 있는 에스페란토의 문법이 겨우 16개의 규칙으로 구성되었고, 겨우 30분을 투자해 배울 수 있다면, 새로운 창안자가 더 개선할 수 있는 것들이 있을까요? 극단적인 예를 든다면, 그는 16개의 문법을 15개로 줄이거나 배우는 시간을 30분에서 25분으로 줄일 수 있을까요? 그렇지 않을까요? 그러나 어떤 사람이 이런 사소한 점들을 개선하기 위해 새로운 언어를 만들려고 할까요? 그리고 어느 누가 이런 사소한 이유로 현존하는 그리고 모든 면에서 검증된 언어를 거부할 수 있을까요? 당연히 그렇게 하지 않을 것입니다. 아주 극단적인 경우에도 "당신이 만든 언어 중 에스페란토보다 뛰어난 몇몇 사소한 문법 내용을 에스페란토에 도입하면 문제가 해결되겠군요."라고 답할 것입니다. 당신이 만든 언어의 사전은 어떠한가요? 현재는 어떤 연구자들도 국제어의 사전이 자의적으로 고안된 단어들로 구성되어서는 안 되고, 좀 더 공통으로 사용되는 다른 형태로 개선된 로만-게르만 계열의 단어들로 구성되어야 한다는 사실을 의심하지 않고 있습니다. 그 이유는, 많은 국제어 창안자들이 생각하는 것처럼, 학문적 소양이 풍부한 언어학자들이 이 언어로 쓰인 문장을 즉시 이해할 수 있도록 하기 위해서가 아니라(국제어 같은 문제에 있어서 지적인 언어학자들이 최종적인 역할을 담당하게 되는데, 그 이유는 이들에게 국제어가 그다지 필요하지 않기 때문입니다), 좀 더 중요한 다른 이유 때문입니다. 예를 들면, 모든 언어에서 동등하게 사용되고 있으며 모든 사람이 배우지 않고도 알 수 있어서, 이런 단어들을 사용하지 않는 것 자체가 전적으로 불합리한 '외래어'라 불리는 수많은 단어가 존재하는데, 사전에 있는 다른 모든 단어 역시 이들 단어와 조화를 이뤄 소리를 내야 합니다. 그 이유는 만약 그렇지 않을 경우 결국 이 언어는 거칠어지고 모든 과정에서 기본 원칙들과 충돌하고 오해가 발생하면서 지속적이고 규칙적인 언어의 확장이 어려워지기 때문입니다. 사전에 다른 계통의 단어들이 아닌 이런 로만-게르만 계통의 단어들이 배치되어야 하는 다양한 이유가 여전히 존재하지만, 이런 이유는 너무 전문적이어서 여기서는 더 자세하게 언급하지 않겠습니다. 우리는 모든 새로운 언어의 창안자들이, 이미 의심의 여지없이 합의된 단어 문제에 대한 이 규칙을 받아들기만 한다면 충분하다고 생각합니다. 에스페란토는 바로 이러한 규칙에 의해 자신을 이끌어 가고 있고 또 이 규칙으로 인해 단어를 선택하는 데 있어서 수많은 자의적 결정의 가능성이 차단되기 때문에, 만약 새로운 언어가 창안된다면 "이 새로운 언어의 창안자가 우리에게 줄 수 있는 것이 대체 무엇일까?"라는 질문이 남게 됩니다. 이런저런 단어들을 사람들이 좀 더 편한 형태로 변형시킬 수 있지만, 이렇게 변형 가능한 단어들은 매우 적습니다. 이런 현상은 에스페란토 이후 출현한 수많은 국제어 계획 중 어떤 언어를 살펴보더라도 쉽게 발견할 수 있는데, 이들 중 거의 60%에 해당하는 단어들이 에스페란토와 완전히 같은 형태임을 볼 수 있습니다. 만약 여러분이 여기에다 그래도 좀 더 추가하고 싶다면, 여전히 40%의 단어들이 에스페란토와 다른 형태를 보이는데, 그 이유는 대부분 이들 언어의 창안자들이 국제어에서 매우 중요한 다양한 원칙들에 주의를 기울이지 않았거나, 어떤 필요성을 고려하지 않고 단순히 단어를 바꿨기 때문입니다. 따라서 에스페란토와 다른 좀 더 편리한 형태를 부여할 수 있는 실질적인 단어의 수는 10%를 넘지 않는다는 사실을 쉽게 알 수 있습니다. 에스페란토 문법에서 거의 아무런 개선도 하지 못하고, 겨우 10%의 단어만을 바꿀 수 있는 정도의 내용이 추가된 새로운 언어가 만들어진다면, 이것이 모든 면에서 진정한 의미의 적합한 언어라고 할 수 있느냐는 문제가 제기될 수 있습니다. 이 언어는 새로운 언어가 아니라 단지 에스페란토를 약간 개선한 언어일 뿐입니다. 따라서 국제어의 미래에 대한 전반적인 질문은 에스페란토가 현재의 형태를 온전하게 유지한 채 국제어로 채택될 것인가 아니면 약간의 개선 후 채택될 것인가의 문제로 귀결될 것입니다. 그러나 이런 질문은 에스페란티스토들에게 이미 아무런 의미도 없습니다. 그들은 단지 개별적인 사람들이 사적인 이익에 따라 에스페란토를 고치는 것에 반대할 뿐, 어떤 권위 있는 대회 또는 위원회에서 이런저런 수정을 가하는 것에 대해서는 기쁘게 받아들일 것이며, 이런 변화로 그들이 잃을 것은 전혀 없습니다. 그들이 어떤 새로운 어려운 언어를 처음부터 배울 필요는 없지만, 만약 일부 내용이 바뀌고 그 작업이 끝나면 하루 또는 며칠 동안 그 변화된 내용을 배우기 위해 시간을 투자할 필요는 있습니다.

에스페란티스토들은 자신의 언어가 완벽하다거나 이보다 더 좋은 언어는 존재할 수 없다는 그런 태도를 전혀 갖고 있지 않습니다. 반대로 세계의 운명을 결정할 수 있는 권위 있는 대회가 실현된다면, 에스페란티스토들은 언어를 검토할 위원회를 구성하자고 제안하고 효율적인 개선을 위해 그 위원회에서 최선을 다할 것이며, 심지어 이 사업을 위해서는 에스페란토를 자신이 완전히 알아보지 못할 수준까지라도 바꾸려고 할 것입니다. 그러나 이런 "위원회의 노력이 전반적으로 성공할 수 있을 것인가? 언제나 마무리될 수 있을 것인가? 모든 사람의 동의하에 최종 목표에 도달할 수 있을 것인가? 그리고 마무리된 작업이 현실적으로 완전히 적합하다는 점을 증명할 수 있을 것인가?" 같은 점들을 전혀 예측할 수 없기 때문에, 만약 미래에 직면할 문제 때문에 실질적이면서 모든 면에서 완성되고 입증된 현존하는 국제어를 거부하는 것은 위원회의 입장에서 용서할 수 없는 그리고 매우 어리석은 일입니다. 따라서 대회에서 에스페란토가 적합하지 않다는 결론에 도달하더라도, 에스페란토를 현재의 형태로 수용하고 이와 함께 에스페란토를 좀 더 완벽하게 개선하거나 좀 더 이상적인 새로운 언어를 창안할 것을 목적으로 하는 위원회를 설립하는 것 정도를 결정할 수 있을 것입니다. 그리고 다행히 위원회의 사업이 최종 목표에 도달하고 수많은 시도 후에 전적으로 적합하다고 입증되는 시기에 도달하면, 위원회는 그때야 현재의 국제어는 폐기되고 새로운 형태의 국제어가 그것을 대신할 것이라고 선포할 것이고, 모든 신중한 사람은 대회가 이런 방식으로 활동할 수밖에 없다는 점에 동의할 것입니다. 따라서 우리는 미래 세대의 최종 언어는 에스페란토가 아니라 좀 더 개선된 언어가 선택될 수도 있지만, 그렇다하더라도 그 최종 언어에 도달하는 과정은 반드시 에스페란토를 통해 도달해야 한다는 점을 예측할 수 있습니다.

따라서 처음부터 지금까지 언급했던 모든 내용을 요약하면서, 우리는 다음과 같은 결론에 도달했음을 여러분에게 환기하고자 합니다.

1. 국제어의 도입은 인류에게 커다란 유용함을 가져다 줄 것입니다.

2. 국제어의 도입은 완전히 가능합니다.

3. 국제어의 도입은 시기의 문제일 뿐이며, 관습주의자들이 아무리 반대하더라도 반드시 실현될 것입니다.

4. 인공어만이 국제어로 선택될 수 있습니다.

5. 항상 현재의 형태를 유지하든지 아니면 약간의 개선이 가해지든지, 오직 에스페란토만이 국제어로 선택될 수 있습니다.

VIII

이제 우리가 위에서 언급했던 모든 내용을 검토해 보겠습니다. 우선 에스페란티스토들은, 모든 것을 겉만 보고 판단하거나 유행의 척도만으로 규정하는, '똑똑하고', '실용적인' 척하는 사람들이 말하는, 그런 몽상가들이 아니라는 사실입니다. 에스페란티스토들은 인류에게 매우 중요한 문제이자 자기 자신에게도 '환상이 아닌 이상'을 위해 싸우고 있으며, 또 관습에 찌든 사람들이 아무리 강력하게 반대하고 똑똑한 사람들이 아무리 비웃더라도 언젠가는 반드시 실현될 그런 사업을 위해 투쟁하고 있습니다. 밤이 지나면 아침이 오는 것처럼, 잠깐 또는 오랜 기간의 투쟁 후에 에스페란토는 국제적인 교류를 위한 수단으로 반드시 도입될 것입니다. 우리가 이런 사실을 자신 있게 확신하는 이유는 우리가 희망하거나 원해서가 아니라 이런 결론 외의 다른 어떤 결론도 도출할 수 없다는 단순한 논리가 입증해 주고 있기 때문입니다. 에스페란티스토들은 여전히 오랜 시간을 투쟁해야 할 것이고, 아마도 오랫동안 정신적 유아 상태에서 벗어나지 못한 모든 사람이 돌을 던지고, 모욕하고, 어리석은 야유를 계속하겠지만, 이 사업은 언젠가는 반드시 실현될 것입니다. 에스페란토 사업의 선구자들은 자신의 노력이 열매 맺는 것을 볼 수 없을 것이며, 아마도 그들은 무덤에 들어갈 때까지 "어리석은 짓에 몰두했다."는 오명을 갖고 가겠지만, 그들이 동시대 사람들로부터 받았던 쓴 술잔을 대신해 후세들은 큰 감사와 함께 그들의 이름을 외치면서 기념비를 세울 것입니다. 그들은 오랫동안 세상 사람들에게 힘없는 나약한 사람으로 비칠 것이며, 세상 사람들에게 그들의 노력은 거의 죽은 것처럼 보이거나 심지어 이미 땅에 묻힌 것처럼 비치겠지만, 이 사업은 이미 '실패할 수 없는 상황에 이르렀기 때문에 절대 실패하지 않을 것'입니다. 이 사업은 살아 숨 쉴 것이고 항상 자신을 기억하게 할 것입니다. 모든 새로운 침묵(이런 침묵이 심지어 수십 년간 이어지더라도)이 지난 후에는 새로운 활력이 나타날 것입니다. 한 무리의 전사들이 지치면, 언젠가는 새로운 열정으로 가득한 전사들이 등장해서 이 사업의 종착역에 도착할 때까지 오랫동안 계속 투쟁할 것입니다. 따라서 에스페란티스토들은 어리석은 사람들이 냉소적으로 우리가 여전히 소수라고 비웃더라도 슬퍼하지 말고 또 사업의 진척이 느리다고 용기를 잃어서는 안 됩니다. 사업의 성패는 속도에 있는 것이 아니라 정확성에 있습니다. 별다른 목적도 없는 수많은 일들은 빠르게 성공하지만 또 빠르게 몰락합니다. 그러나 반드시 필요하고 옳은 사업은 일반적으로 커다란 어려움과 함께 느리게 발전합니다.[12]

위에서 제시한 다섯 개의 결론과 함께, 우리는 자신의 이상을 위해 의식적으로 투쟁하면서, 그로 인해 반대자들의 사소한 주장에 아무런 도움도 받지 못한 채 당황하면서 용기를 잃어버리는 에스페란티스토들에게 각별한 관심을

---

12. 우리는 이 논문이 에스페란토운동이 매우 허약한 시기에 쓰였다는 사실을 기억해야 한다. [자멘호프가 『기초문선』에서 언급한 내용이다.]

기울여야 합니다. 이 모든 결론은 단순하면서도 엄중한 논리의 성과물을 보여 주고 있습니다. 세상 사람들이 여러분에게 "세상은 당신의 언어를 원하지 않아요."라고 말하면, "세상이 원하든 원하지 않든 다른 방법이 없기 때문에 에스페란토는 언젠가는 반드시 받아들여질 것"이라고 자신 있게 대답하시기 바랍니다. 만약 "새로운 언어가 출현했고 또 이런저런 지식인 단체나 대회에서 다른 언어를 선택하려 하거나 새로운 언어를 창안하기를 원한다."는 말을 들으면, "이런 풍문이 자자한 모든 시도는 국제어 사상의 본질과 역사에 대한 절대적인 무지에 근거한 것이며, 이런 시도들은 수많은 개인 및 단체 들이 이미 수없이 많이 반복했지만, 항상 엄청난 실패로 끝을 맺었습니다. 논리 법칙과 사업의 본질에 있어서 다른 시도들은 절대 적합하지 않기 때문에, 오직 에스페란토만이 국제어가 될 수 있습니다."라고 용기 있게 대답하시기 바랍니다.

만약 사람들이 "이런저런 개별 에스페란티스토나 단체들의 거대하지만 신중하지 못한 잘못된 행동으로 여러분의 모든 사업이 비웃음을 사거나 불신을 받고 있다."라고 말하면, "에스페란토는 어떤 한 개인이나 단체에 종속되어 있지 않고, 어떤 사람도 자신의 개인적인 실수로 인해 에스페란토의 운명에 영향을 끼칠 수 없습니다. 에스페란토는 이미 오래전 순수한 공적 사업으로 전환했기 때문에 에스페란토의 창안자마저도 아무런 영향력이 없습니다."라고 대답해야 합니다.

우리가 위에서 언급했던 모든 것 중에서 두 번째는 다음과 같은 것이 있습니다. 국제어의 선택이 만약 다양한 국가의 대표들이 참가한 어떤 대회에 달려 있다면, 우리는 아주 오랫동안 그것을 기다려야 할 것이며 우리 중 누구도 이것을 위해 할 수 있는 일이 없습니다. 그러나 우리가 위에서 봤던 것처럼, 사람들이 어떤 언어가 국제어가 될 것인지 아주 정확하고 뚜렷하게 예측할 수 있다면, 그때는 상황이 변하게 될 것입니다. 우리는 대회를 기다릴 필요가 없으며, 우리는 뚜렷한 목표를 갖고 모두가 그 목표를 향해 나아가야 합니다. 다른 사람이 어떤 말을 하고 어떤 행동을 하는지 관심 갖지 말고, 우리 모두 자신의 돌을 옮겨 건물을 쌓아 올려야 합니다. 어떤 돌도 헛되지 쌓이지 않을 것입니다. 이 사업을 위해 일하는 누구도 다른 사람에게 예속되지 않으며, 모든 사람은 각기 자신의 능력과 범위 내에서 일할 것이며, 일하는 사람들이 많을수록 거대한 건축물의 완성도 역시 빨라질 것입니다. 이제 우리는 특히 다양한 학술 대회와 단체들에 관심을 가져야 합니다. 다른 사람들이 무엇을 하는지 구경하지 말고, 다른 사람들이 주도적으로 어떤 일을 시작하기를 기다리지 말고, 모든 에스페란토 단체나 대회는 거대한 인류 공동의 목표를 한 걸음이라도 앞당기는 데 필요한 각자의 행동을 결정해야 합니다.

2장

보로프코 씨에게 보낸 편지[1]

당신은 "내가 왜 국제어를 만들어야겠다고 결심하게 되었는지 그리고 에스페란토가 탄생한 순간부터 지금까지의 역사"에 대해 내게 질문했습니다. 내가 에스페란토와 함께 공개적으로 모습을 드러낸 순간부터의 모든 공적인 역사에 대해 당신은 대략 알고 있을 것입니다. 다른 측면에서 현시기 에스페란토 역사에 관해 지금 언급하는 것은 여러 가지 이유로 아직 적절치 않다고 판단하기 때문에, 단지 이 언어가 탄생하게 된 일반적인 특징에 관하여 간략하게 이야기하겠습니다.

이미 많은 내용을 기억하지 못하기 때문에 이 모든 것에 대해 자세하게 이야기하기는 어렵지만, 일생을 바쳐 이 이상을 실현해야겠다는 생각이 형성되기 시작한 것은 (이런 것을 이야기한다는 것이 우습기는 한데) 내가 아주 어렸을 때이며, 그 이후 이 이상은 한시도 나를 떠나지 않았습니다. 나는 이 이상과 함께 자랐고 심지어 이 이상이 없는 나는 상상할 수도 없습니다. 이런 점이, 왜 이렇게 어렵고 힘든 상황에도 불구하고 내가 고집스럽게 이 사업에 집

---

1. [디테를레] "Eltiro el privata letero al s-ro B.(N. Borovko)", *Lingvo Internacia* I, 1896, pp. 115~119에 처음으로 게재되었다. 두 서신 교환자들의 허락을 받아 러시아어에서 번역했다.

착하고 있으며 또 같은 목표를 위해 일했던 다른 많은 사람처럼 이 이상을 포기하지 않고 있는지, 당신에게 부분적으로 설명해 줄 수 있을 것입니다.

나는 비아위스토크[2]의 그로더냐^Grodno 지역에서 태어났습니다. 내가 이곳에서 태어나고 보낸 어린 시절의 삶이 내 미래의 모든 목표의 방향을 결정했습니다. 비아위스토크의 주민들은 각기 다른 네 종류의 구성원, 즉 러시아인, 폴란드인, 독일인 그리고 유대인으로 구성되어 있었는데, 이 네 민족의 구성원들은 서로 다른 언어를 사용했으며, 다른 언어를 사용하는 사람들과 비우호적인 관계를 맺고 있었습니다. 이 도시의 주민들은 다른 어떤 곳보다 다언어성多言語性이 주는 심각한 불행을 자연스럽게 느꼈으며, 언어의 다름이 인류라는 가족을 분열시키고 서로 적대적인 세력으로 나누는 유일한 또는 적어도 가장 중요한 원인이라는 사실을 그들의 모든 행동에서 확신하게 되었습니다. 사람들이 나를 이상주의자로 만들었습니다. 모든 사람은 형제라고 내게 가르쳤지만, 거리에서, 집의 정원에서 보이는 모든

---

2. [옮긴이] 비아위스토크(Bialistoko)는 폴란드 북동부에 위치한 '주'(州)로 벨라루스와 접경해 있다.

행동은 사람들이 존재하는 것이 아니라 오로지 러시아인, 폴란드인, 독일인, 유대인 들이 개별적으로 존재한다고 느끼게 했습니다. 많은 사람이 이 꼬마의 세상 걱정을 비웃었겠지만, 이런 상황은 항상 그리고 아주 강력하게 어린 소년의 영혼을 괴롭혔습니다. 당시의 어린 나에게 '어른'들은 어떤 전능한 힘을 가진 것처럼 보였기 때문에, 나는 '내가 어른이 되면 이런 불행을 반드시 종식시킬 것'이라고 스스로 반복해 다짐했습니다.

물론 모든 것이 어렸을 때 생각했던 것처럼 그렇게 쉽게 해결될 수 없다는 사실을 점점 깨닫게 되었고, 어린 시절의 공상들을 하나씩 포기했지만, 인류의 공통어라는 하나의 꿈만은 결코 포기할 수 없었습니다. 물론 어떤 뚜렷한 계획도 없었지만, 나는 흐릿한 상황에서도 그 목표를 향해 나아갔습니다. 언제부터인지 정확하게 기억하지 못하지만, 어쨌든 아주 이른 시기에, 인류의 공통어는 '현존하는 어떤 민족에도 속하지 않은 어떤 중립적인 언어'만이 가능하다는 생각이 형성되었습니다. 비아위스토크의 김나지움[3]에서 바르샤바에 있는 제2 고전 김나지움[외국어 전문 고등학교]으

---

3. [옮긴이] 저소득 계층의 자녀를 위한 수학과 기술 위주의 중등학교(Bjalis-
toka Reallernejo).

로 전학한 후, 나는 얼마 동안 고대 언어들에 푹 빠져 지냈고 언젠가는 전 세계를 여행하면서 열정적인 연설로 사람들을 설득해 고대 언어 중의 하나를 복원해 공용어로 사용하게 될 미래를 상상했습니다. 후일 어떻게 이런 계획이 불가능하다는 확고한 결론에 도달했는지는 기억하지 못하지만, 어렴풋하게 새로운 인공어에 대해 꿈꾸기 시작했습니다. 나는 그때 종종 어떤 계획들을 시도했으며, 재치 있고 풍부한 '격' 변화와 '동사 활용' 등등을 고안해 냈습니다. 그러나 인간이 사용하고 있는 수없이 많은 언어의 문법적인 내용과 나를 겁에 질리게 한 '수십만 개에 달하는 단어들이 담긴' 사전은 내게 복잡하고 거대한 기계처럼 보였고, 이 때문에 나는 "포기하자! 이 일은 인간의 힘으로는 불가능해!"라고 나 자신에게 중얼거린 적이 한두 번이 아닙니다. 그런데도 결코 나는 내 꿈을 포기하지 못했습니다.

사람들이 아직 무언가를 비교하거나 결론을 내리지 못할 만큼 어렸을 때 나는 독일어와 프랑스어를 배웠습니다. 그러나 김나지움 5학년 때, 영어를 배우기 시작하면서, 특히 라틴어와 그리스어 문법에 갑작스레 관심을 갖게 되면서 영어 문법의 간편함이 눈에 들어왔습니다. 그때 나는 문법 형태의 풍부함은 단지 맹목적인 역사적 우연일 뿐이며,

언어에 필요한 것은 아니라는 점을 깨닫게 되었습니다. 이 영향으로 나는 문법에서 불필요한 형태들을 찾아내 제거하기 시작했고, 문법이 지속해서 내 손에서 축소되는 것에 주목했으며, 머지않아 언어에 필요한 그러나 몇 페이지를 넘지 않는 아주 작은 분량의 문법을 완성했고, 이때부터 나는 내 이상에 좀 더 신중하게 다가가기 시작했습니다. 그러나 엄청나게 방대한 단어들이 여전히 나를 편히 놔두지 않았습니다.

김나지움 6~7학년이었을 때, 나는 우연히 이미 수차례 'Švejcarskaja'[커피숍]이라는 제자題字[책머리나 족자, 비석 등에 쓴 글자]에서 그리고 후일 'Konditorskaja'[당과점糖菓店]이라는 간판에서 발견한 단어에 관심이 끌렸습니다. 이 'skaja'라는 접미어가 관심을 끌었고, 사람들이 따로 배우지 않고도 접미어를 통해 한 단어에서 다른 단어들을 만들 가능성에 주목했습니다. 이 생각이 완전히 나를 사로잡았고, 나에게 갑자기 어떤 가능성이 보이기 시작했습니다. 두려움에 사로잡혔던 엄청나게 많은 단어 문제에 희망의 빛이 보이기 시작했고, 단어들이 내 눈앞에서 빠른 속도로 줄어들기 시작했습니다.

당시 나는 "문제가 해결됐어!"라고 중얼거렸고, 나는 문제에 집중해 이 방향으로 큰 노력을 기울이기 시작했습니다. 나는 자연어들에서 단지 부분적·맹목적·불규칙적으로 그리고 불완전하게 기능하던 것들을 의식적으로 창안한 언어에서 충분히 활용할 때 엄청나게 큰 의미를 가질 수 있음을 깨달았습니다. 나는 단어들을 비교하면서 그 단어들 안에서 변하지 않는 명확한 관계들을 찾기 시작했으며, 매일 사전에서 수많은 단어를 명확한 관계를 맺은 하나의 접미어로 대체하면서 제거할 수 있었습니다. 나는 그때 순수한 어근 형태의 수많은 단어, 예를 들면, '어머니'patrino, '좁은'mallarĝa, '칼'tranĉilo 등등이 쉽게 파생어로 변형되고 사전에서 제거될 수 있음을 발견했습니다. 언어의 메커니즘이 마치 내 손바닥 안에 있는 것처럼 느껴졌고, 나는 애정과 희망을 품고 규칙적으로 작업을 시작했고, 얼마 후 나는 문법책과 작은 사전을 완성했습니다.

여기서 나는 사전을 위해 정확하게 단어들의 기원에 대해 언급하고자 합니다. 오래전 내가 문법에서 불필요한 것들을 찾아내 배제하기 시작했을 때부터 나는 단어 문제에서도 경제적인 원칙들을 적용하기를 원했으며, 만약 이런저런 형태의 단어들이 주어진 개념을 표현한다는 데 우리가 동의한다면, 이들 단어가 완전히 동등한 형태를 가질 수 있다고 확신하고, 단어들에서 불필요한 글자를 줄여 가능한 한 짧고, 쉽게 단어들을 만들었습니다. 나는 열한 자로 이뤄진 'interparoli'[회담, 담화하다]라는 단어보다 두 글자의 'pa'라는 단어가 우리 모두에게 훨씬 좋다고 생각해 왔으며, 이 때문에 나는 수학적으로 가장 짧게 이어지면서도 쉽게 발음할 수 있는 글자들의 조합을 단순하게 사용했습니다. 예를 들면, a, a b, a c, a d, … b a, c a, d a, … e, e b, e c, … b e, c e, … a b a, a c a, … 등등이 그런 사례입니다. 그러나 스스로 고안했던 이런 단어 조합의 시도들이 너무 배우기 어려울 뿐 아니라 암기하기도 힘들어서 즉시 이런 생각을 포기했습니다. 이때부터 나는 단어의 원형은 '오직 언어의 규칙적 특성 및 다른 중요한 조건들이 요구하는 만큼만 변형시킨' 로만-게르만어가 되어야 한다고 확신하게 되었습니다. 이 지역에 살면서, 나는 현존하는 언어들이 '모든 민족의 구성원들이 이미 알고 있어서 미래의 국제어를 위해 보물처럼 많은 양의 준비된 국제적인' 단어들을 갖고 있다는 사실을 발견하게 되었고, 당연히 이 보물을 활용했습니다.

1878년 언어가 대략 완성되었지만, 당시의 'lingwe uniwersala'[4]와 지금의 에스페란토 사이에는 커다란 차이가 있습니다. 나는 이때 김나지움 8학년이었는데 이 언어에 대해 친구들과 의견을 나눴습니다. 많은 친구가 이 언어의 사상과 비상식적인 간단함에 매료되었고 곧 이 언어를 배우기 시작했습니다. 1878년 12월 5일, 우리는 모두 장엄하게 이 언어의 신성한 의미를 위해 자축했으며, 이 잔치가 진행되는 동안 우리는 새로운 언어로 이야기를 나눴고, 열정적으로 다음과 같은 내용으로 시작되는 찬가를 불렀습니다.

Malamikece de las nacjes

KadÓ, kadÓ, jam temp' está!

La tot' homoze in familje

Konunigare so debá.

(지금의 에스페란토로는 "민족들의 적이여 무너져라, 무너져라, 이미 때가 되었다! 전 인류가 한 가족이 되어야 한다.")

책상 위에는 문법책과 사전 외에도 새 언어로 번역된 번역물들이 놓여 있었습니다.

이 언어의 첫 시기가 이렇게 마무리되었습니다. 내 계획

---

4. [옮긴이] 자멘호프가 19살 되던 해 자신의 동료들에게 공표한 언어의 명칭. 에스페란토로 가는 첫 과정의 언어.

을 공개적으로 진행하기에 당시의 나는 너무 어렸기 때문에, 5~6년을 더 기다리면서 이 기간에 언어를 좀 더 신중하게 실험하고 또 충분하게 실용적으로 다듬기로 했습니다. 그러나 12월 5일의 축제 후 반년 만에 우리는 김나지움을 졸업하고 뿔뿔이 흩어졌고, 이 언어의 미래의 사도들은 새로운 언어를 몇 마디 시도하다 성인들의 조롱에 직면한 후 즉시 이 언어를 부인했으며, 결국 나 혼자 남았습니다. 조롱과 탄압만이 예견되는 상황에서 나는 모든 사람에게 내 작업을 비밀에 부치기로 결정했습니다. 5년 반의 대학 생활 동안 나는 누구에게도 내 작업에 대해 발설하지 않았고, 이 시기는 내게 매우 어려운 시기였습니다. 비밀을 지켜야 한다는 점이 나를 괴롭혔습니다. 내 생각과 계획을 신중하게 감춰야 했기 때문에, 나는 거의 어떤 모임에도 참가하지 않았고 마치 존재하지 않는 것처럼 행동해야 했으며, 인생의 가장 아름다운 시기(대학 생활)를 나는 가장 슬프게 보냈습니다. 어떤 때는 분위기 전환을 위해 어떤 단체에 참가해 보기도 했지만, 스스로가 이방인처럼 느껴졌고, 열망과 방황이 반복되었습니다. 때때로 이 언어로 쓴 시로 마음을 달래기도 했는데, 이런 시詩 중의 하나인 「내 생각」Mia penso을 후일 처음으로 출판한 소책자에 신기도 했습니다.

그러나 이 시가 어떤 상황에서 쓰였는지 모르는 독자들에게는 아마도 이 시가 이상하고 이해하기 어려웠을 수도 있습니다.

6년 동안 나는 이 언어를 좀 더 완벽하게 다듬고 테스트하는 데 집중했습니다. 내게는 1878년에 이미 이 언어가 완전히 준비된 것처럼 보였지만 여전히 해야 할 일이 많았습니다. 나는 다른 민족어로 쓰인 많은 작품을 에스페란토로 번역했고 에스페란토로 직접 쓰기도 했습니다. 광범위한 시도들은 내게 이론적으로는 충분히 준비된 것처럼 보였던 작업이 실질적으로는 여전히 충분치 않다는 점을 보여 주었고, 많은 부분을 잘라내고, 대체하고, 수정하고 또 근본적으로 형태를 바꿔야 했습니다. 단어·형태·원칙 및 요구 등이 서로 충돌하고 방해했습니다. 반대로 이론적인 부분에서는, 개별적이고 짧은 실험에서, 모든 것이 전체적으로 좋아 보였습니다. 예를 들면, 만능 전치사 'je', 융통성 있는 동사 'meti'(놓다, 내려놓다) 그리고 중성이지만 명확한 끝 글자 'aŭ'('ankoraŭ'[아직도, 여전히], 'morgaŭ'[내일]) 등등이 바로 그런 것들입니다. 물론 이론적 내용은 결코 내 머릿속을 떠나지 않았습니다. 내가 풍부하다고 느꼈던 몇몇 형태들은 실제로는 불필요한 짐이 되어 버렸고 결국 나는 몇몇 불필요한 어미들을 제거했습니다. 1878년은 나에게 있어서 이 언어에 문법과 사전을 충분하게 보완하는 해가 되었습니다. 언어의 과부하나 어색함은 단지 내가 아직 이 언어를 충분히 소화하지 못한 탓으로 돌렸습니다. 실천하면 할수록 나는 이 언어가 여전히 감지하지 못한 어떤 것, 즉 이 언어에 생명력과 명확하고 완전한 형태의 '영혼'을 제공하는 연결 요소가 필요하다는 점을 확신하게 되었습니다. (몇몇 에스페란티스토들의 글은 문법적인 실수는 없으나, 그 형식에서 무겁고 매끄럽지 않았는데, 좀 더 경험 있는 에스페란티스토들의 글은 그들의 국적과 관계없이 아주 매끄럽고 편했습니다. 그 이유는 그들이 이 언어의 정신을 알고 있느냐 그렇지 않으냐의 차이 때문입니다. 언어의 정신 역시 시간이 흐르면서 느끼지 못할 정도로 천천히 그러나 적지 않게 변할 것입니다. 만약 다양한 민족의 사람들로 구성된 초기 에스페란티스토들이 이 언어 속에서 전적으로 명확한 이상을 찾지 못한다면, 모든 사람은 이 언어를 자신들에 유리한 방향으로 끌고 갈 것이고 이 언어는 영원히 또는 적어도 아주 오랫동안 거칠고 생명력 없는 단어들의 집합체로만 남아 있을 것입니다.) 이때부터 나는 이런저런 언어들에서 에스페란토가 수용한 '단어들에 의한 번역'을 지양하고, 이 중립적인 언어로 직접 사고하기 시작했습니다. 그리고 후일, 나는 내가 집중하고 있는 이 언어가 이제는 다른 언어들의 그림자가 아니라 어떤 영향에도 종속되지 않은 채 자신의 새로운 영혼과 생명 그리고 명확하고 뚜렷한 특성을 갖췄다는 사실을 깨닫게 되었습니다. 이 언어를 통한 대화가, 살아 있는 모국어를 사용하는 것처럼, 유연하면서도 우아하게 그리고 완전히 자유롭게 진행되었습니다.

여전히 한 가지 상황이 내가 이 언어를 공개하는 것을 오랫동안 지연시켰습니다. 중립어를 위해 중요한 문제 하나가 여전히 해결되지 않았습니다. 나는 여러분이 "당신의 언어는 전 세계가 그것을 받아들일 때만 나에게 유용하다. 따라서 전 세계가 그것을 받아들이기 전까지 나는 그것을 받아들일 수 없다."고 내게 말할 것이라는 사실을 알고 있습니다. 그러나 '한 무리의 선구적인 사람들'이 먼저 존재하지 않으면 전 세계가 그것을 받아들이는 것은 불가능합니다. 따라서 중립어는, 전 인류가 받아들이는지 받아들이지 않는지에 관계없이, 이 언어가 필요한 모든 사람이 그 유용성을 꽃피울 때까지는 미래가 없습니다. 이 문제에 대해 나는 오랫동안 고민했습니다. 마지막으로, 나는 세계가 먼저 (공용어로) 수용해 주기를 기대하지 않지만, '이 언어를 전혀 배우지 않은 수신자도 여러분이 쓴 모든 글을 이해할 수 있게 해 주는' 이 신비한 단단하게 잠긴 모든 문을 열 수 있는 열쇠 같은 언어[에스페란토를 지칭]를 수신자들에게 완전한 사전과 개별적이고 독립적이면서 알파벳 순서처럼 잘 정돈된 형식의 완전한 문법을 갖춰 전달하기만 한다면, 전혀 이 언어를 배우지 못한 어떤 민족의 수신자도 당신의 편지를 즉시 이해할 수 있는 가능성을 제공해 줄 수 있을 것이라는 결론에 도달했습니다.

대학을 마치고 의사로서 삶을 시작했고, 이제는 내 작업의 공식적인 출발을 고민하고 있습니다. 내 첫 소책자 『에스페란토 박사, 국제어 : 서문과 완전한 교재』*D-ro Esperanto, Lingvo internacia. Antaǔparolo kaj plena lernolibro*의 초고를 완성해 출판사를 찾고 있는데, 여기서 처음으로 내가 이후의 삶에서 강력히 투쟁해야 할 경제 문제라는 쓰디쓴 난관에 직면하게 되었습니다. 한 사람을 찾았지만, 그는 6개월 동안 출판을 준비시켜 놓고는 끝내 출판을 거절했습니다. 오랜 노력 끝에 1887년 7월 스스로 내 소책자를 출판할 수 있을 정도로 성장했고, 무엇보다 나 스스로 고무되었습니다. 나는 내가 루비콘강 앞에 서 있고 내 책이 출판되는 날부터 돌아올 수 없는 길로 들어선다는 것을 알고 있습니다. 대중이 그[자멘호프 자신을 3인칭으로 표시]를 별로 중요하지도 않은 사소한 문제에 푹 빠진 미치광이로 본다면 이 의사가 어떤 운명에 처하게 될 것인지 나는 잘 알고 있습니다. 나는 나와 내 가족의 모든 미래의 안정과 생존의 카드를 테이블 위에 올려놓았다는 것을 느꼈습니다. 그러나 나는 내 몸과 핏속에 스며든 이 이상을 포기할 수 없었고 결국 루비콘강을 건넜습니다.

3장

종족과 국제어[1]

존경하는 신사 여러분! 여러분의 대회 명칭이 '인종 대회'이지만, '인종'과 '종족'이라는 두 단어가 단지 그 적용 범위의 차이만 있을 뿐 인종학적으로 '인간 집단'에 대한 의미를 담고 있기 때문에, 내가 인종뿐 아니라 종족에 대해서도 언급하는 점을 양해해 주기 바랍니다. 인종들 사이의 관계가 단지 어떤 인종 집단의 크고 작음과 관련된 것처럼, 종족 사이에서도 같은 관계가 존재할 뿐이며, 아주 많은 경우에 이런저런 인간 집단이 어떤 인종이나 종족을 대표한다고 말하기는 어렵습니다.

다양한 인종과 종족 간의 다툼은 인류의 가장 커다란 불행입니다. 만약 여러분이 참가하는 '인종 대회'가 종족들 간의 상호 적대나 분쟁을 일소하거나 적어도 약화할 수 있는 어떤 방안을 찾아낸다면, 이 대회는 지금까지 개최되었던 그 어떤 대회보다 중요한 대회로 평가받을 것입니다. 그러나 이런 목표에 도달하려면, 바람처럼 목적 없이 떠돌아다니는 이론적인 추론이나, 하나의 문제를 해결하지만 또 다른 문제를 일으키는 식의 허망한 타협으로 자신을 만족

---

1. [디테를레] "Gentoj kaj Lingvo Internacia", *La Ondo de Esperanto* III, 1911, pp. 155~156, 175~176에 처음으로 게재되었다. 1911년 7월 26~29일 영국 런던에서 개최된 〈세계인종대회〉를 위해 작성한 논문.

시켜서는 안 되며, 현존하는 불행의 동기와 이러한 동기들을 완전히 제거하거나 적어도 감소할 수 있는 방법들에 대해 먼저 연구하고 밝혀내야 할 것입니다.

종족들 간의 적대감을 유발하는 가장 중요하면서도 거의 유일한 요인은 무엇일까요?

우리가 국가라고 부르는 인간 집단 간의 경쟁이라는 정치적인 환경일까요? 그렇지 않습니다. 우리는, 예를 들자면 "독일 출신의 독일인들은 오스트리아 출신의 독일인들에 대해 어떤 천성적인 반감을 갖지 않으며, 독일이라는 국가와 그 영토를 벗어나 훨씬 다양한 지역에서 태어난 독일인들은 상호 간에 공감하고 동정심을 갖습니다. 반대로 한 국가 안에서 태어나 사는 독일인들과 러시아인들은 서로를 이방인으로 간주하고, 또 만약 그들의 인간성이 집단 이기주의를 제어하지 못하면 서로 간에 적대시하고 다투게 된다."는 사실을 알고 있습니다. 따라서 국가의 존재가 종족을 형성하지도 않고 또 그들 간의 적대를 불러일으키지도 않습니다.

그러면 경제적 경쟁이 이러한 종족 간의 적대감을 유발할까요? 그렇지 않습니다. "위험하다! 이런저런 종족이 우리를 경제적으로 집어삼키려고 한다! 우리는 그들과 대적해야 하고, 압력을 가하고 또 대항해 싸워야 한다!"라는 주장을 실제로 종종 들을 수 있지만, 국수주의에 눈이 멀지 않은 모든 사람은 이러한 외침들이 아무런 의미도 없으며, 우리가 다른 종족을 적대시하는 것은 그들이 우리를 경제적으로 삼켜 버릴 것을 두려워해서가 아니라 단지 우리가 그들을 미워하기 때문에 그렇게 외치고 있다는 사실을 쉽게 이해할 수 있습니다. 만약 실제로 경제적인 두려움이 우리가 가진 적대감의 원인이라면, 모든 나라, 지역 그리고 도시들이 서로를 적대시하면서 싸워야 할 것입니다. 예를 들면, 경제적인 요인 때문에 수백만 명의 가난한 중국인을 적대시하는 수백만 명의 가난한 러시아인이 외부 침략자로부터 자신의 러시아 압제자들을 보호하기 위해서 기꺼이 자신의 피를 흘리려고 할까요? 물론 그렇지 않을 것입니다. 러시아 병사들은 중국 병사를 살해하면서도 그들이 결코 같은 러시아인들이 자신에게 저질렀던 만큼의 만행을 가하지 않았다는 사실을 너무나 잘 알고 있습니다. 따라서 경제적 요인은 종족 간의 적대를 유발하지 않습니다.

그렇다면 종족들 간의 어떤 태생적인 이질감이나 적대감을 일으키는 것이 지리적·기후적 또는 다른 조건들의 커다란 차이 또는 다른 때문일까요? 그렇지 않습니다. 지역별 기후 조건의 차이가 실제로 사람들의 특성이나 외모 등에서 약간의 차이를 유발하는 요인이기는 하지만 종족들 간의 또는 종족들 내부의 적대감을 유발하지는 않습니다. 페테르부르크Peterburg와 오데사에 사는 사람들 또는 키예프Kiev와 크라스노야르스크Krasnoyarsk에 사는 사람들의 지리적인 그리고 고유한 지역 특성의 차이는, 예를 들면 베를린Berlin과 바르샤바Warszawa에 사는 사람들 사이의 차이와는 비교할 수 없이 큽니다. 그러나 먼저 언급한 지역에 거주하는 사람들 사이에는 전적인 종족적 동질감과 우애가 지배하고 있는 반면에 나중에 언급한 지역에 거주하는 사람들 사이에는 완벽한 이질감과 열광적인 종족 적대감이 지배하고 있습니다. 따라서 지리적·기후적 상황의 다름이 종족 간의 적대감을 유발하지 않습니다.

그렇다면 인종적·종족적인 차이로 신체의 특성이 달라서일까요? 그렇지 않습니다. 모든 종족 내부에는 자신의 종족과 완전히 다른 피부색을 갖고 있거나 머리부터 신체의 다른 부분들까지 완전히 다른 체형을 가진 사람들이 존재합니다. 같은 종족인 두 사람의 신체적 특성의 차이가 일반적인 프랑스인과 일본인 사이에 존재하는 신체적 특성의 차이보다 훨씬 큰 경우도 종종 있습니다. 그렇지만 누구도 한 국가의 구성원을 어떤 특정한 신체 형태를 기준으로 다른 집단으로 분류하거나 그런 집단들끼리 서로 적대시하고 싸워야 한다고 가정하지 않습니다. 수많은 다른 종족에 대해, 우리는 모두 그들과 우리의 신체적 차이에 전혀 관심이 없으며 심지어 대부분 그런 차이를 구별하지도 못할 뿐 아니라, 오히려 생리학적으로 종족들의 융화에 호의적인 자연스러운 무의식의 법칙 덕분에 심지어 그런 차이가 직접 우리의 관심을 끌기도 합니다.

수많은 인종 중에서 오직 단 하나의 인종에 대해서 우리는 어떤 자연스러운 적대감을 느끼고 있고 또 앞으로도 그럴 것 같은데, 그 인종은 바로 아프리카[2]인입니다. 그러나 좀 더 심사숙고해 보면 아프리카인들에 대한 반감은 전혀 다른 유형의 것임을 쉽게 알 수 있습니다. 아프리카인들이 아주 가까운 과거에 야만인으로 그리고 노예로 우리 유럽인들과 충돌해 왔고 또 그들 중의 다수가 여전히 오랜 야만성과 노예적 특성들을 갖고 있으며, 바로 이런 점들로 인해 자유롭고 이미 오래전에 문명화된 우리 유럽인들이 아

---

2. [옮긴이] 백인, 흑인이라는 인종차별적 단어 대신 대륙 이름으로 번역한다.

주 본능적으로 그들을 거부할 뿐입니다. 우리가 느끼기에 일종의 인종적인 반감으로까지 여겨지는 유럽인들의 아프리카인들에 대한 감정은, 마치 상속받은 귀족 계급이 예의 범절을 모르는 농민들의 지적이지도 또 우아하지도 않은 거친 행동에 대해 갖게 되는 그런 반감들과 똑같은 것입니다. 그러나 시간이 흘러 아프리카인들에게서 과거의 야만적이거나 노예성奴隸性에 기초한 모든 특성이 사라지고, 또 그들이 강하고 수준 높은 문화적 경지에 도달해 많은 위대한 사람들을 배출하게 되면, 의심의 여지없이 그들에 대한 지금의 무의식적인 경멸과 반감은 존경으로 대체될 것이고, 우리는 그들의 피부색과 두꺼운 입술을 더는 거부하지 못할 것입니다. 우리는 모두 자기 민족 내부에서 다른 인종의 사람들보다 신체적으로 훨씬 더 거슬리는 사람들을 볼 수 있습니다. 그들의 신체가 우리에게 너무 불쾌감을 주기 때문에 우리가 그들을 회피할 수는 있지만, 그들의 신체적 특성을 핑계로 우리가 그들을 미워하고 억압하나요? 그렇지 않습니다. 신체 조건의 차이가 종족 간의 적대감을 형성하지는 않습니다.

정신 상태의 차이가 그런 것들을 만들었을까요? 그렇지 않습니다. 모든 인간의 뇌와 심장은 본질적으로 완전히 같습니다. 따라서 우리가 만약 정신 상태의 차이를 자주 발견한다면, 그것은 어떤 종족적인 특성 때문이 아니라 그 사람의 개인적인 특성이거나 아니면 어떤 개인이나 종족이 처한 특수한 상황 때문입니다. 만약 우리가 유럽인들과 아프리카인들 사이에서 커다란 정신 상태의 차이점을 발견한다면 그 원인은 어떤 종족적 특성에 있는 것이 아니라 문화 또는 정치 질서의 차이 때문입니다. 착취나 적대감을 배제한 수준 높은 문화를 아프리카인들에게 제공한다면, 그들의 정신 상태는 우리의 그것과 전혀 다르지 않을 것이며, 반대로 만약 우리에게서 모든 문화적인 것들을 빼앗아 간다면, 우리의 정신 상태는 사람을 먹는 아프리카의 식인종들과 하나도 다르지 않게 될 것입니다. 결국, 우리는 어떤 종족 간의 정신 상태의 차이가 아닌 같은 종족 내부의 서로 다른 계급 사이 또는 다른 역사적 시기에 발견할 수 있는 다소간의 문명화의 차이를 발견할 수 있을 뿐입니다.

만약 한 인간 집단이 다른 집단과 비교해 어떤 다른 특성이 있는 것처럼 보인다면, 그것은 그 집단의 독특한 정신 상태 때문이 아니라 그 집단이 사는 지역의 특수한 환경 때문입니다. 노예 상태에서 교육받은 집단은 자유로운 상태에서 교육받은 집단처럼 용감하거나 자유로운 태도를 보이지 못할 것이고, 교육받을 가능성이 없는 집단은 많이 교육받은 집단이 소유하고 있는 광범위한 정신적 지평地平을 소유하지 못할 것이며, 상업 이외에 다른 수입원을 갖지 못한 집단은 땅과 자연을 배경으로 살아가는 집단이 갖는 특성을 갖지 못할 것입니다. 집단적 삶의 조건을 바꾼다면, 우리가 과거 역사에서 자주 봐 왔던 것처럼, A 집단이 B 집단의 특성을 갖게 되고 반대로 B 집단은 A 집단의 특성을 갖게 될 것입니다. 어떤 자연적 정신 상태의 차이가 종족을 만들거나 종족 간의 적대감을 만들지는 않습니다.

그렇다면 근원의 다름이 그런 것들을 만들어 낼까요? 실제로 초기에는 이런 점들이 종족 간 적대의 가장 중요한 요인이었습니다. 우리는 모두가 '자신의 혈통'을 사랑하고 자신의 형제나 친척 들을 다른 사람들보다 훨씬 더 사랑한다는 사실을 알고 있습니다. 가족 내적으로는 서로 끌어당기고 외적 요인에 대해서는 밀어내는 분리 행위는 종족 및 인종 들 사이에서 상호 관계의 전형이 단지 가족이라는 추정에서 유래했을 뿐 그 이상 어떤 것도 아니라는 점을 훨씬 광범위한 척도에서 보여 주고 있습니다. 같은 종족의 사람들이 서로를 "피가 같은 사람들" 또는 "형제"라고 부르기는 하지만 가족이나 종족 내부에서의 유사성과 종족들 간의 관계를 위한 출생의 중요성은 단지 표면적 이유라는 점을 쉽게 증명할 수 있습니다. 같은 가족 구성원들은 자신의 부모나 조부모가 자신을 낳았다는 것을 알고 있으며, 이와 유사하게 같은 종족 구성원들도 수백 또는 수천 년 전에 같은 조상들이 자신을 낳았다는 사실을 알고 있습니다. 그러나 이런 믿음은 같은 언어와 종교에 근거한 배타적인 추측이며, 많은 경우에 있어서 완전히 잘못된 것입니다. 사람들의 부단한 뒤섞임으로 인해, 예를 들면 인도의 카스트나 유대의 사제 또는 성직자들처럼 상속되는 몇몇 신분 제도를 제외하고, 현시대의 누구도 자신의 선조가 어느 종족에 속하는지 알 수 없습니다. 현재 거주하고 있는 지역이 자신의 오랜 조상들이 속했던 어떤 종족에 속한다는 사실을 입증하기는 어려우며, 반대로, 종교적으로 폐쇄적인 카스트 제도를 제외하고, 자신의 출신 내력을 아는 대부분의 사람은 자신의 선조들이 현재 자신이 속한 그 종족에 속하지 않았다는 사실을 아주 정확하게 알고 있습니다. 그런데도, 예를 들어 러시아의 위대한 작가인 카람진[3], 푸쉬킨[4]이

---

3. [옮긴이] 카람진(Nikolai Mikhailovich Karamzin, 1766~1826)은 러시아 감상주의파의 대표적 인물로 『러시아 여행자의 편지』, 『불쌍한 리자』 등의 작품을 남겼다.

나 레르몬토프[5] 등이 순수 혈통의 러시아인이 아니라는 이유로 그들을 러시아인이 아니라고 말할 수 있을까요?

출생과 유전된 피에 대한 모든 말은 사실은 전혀 다른 근거를 가진 우리의 감정을 정당화하기 위한 핑계일 뿐입니다. 우리가 이런저런 사람들에게 종족적인 적대감을 느끼는 이유는 그들의 선조일 것으로 추측되는 사람들 때문이 아니라, 단지 그들이 우리와 다른 언어와 종교를 갖고 있어서 낯설기 때문입니다. 만약 어떤 사람의 모국어나 그의 가정에서 사용하는 언어가 러시아어고 또 그가 러시아인들이 믿는 그리스-정교를 믿는다면, 그의 출생이 어떻고, 그가 어디에 살고 있고 또 그의 외모가 어떻든지, 그 자신을 포함해 그 주변의 모든 사람은 그가 러시아인이라고 생각할 것입니다. 그러나 반대로 만약 어떤 사람이, 자신의 선조들이 순수한 러시아인이기는 하지만, 그 자신이 러시아어로 말하지 않고 대다수 러시아인이 믿는 종교도 갖고 있지

---

4. [옮긴이] 푸쉬킨(Aleksandr Sergeevich Pushkin, 1799~1837)은 러시아 근대 문학의 창시자. 시인이자 소설가로 『루슬란과 류드밀라』, 『대위의 딸』, 『삶이 그대를 속일지라도』 등의 작품을 남겼다.

5. [옮긴이] 레르몬토프(Mikhail [Yuryevich] Lermontov, 1814~1841)는 러시아 낭만주의의 대표자. 시인으로 젊은 나이에 요절했으며, 『시인의 죽음』, 『우리 시대의 영웅』 등의 작품을 남겼다.

않다면, 그 자신뿐 아니라 다른 사람들도 그를 러시아인이라고 부르지 않을 것입니다. 물론 어떤 사람이 태어날 때 어떤 특정 민족의 언어나 종교에 구속되지 않았고 또 그것들을 나중에 받아들였다면, 그 자신의 종족적 감정이나 다른 사람들과의 관계를 단숨에 바꾸기는 어렵겠지만 그의 후손들은 그 종족의 언어나 종교에 충분히 융화될 수 있을 것입니다.

물론 낯선 언어와 종교를 수용하는 사람이 지리적, 인종학적으로 멀리 떨어져 있을수록 문제의 해결이 늦어지겠지만, 결국 문제는 해결될 것이며 이것은 단지 시간문제일 뿐입니다. 예를 들어 아프리카의 한가운데 변형되지 않은 순수한 프랑스어를 구사하는 어떤 사람들이 (엊그제가 아니라 100여 년 전부터, 그리고 교육받은 지식 계층 사이에서가 아니라 일반 민중 사이에서) 살고 있는데, 그들이 프랑스의 대도시에 사는 사람들과 같은 종교를 믿고 비슷한 관습을 유지하고 있다면, 프랑스의 민족주의자-국수주의자들이 그들에게서 순수한 프랑스인의 특성을 발견하지 않을까요? 이들의 통합 과정은 커다란 지리적, 인종학적 유사성을 가진 지역들과의 통합보다 훨씬 빠르게 진행될 것입니다. 예를 들면 오늘부터 모든 헝가리 사람이 자신의 모국어를 영원히 잊어버리고 오로지 독일어만 사용한다면, 30~40년이 지난 후 두 종족 사이에 어떤 차이 또는 종족적 적대감이 존재할까요? 그런 적대감은 전혀 존재하지 않을 것입니다. 왜냐하면, 그들은 영원히 하나의 민족으로 통합될 것이기 때문입니다. 오늘 모든 유대인이 자신의 종교를 버리고 자신을 둘러싸고 있는 종족의 종교를 받아들인다면, 30~40년이 지난 후 유대인과 비유대인 사이에, 어떤 차이, 예를 들면 유대인의 특성 또는 유대인에게 반대하거나 혹은 호의적인 감정이 존재할까요? 절대 그렇지 않을 것입니다. 왜냐하면, 종교가 바뀜으로써 소위 '유대인'이라 불렸던 사람들이 영원히 사라질 것이기 때문입니다. 따라서 출생의 다름은 단지 핑계일 따름이고 종족 내부 또는 다른 종족 간의 적대감을 일으키는 요인은 아닙니다.

그렇다면 종족 간에 거리감을 낳고 적대감을 일으키는 진정한 요인은 무엇일까요? 위에서 내가 제시한 모든 사례를 통해 인종적 특성, 기후, 상속된 피 등등의 모든 의사 과학적인 이론들에도 불구하고 종족 사이에 존재하는 진정한 장벽과 모든 종족 간의 적대감을 유발하는 진정한 요인은 언어와 종교가 다르기 때문이라는 것을 알 수 있습니다. 특히 언어는, 몇몇 언어들에서 '언어'와 '종족'이라는 단어가 거의 완벽하게 비슷한 뜻이 있음에도 불구하고 종족들을 차별화하는 아주 중대하고 거의 배타적인 역할을 하고 있습니다. 만약 두 사람이 어떤 언어에 대해 동등한 권리를 갖고 서로 굴욕감을 주지 않으면서 그 덕분에 서로를 이해할 수 있게 될 뿐 아니라 같은 문학(구전 또는 서적)·교육·사상·인격·권리 등등을 갖고 그 언어를 사용하면서 같은 '신'·'축제'·'관습'·'전통'·'생활 방식' 등을 갖고 있다면, 그들은 서로 완전하게 형제애를 느낄 수 있고 또 자신이 하나의 종족에 속한다고 느끼게 될 것입니다. 그러나 만약 두 사람이 서로를 이해하지 못하고, 서로 다른 풍습과 생활 방식을 갖고 있다면, 그들은 서로를 이방인으로 또는 말 못 하는 언어 장애인이나 야만인으로 간주하면서 사람들이 본능적으로 어둠 속에 감춰진 것들을 불신하는 것처럼 상대방을 회피하면서 불신할 것입니다.

우리 가운데 많은 사람이 다른 종족의 사람들을 이해할 수 있는데, 그 이유는 바로 가장 지혜로운 계층의 사람들 사이에서는 종족이라는 장벽이 더 두껍지 않기 때문입니다. 우리 가운데 많은 사람이 낯선 종교들의 본질을 알고 또 정확하게 평가할 수 있는 원인은 진정으로 사고^{思考}하는 사람들이 종교가 다르다는 이유로 다른 종족의 사람들을 절대 적대시하지 않기 때문입니다. 그러나 어떤 두 사람의 상호 이해가 실질적으로 두 사람을 연결할 수 있게 하려면 두 사람 모두 자신이 사용하는 언어가 평등하다고 느껴야 합니다. 어떤 종교가 두 사람 사이를 가로막는 장벽이 되지 않게 하기 위해서는 두 사람 모두 종족이 다른 사람들 사이의 일은 개인적인 것일 뿐 그 사람의 종족에 종속된 것이 아니며, 자신의 종교와 다른 다양한 종교의 생활 방식이 그들을 서로 차별하지 않아야 한다는 내적 신념의 원칙들을 상호 간에 허용할 수 있어야 합니다.

위에서 언급한 모든 사실이 우리를 다음과 같은 원칙적인 결론으로 인도합니다. 종족 간의 차별과 적대감은 모든 인류가 오직 하나의 언어와 종교를 사용하게 되어 실제로 하나의 종족으로 통합될 때만 완전히 사라질 것입니다. 그때에도 우리 인류에 존재하고 있는 다양한 불화, 즉 모든 나라와 종족들 내부에 존재하는 정치적, 당파적, 경제적, 계급적 불화 등등은 계속될 것입니다. 그러나 모든 불화 가운데 가장 무서운 종족 간의 적대는 완전히 사라질 것입니다.

따라서 인류를 사랑하는 모든 사람의 목표는 원칙적으로 우리 인류가 하나의 언어와 종교를 갖게 하는 것이 되어야 할 것입니다. 그러나 실제로 그럴 필요가 있을까요? 그렇지 않습니다. 인류의 불행은 종족의 존재 때문이 아니라, 지금까지 계속된 피할 수 없는 상호 간섭과 강제 때문입니다. 내가 다른 종족 사람들과 교류할 때마다 나는 항상 상대방에게 내 언어와 관습을 강요해야 하거나 반대로 그가 나에게 그의 언어와 풍습을 강요하게 됩니다. 이런 서글픈 강요가 불필요해질 때 비로소 종족 간의 적대가 사라질 수 있을 것입니다.

한 나라가 내부적으로 평화를 유지하기 위해서 어떤 한 가족의 고유한 풍습과 전통이 사라져야 하는 것이 아니라, 다만 그 가족의 고유한 풍습과 전통을 다른 가족들에게 강요하지 않고 또 어떤 한 가족의 외부에서 발생하는 모든 문제를 해결하기 위해 국가의 중립적인 관습과 법이 존재하면 되는 것과 마찬가지로, 인류의 평화를 위해서 다양한 종족이 반드시 사라져야 하는 것은 아니며 단지 어떤 민족이 자신에게 불필요한 외부의 관습이나 전통을 거부할 수 있고 마찬가지로 상호 간에 자신의 종족적인 특성을 강요하지 않으면 됩니다. 따라서 인류는 다음과 같은 삶의 방식을 준비할 필요가 있습니다. 즉 자기 종족의 언어와 종교를 보존하면서, 동시에 자신의 종족 이외의 다른 모든 종족과의 관계에서는 중립적인 언어를 사용하고 또 중립적인 예절과 풍습 및 삶의 방식에 따라 살아야 합니다.

사람들이 어떤 방식으로 종교와 관련된 문제들을 해결할 수 있을 것인가에 대해서는 지금 언급하지 않겠습니다. 그 이유는 이 문제가 내 논문의 주제가 아닐뿐더러 만약 이 문제를 언급하려면 아주 전문적이고 광범위한 분야를 다뤄야 하고, 또 종교는 종족 본연의 것이 아니라 사람들의 의지와 관련이 있고 인류 문화의 한 부분이기 때문입니다. 따라서 민중에 의한 종교의 통일은 그 자체로 이미 오래전부터 시작되었고, 다만 곧 사라져 버릴 지엽적인 상황들이 지금 그것을 방해하고 있을 뿐입니다. 모든 나라에서 한편으로는 이런저런 종교들의 특권이 사라지고, 뒤이어 모든 사람이 고통받는 자신의 동족을 배반하지 않고 태어날 때부터 믿던 종교를 바꿀 수 있고, 또 다른 한편으로 모든 사람이 자신의 양심에 부끄러움 없이 받아들일 수 있는 교리를 갖춘 종교가 있다면, 그때에는 모든 인류가 아주 신속하게 평등한 방식으로 자신의 종교적인 삶을 영위할 수 있을 것입니다.

그 외에도 종교의 통일은 언어의 통일과 아주 강력하게 연계되어 있습니다. 사람들이 중립적인 언어의 토대 위에서 소통할 수 있고, 또 이런 평등하고 종족적 특성이 없는 언어를 통해 문학·사상·이념이 하나로 융화된다면 종교에서도 훨씬 더 빠르게 조화를 이룰 수 있을 것입니다. 따라서 인류의 통일과 종족 간 적대의 소멸을 위한 모든 문제는 오로지 단 한 가지 문제로 귀결됩니다. 그리고 이 문제에 대해, 종족 및 인종 간의 우애와 정의에 관한 문제를 고민하기 위해 이 자리에 참석한 여러분이 관심을 가질 것을 나는 아주 고집스럽게 요청합니다. 그것은 바로 모든 종족 간의 관계에서 모든 사람이 쉽게 배울 수 있고, 동등하게 소유할 수 있는 중립적인 언어를 사용하는 것입니다. 자신의 언어가 아닌 다른 언어를 사용하기 원하지 않는 모든 사람과 중립적인 언어를 사용한다면, 종족 간의 증오와 굴종을 강요하는 중요한 요인들이 사라질 것입니다. 자신의 적이나 거만한 이웃의 언어를 통해 굴욕적 방식으로 문화를 수용하기를 원하지 않는 모든 종족은 모욕을 느끼지 않는 중립적이고 인간적인 언어로 그 문화를 수용할 수 있으며, 그때가 되면 문화를 갖지 못한 종족은 더 존재하지 않게 될 것입니다.

이런 중립적인 언어가 존재할 수 있을까요? 가능합니다. 이 중립적인 언어는 이미 오래전부터 존재하고 있을 뿐 아니라 그 역할을 잘 수행하고 있으며, 또 수많은 사용자를 확보하고 풍부하면서도 강력하게 성장하는 문학 작품들을 갖고 있습니다. 그 어떠한 물질적·정신적 주인도 없으면서, 모든 사용자의 완전히 자유롭고 평등한 소유물인 이 언어는, 사용자들이 단지 개별적인 야망을 위해 공동의 동의 없이 이 언어를 파괴하거나 수정하지 않을 것만을 요구합니다. 이 중립적인 언어는 이미 존재하고 있고 또 그 기능을 잘 수행하고 있으며, 내가 위에서 언급했던 역할, 즉 사람들을 형제처럼 다정하게 만들고 모든 장벽과 종족 간의 적대를 제거하는 역할도 이미 완벽하게 수행하고 있습니다. 이 언어가 모든 인종으로부터 얼마만큼 평등하게 잘 사용되고 있는지 확인하고 싶거나, 모든 사람이 평등하게 소유한 이 중립적인 언어가 서로 다른 종족들을 단결시키는 얼마나 엄청난 힘을 가졌는지 알고 싶은 사람은, 철도가 수년 동안 아주 잘 운영된 후에 철도의 불가능에 대해 엄청난 논문을 발표한 학자들처럼 행동해서는 안 되고, 또 인종적인 특성들에 대해 이론적 토론을 진행하거나 의사 과학적인 문장들을 늘어놔서도 안 됩니다. 대신 매년 개최되는 에스페란티스토들의 세계대회에 참석해 보기 바랍니다. 그곳에서 여러분은 중립적이고 누구도 모욕당하지 않는 토대 위에서, 서로 다른 종족 간의 관계가 어떻게 모든 장벽과 어색함을 완벽하게 제거하고 잊어버린 채 완벽한 조화를 이루고 있는가를 자신의 눈과 귀로 직접 보고 직접 들을 수 있을 것입니다. 그리고 그때에야 사람들은 종족 간의 평화를 위해서 인류에게 필요한 것이 무엇인지 마침내 이해하게 될 것입니다.

인류가 필요로 하는 그 무엇을 우리는 더 많이 원해서도 안 되고, 엄청난 어려움과 의심스러운 결말을 가지고 그런 것들을 만들어 내려고 시도해서도 안 됩니다. 왜냐면, 그것은 이미 의심의 여지없이 존재하고 있으며 확인 가능한 사실이기 때문입니다. 우리는 단지 그것을 지지하기만 하면 됩니다.

어떠한 타협적인 미봉책이나 어리석은 정치적 협정들도 인류에게 평화를 가져다줄 수 없습니다. 그러나 에스페란티스토가 세계적으로 강력한 힘을 형성하고, 또 다양한 종족의 사람들이 중립적인 토대 위에서 좀 더 자주 회합하고 교류를 진행할수록, 사람들은 자기 자신을 사랑하고 이해하게 되고, 그들 모두가 유사한 마음·정신·이상·고통 및 아픔을 갖고 있다는 것을 느끼면서 모든 형태의 종족 간의 적대감은 단지 야만적 시대의 산물이라는 점을 깨닫게 될 것입니다. 오로지 이러한 중립적인 토대 위에서 모든 종족과 시대의 예언자들이 꿈꿨던, 미래에 하나로 통일된 순수하게 인간적인 인류가 점점 성장하게 될 것입니다.

만약 인종대회의 참가자들인 여러분의 노력이 실질적인 성과를 거두기를 원한다면, 무엇을 해야 할지는 여러분이 더 잘 알 것입니다.

4장

미쇼 씨에게 보낸 편지[1]

〈세계에스페란티스토연맹〉에 대해

친애하는 미쇼 씨! 약속한 대로 〈세계에스페란토대회〉에서 모든 에스페란티스토 그룹의 대표들에게 내가 투표를 제안하려고 준비하고 있는 〈세계에스페란티스토연맹〉에 대한 안을 당신께 보냅니다. 대표들이 이 제안에 대해 정확하게 판단하고 투표를 준비할 수 있게, 가능한 한 빨리 이 편지를 당신이 발행하는 잡지 『에스페란토 잡지』*La Revue de l'Espéranto*에 게재해 주기를 요청합니다.

무엇보다 내 계획의 이유와 목적에 대해 몇 마디 언급하려고 합니다. 나는 오래전부터 우리 운동(이하 에스페란토운동)이 온전하고 성공적으로 발전하기 위해서는 결코 개인적이어서는 안 된다고 확신하고 있으며, 따라서 (에스페란티스토들 역시 그것을 알고 있습니다) 이미 오래전부터 모든 권위를 내려놓고 단지 자문 역할만을 하고 있습니다. 절대적인 권위의 부재가 우리 운동의 자유로운 발전을 방해하는 것으로 드러났기 때문에 어떤 권위의 확립이 약간 필요하기는 하지만, 이런 절대적인 권위가 한 개인에게 독점적으로 귀속되어서는 안 되고 모든 에스페란티스토

---

1. [디테를레] *La Revue de l'Espéranto*, III (주간지), 제85호, 1905년 5월 18일. (이 글은 페이지 표기 없이 The British Esperantist I, 1905, n-ro 6 [6월]에 영어 번역본과 함께 게재되었다.)

스스로 자유롭게 선출한 어떤 기구에 주어져야 한다고 생각합니다.

지금은 아주 많은 사람이 우리 사상의 중요성을 이해하고, 이 이상을 위해 자발적으로 봉사하고 있지만, 그들 중의 많은 사람이 '단지 한 사람을 위해 봉사하고 또 그 사람의 피지배자가 되어 변덕에 휘둘릴 수 있다.'는 등의 두려움 때문에 우리 운동을 떠나고 있습니다. 그들은 우리의 운동이 한 개인의 사상이 아니라는 사실이 밝혀지고, 동시에 자신이 어떤 대가大家, majstro 2의 자의적 결정에 절대적으로 복종해야 하는 상황이 절대 존재하지 않는다는 점을 인식할 수 있을 때 우리의 운동에 참여할 것입니다.

우리 사업의 운명이 단지 한 명에 달려 있다면 항상 위험에 처하게 될 것입니다. 내가 내일 죽을 수도, 신중함이나 건강을 잃을 수도, 또 예상하지 못한 어떤 위험(얼마 전, 내가 갑자기 만주로 가라는 명령을 받은 것처럼)한 상황에 부닥치게 될 수도 있는데, 그렇게 되면 우리의 운동은 갑자

---

2. 이 기회를 이용해 내가 사적으로 이미 자주 언급하고 또 글로도 썼던 요청을 다시 한번 공개적으로 반복하려고 한다. 나에게 편지를 쓰거나 나와 대화하는 모든 에스페란티스토는 항상 내가 매우 불편해하는 'majstro'(대가, 명장, 스승) 대신 그저 간단하게 'sinjoro'(신사, 선생)라는 단어를 사용해 줄 것을 진심으로 부탁합니다.

기 지도자가 없는 매우 어려운 상황에 부닥치게 되기 때문입니다. 우리 운동의 미래는 한 사람의 운명에 절대적으로 의존하지 않을 때 온전히 보장받을 수 있습니다.

수많은 에스페란티스토는 내가 개인적으로 우리 운동에서 유일하고 가장 권위 있는 사람으로 평생 남아 있는 것이 에스페란토를 위해 가장 좋다고 강하게 확신한다는 점을 알고 있습니다. 그 이유는 가장 지혜로운 어떤 위원회가 냉정한 다수의 지혜와 탐색의 추론을 통해 우리 언어에서 실질적으로 필요한 것들을 찾아낸다고 하더라도, 평생을 바쳐 자신의 느낌과 경험으로 이 언어를 창안하고 이를 위해 노력해 온 사람보다 더 정확하고 좋은 것들을 찾아내기 어렵다고 생각하기 때문이라는 것도 알고 있습니다. 그러나 나는 실질적인 관계에서 이런 견해가 많은 정당성을 갖고 있다는 점을 인정하지만, 내 권위가 우리 운동에 방해가 아닌 유용성을 가져다주어야 한다는 바로 그 이유로 내 권위는 법적으로 강요되는 것이 아니라 자발적이고 의식적으로 받아들여져야 한다고 생각합니다. 에스페란티스토들이 내 권위가 우리 운동을 위해 유용할 것이라는 사실을 발견한다면, 후일 어느 누가 내 저서들과 내가 제안한 것들을 권위 있는 것으로 받아들이지 않겠습니까? 우리 운동을 위해 에스페란티스토들이 가능한 내 문체를 좀 더 많이 모방하는 것이 바람직하다고 중앙위원회가 에스페란티스토들에게 설명하는 것을 누가 반대할까요? 차이점은 이런 것입니다. 에스페란티스토들이 자발적이고 의식적으로 나를 권위자로 간주한다면, 그들은 항상 기꺼이 내 문체를 모방하기 위해 노력할 것이고, 통일성과 일체감은 모든 언어에서 어떤 엄격한 논리(이 논리가 모두에게 절대적으로 확실하고 평등한 것이 아니라면)보다 훨씬 중요하기 때문에, 에스페란토는 이로부터 많은 것을 얻을 것입니다. 그러나 내 권위가 '나 자신에 의해 강요되고 또 단지 가장 권위 있는 배심원의 부재에 의한 것'이라면, 사람들은 내 글과 제안을 단지 억지로 따르게 되고, 내 모든 행위가 아무리 성숙하게 고안되었다 하더라도 항상 많은 사람이 거기서 실수와 비논리적인 것과 무의미한 것들을 발견할 것이며, 그로 인해 우리는 지속적인 논쟁과 반대에 직면하게 될 것입니다.

사람들은 보통 "논쟁적인 사람의 숫자는 아주 소수이고 대다수의 에스페란티스토는 어떤 지도부를 선출하는 것보다는 맹목적으로 나에게 복종하며, 내가 감시의 손을 놓으면 우리 사업이 위험에 빠질 수 있다."고 나에게 말합니다. 그러나 아쉽게도 이는 단지 이론적 수사일 뿐이며, 현실에서는 전혀 그렇지 않습니다. 내 말이 자신에게는 법이나 다름없다고 생각한다는 말을 항상 입에 달고 다니는 사람들이 실제로는 내 뜻을 자신이 아닌 다른 사람들에게만 강요할 것을 요구하면서, 내가 자신이 좋아하지 않는 일을 하거나 그들이 요구하는 어떤 사항에 서명하기를 거부하면, 나에게 화를 내고 자신의 주장을 고집하면서 나를 힘들게 하고 있습니다. 그들은 (무의식적이면서도 가장 선한 의도로) 심지어 내 행동에 반대해 다른 사람들을 선동하기도 합니다.

최고 배심원단의 부재로 인해 우리 운동의 자유로운 발전뿐 아니라, 우리 운동을 위한 내 개인적인 노력도 상당한 어려움을 겪고 있습니다. 많은 사람이 공식적인 단어들을 만들라고 나에게 요청하지만, 나에게는 모든 비슷한 행위들이 임의적인 행동이어서 커다란 불만과 끝없는 논쟁 및 불화를 초래할 수 있기 때문에, 아무것도 할 수 없습니다. 그러나 만약 전체 에스페란티스토에 의해 선출된 어떤 최고의 기구가 있다면, 내 손은 자유로워질 것이고 내가 시도했던 유용한 방안들을 그 기구에서 판단해 주도록 과감히 제안할 수 있으며, 그 기구가 결정하는 모든 것들을 과감하게 시도할 수 있고, 또 누구도 그 결정에 항의하거나 논쟁할 수 없을 것입니다.

위에서 언급했던 모든 이유로, 나는 에스페란티스토들 스스로 정기적으로 선출하는 어떤 기구를 구성해 우리 운동과 관련된 모든 것을 결정할 최고 배심원단을 구성할 것을 제안하기로 했습니다. 이 기구가 바로 내가 아래서 언급할 '중앙위원회'입니다. 그러나 중앙위원회는 모든 에스페란티스토에 의해 선출되어야 하므로, 우선 모든 에스페란티스토가 하나로 조직되어야 하는데, 나는 이런 조직을 〈세계에스페란티스토연맹〉(이하 〈연맹〉)이라는 형태로 설립할 것을 제안하고자 합니다.

아래에서 나는 내가 기획한 〈연맹〉의 규칙을 제시할 것이며, 모든 에스페란티스토 그룹은 내가 입안한 〈연맹〉의 규칙을 자신의 내부 모임에서 충분히 고민하고 판단해 줄 것을 요청합니다. 그 이유는 내가 불로뉴에서 개최되는 대회[제1차 세계에스페란토대회]에서 이 규칙을 대회 참가자들이 투표로 결정해 주도록 제안할 계획이기 때문입니다. 나는 다음과 같이 언급하고자 합니다. 대회에 나의 계획을 제안하면서, 나는 내 '안※'이 대회의 유일한 '안'이 되는 것은 절대 바라지 않습니다. 반대로 나는 다른 에스페란티스토들 역시 조직에 관한 다른 '안'을 제출해, 우리가 여러 '안' 중에서 하나를 선택하게 된다면 매우 기쁠 것입니다. 만약 어떤 사람들이 내 안을 제외한 다른 모든 안을 배제하는 것이 나를 기쁘게 하는 것이라거나, 또는 내 '안'이 아닌 다른 '안'을 받아들이는 것이 나를 불쾌하게 할 것으로 생각한다면 큰 잘못입니다. 나는 어떤 조직을 이끌어 가는 방면에는 재능이 매우 부족한 사람입니다. 그런데도 내가 조직에 대한 계획을 준비하고 있는 유일한 이유는 좀 더 유능한 다른 사람들이 일하지 않을 것이라는 두려움 때문입니다. 더 좋은 제안의 부재로 사람들이 내 제안을 받아들이기로 한다면, 나는 사람들이 내 제안을 맹목적이고 비판 없이 수용하는 것을 전혀 바라지 않으며, 반대로 좀 더 비판하고 잘 개선할수록 나는 더 기쁠 것입니다. 내가 단지 원하는 것은 그 비판이 부정적이기보다는, 즉 단순하고 무의미한 비난보다는 모든 좋지 않은 점들을 좀 더 잘 개선해서 정확하고 쉽게 받아들일 수 있는 긍정적인 방안을 제안하면 좋겠다는 기대를 하고 있습니다. 그렇게 되면 나는 대회에서 우리의 운동에 대한 비판이 우리 모두에게 어떤 강력하고 훌륭한 에스페란티스토들의 조직을 제공할 수 있다고 생각합니다.

내가 제안한 규칙의 중요한 요점은 '우리 운동의 모든 운명을 결정할 수 있는 에스페란티스토들에 의해 선출된 중앙위원회가 있어야 한다.'는 것입니다. 다른 모든 조항은 단지 임시적인 것이고, 중앙위원회 자신의 결정으로 매우 쉽게 수정·폐기 및 보완될 수 있는 것들입니다. 따라서 내가 제안한 규정이 완벽하지 않다고 나 스스로 고백했지만, 에스페란티스토들이 내 '안'을 수용했을 때 (만약 다른 사람들이 좀 더 좋은 제안을 하지 않는다면) 어떤 위험한 상황에 직면하게 될 것이라고 걱정할 필요가 전혀 없습니다. 내 안은 중앙위원회에 충분한 자율성을 보장하고 있기 때문에 내 '안'에 담긴 모든 불합리한 조항은 아주 간단하게 언제든지 수정·폐기 및 보완될 수 있습니다. 내 제안의 모든 조항은 만약 제안이 지금의 또는 어떤 수정된 형태로 대회에서 받아들여진다면, 중앙위원회 스스로 좀 더 개선된 안을 만드는 작업을 시작할 때까지 단지 임시적인 지침 역할만을 담당하게 될 것입니다.

가장 신중하고 능력 있으면서도 헌신적인 에스페란티스토들로 구성된 중앙위원회는 우리의 운동에 방해가 될 어떤 경솔하고 사려 깊지 못한 행동도 하지 않을 것이라고 나는 확신합니다. 그러나 중앙위원회의 위원들도 사람이고 실수를 저지를 수 있기 때문에, 가능한 모든 위험을 피하기 위해 필요할 경우 중앙위원회의 결정을 무효로 할 수 있는 권한을 가진 연례 대회를 중앙위원회의 상부에 배치하는 조항을 마련했습니다. 만약 중앙위원회의 결정이 위험하다는 사실이 드러나면, 모든 에스페란티스토는, 만약 자신의 견해가 정말로 정확하고 반드시 승리할 수 있다고 확신한다면, 항상 자신에게 위험할 것 같은 중앙위원회의 결정에 반대해 사전에 다른 에스페란티스토들을 설득하고 경고할 수 있는 완전한 가능성을 가지고 있습니다.

이 '안'을 공개하기 전, 나는 몇몇 중요한 에스페란티스토들과 이 문제를 협의하기 위해 (심지어 그들 중의 몇몇 사람들에게는 약속까지 했습니다.) 내 제안을 보내려고 했지만, 이런 과정이 이 제안의 공론화를 너무 늦출 수 있다는 우려와 함께, 앞서 언급한 중요한 인사들이 내 제안에서 어떤 중요한 잘못들을 제시하면 대회가 개최될 때까지 계속 수정하겠다는 나의 의도를 공표했기 때문에, 나는 개별적인 인사들과 서신 교환으로 인해 너무 많은 시간을 낭비하지 않으면서도, 필요하다면 계속해서 내 '안'을 다양하게 수정할 수 있는 권리를 확보하기로 했습니다.

5장

에스페란토와 볼라퓌크[1]

아주 오랜 고대에 사람들이 하늘까지 닿는 탑을 쌓으려 했다고 성경의 전설은 이야기하고 있다. 사람들의 이런 교만한 행동에 분노한 하느님은 그들의 언어를 뒤섞어서 사람들이 서로 이해할 수 없도록 했고, 이것은 인류의 가장 큰 불행 중의 하나가 되었다. 언어가 서로 통하지 않게 되면서 사람들은 엄청난 고통을 겪어 왔고 현재도 겪고 있으며, 이 때문에 인류는, 자신이 영원히 상실한 것으로 간주하는, 전설적인 낙원인 바빌론 이전 시기를 종종 회상하며 살아가고 있다. 아주 먼 미래의 행복한 풍경을 제시하면서, 예언자들과 시인들은 언젠가는 하나의 민족이 지구상에 살게 되고 모든 사람이 하나의 언어로 말하게 될 것이라고 약속했다. 이러한 달콤한 황금시대는 과연 절대로 실현 불가능한 환상인가? 이 질문에 대해 오랫동안 누구도 "그렇소! 세계어는 결코 실현될 수 없는 달콤한 환상일 뿐이오!"라는 대답 외에는 내놓지 않았다. 그리고 우리가 사는 현재에도, 어떤 새로운 문제들에 대해 고민하기를 좋아하지 않는, 소위 '지각 있는' 사람들이라고 불리는 사람들의 대다수는 여

---

1. [디테를레] *La Esperantisto*, 1889/90에 실린 미완성 논문(1889, pp. 2~6; pp. 9~12 : 1890, pp. 24~27; pp. 37~38). 독일어와 에스페란토어로 쓰였음.

전히 모든 새로운 목표는 황당한 것이어서 쥬피터^{Jupitero} 2 처럼 엄중하게 "세계어라는 이상은 황당한 꿈일 뿐이고, 그런 목표를 위해 일하는 사람들은 어리석은 사람들이다."라고 대답할 것이다. 그리고 만약 이런 '지각 있는' 사람들이 대중에게 어떤 영향력을 갖고 있다면, 대중은 그들의 주장을 맹목적으로 반복하면서 심지어는 '세계어가 어떤 것인지 전혀 관심을 두지 않은 채, 왜 사람들이 그들을 몽상가라고 부르는지? 그리고 그들 몽상가의 주장이 정당한 것인지?'에 대해 아주 짧은 시간마저도 스스로 고민해 보지 않는다.

그러나 세계어 이상은 인류가 전적으로 거부하기에는 너무 매력적이어서, 결국 사람들은 이 문제를 해결하기 위해 많은 시간을 투자하고, 이 이상을 실질적으로 구현하기 위해 다양한 시도를 하거나, 또는 이런 문제들을 이론적으로 연구하게 되었다. 이렇게 지치지 않고 두려움 없이 노력한 사람들 덕분에 세계어 문제는 조금씩 관심을 얻게 되었으며, 사람들은 조금씩 세계어가 전혀 불가능한 것은 아니라는 확신을 갖게 되었고, 이 이상이 그리 머지않은 미래에

---

2. [옮긴이] 절대적인 권위자를 지칭.

실현될 수 있다고 믿기 시작했다(물론 우리는 이 이상의 발전에 흥미를 갖고 지켜보는 사람들에 관해서만 이야기할 것이다. 그 이유는 모든 새로운 움직임에 대해 눈과 귀를 막고 있는 대다수 사람에게는 우리의 문제의식이 여전히 수천 년 전의 수준에 머물러 있는 것처럼 보일 것이기 때문이다. 무지하고 사려 깊지 못한 조롱으로 그들은 이 사업의 진전을 방해하기 위해 애쓰지만, 이 사업이 목표에 도달하게 되면, 그들은 이 사업에 대해 지적인 논문들을 집필할 것이다).

이러한 문제 제기에 대해 10년 전 볼라퓌크라는 이름의 인공어가 공개적으로 제안되었다. 인류는 이미 세계어를 받아들일 충분한 준비가 되어 있었고, 모든 이론적 구상과 시도 들이 진행된 후 최종적으로 어떤 완성된 제안이 나오기를 애타게 기다리고 있었다. 슐라이어 신부가 "자! 여기 완성된 세계어가 있으니 모두 함께 일합시다!"라고 외치자 수많은 이상주의자가 그의 호소에 거의 맹목적으로 그리고 세계어 사업이 그들 자신에게 무엇을 줄 수 있을 것인가, 즉 "과연 이 언어가 국제적인 소통을 실제로 쉽게 할 수 있을 것인지 아니면 어떤 공적인 이익이나 근거 없이 단지 세계어라는 이름만 차용한 강탈자인지"도 전혀 묻지 않은 채 이 사업에 헌신했다. 역사와 인간의 삶에서 종종 반복되었던 일들이 되풀이되었다. 우리가 알지 못하는 어떤 선한 사람을 오랫동안 초조하게 기다리고 있을 때, 어떤 사람이 우리 앞에 나타나서 어떤 것도 증명하지 않은 채 자신이 바로 우리가 기다리던 그 사람이라고 주장하면, 우리는 맹목적으로 그에게 매달리게 된다.

아주 호의적인 분위기 덕분에, 볼라퓌크의 창안자와 그의 몇몇 친구들의 칭찬받아 마땅한 놀라운 열정 덕분에, 더욱 칭송받을 만한 아주 훌륭한 홍보 덕분에, 볼라퓌크는 초기에 (자신을 목적지로 인도해 주겠다고 약속한 그 길을 찾고 있던) 많은 친구를 만났고, 이들은 자신들이 진짜로 좋은 길을 선택했는지 아니면 옆길로 벗어난 것인지에 대한 아주 짧은 시간의 고민도 없이 이 사업에 뛰어들었다.

그러나 볼라퓌크는 세계어를 위한 유일한 시도가 아니다. 볼라퓌크가 출현하기 전후에도 수많은 비슷한 시도가 있었지만 이러한 모든 시도는 어떠한 구체적이고 실질적인 성과를 제시하지 못한 채 단지 모호한 구상만을 제시했으며, 그 결과 심지어 단 한 명의 지지자도 얻지 못한 채 출현 후 즉시 사라져 버렸다. 볼라퓌크 출현 이후 탄생한 이런 구상들의 운명은 특히 더 불행했다. 이 세계어의 이상에 매료된 모든 이상주의자는 이미 볼라퓌크에 매료되어 볼라퓌크 이후에 출현한 새로운 시도들을 지지하지 않았을 뿐 아니라, 오히려 전 인류를 위한 단 하나의 언어만 필요하다는 판단으로 그들은 어떠한 새로운 구상에도 반대하고 심지어 탄압했다. 동시에 볼라퓌크를 위한 노력이 비효율적이라는 점을 발견한, 이른바 '실용주의자'라고 불리던 사람들 역시 볼라퓌크 이후에 출현한 새로운 구상에 자신을 헌신하려고 하지 않았는데, 그 이유는 이러한 새로운 구상들에서 어떠한 유용함도 발견하지 못했기 때문이다. 많은 사람이 볼라퓌크가 세계어라는 새로운 구상을 위해 토대를 닦았고 또 이들의 투쟁을 쉽게 만들었다고 말하지만, 여러분은 그들의 주장이 전혀 사실이 아니라는 것을 발견할 수 있다. 볼라퓌크는 이 투쟁을 쉽게 만들어 준 것이 아니라 오히려 훨씬 어렵게 만들어 버렸다. 세계어를 위한 새로운 구상들은 세상에 출현하자마자 볼라퓌크 덕분에 우호적인 친구들을 만날 수 없었고, 반대로 수많은 준비된 반대자들과 직면해야 했다. 당시 볼라퓌크가 반대자들과 직면했던 모든 곳에서 세계어를 위한 새로운 구상들은 똑같은, 심지어는 더 완고한 반대자들과 직면하게 되었는데, 그 이유는 새로운 구상의 출현이 반대자들에게 좀 더 많은 조롱거리를 제공했기 때문이다. 동시에 이러한 새로운 구상은 볼라퓌크가 환영받은 곳에서는 수동적인 반대가 아니라 직접 그들을 파괴하려는 반대자들과 직면해야 했다. 그들은 그 어느 곳에서도 지지자들을 만날 수 없었으며, 바로 이런 이유로 엄청난 시간과 노력 그리고 물질적 투자를 쏟아부은 새로운 세계어 구상들은 세상에 출현한 직후 사라질 수밖에 없었다.

에스페란토는 이러한 적대적인 환경 속에서 대중 앞에 모습을 드러냈다. 위에서 언급한 상황들을 거론하면서, 저자[에스페란토 창안자인 자멘호프를 지칭]의 친구들은 모든 노력을 기울여 자신의 친구가 이 새로운 세계어 방안을 공개하려는 시도를 만류했으며, 그런데도 저자가 출판사에 이 새로운 방안을 넘기자 그들은 이미 친구를 잃어버린 것으로 간주했다. 어떤 출판업자도 감히 『제1서』를 출판하려고 하지 않았으며, "이미 볼라퓌크가 있네!"라고 내게 말할 뿐이었다. 그러나 에스페란토가 세상에 모습을 드러내자 상황이 변했다. 모든 분야를 이미 기존 세력들이 장악하고 있었기 때문에 새로운 지지자들을 받아들일 여지가 없었음에도 에스페란토는 즉시 많은 친구를 얻게 되었고 그 수가 급격히 증가했다. 이들은 양측, 즉 볼라퓌크에 대해 전혀 알고 싶어 하지 않는 무관심한 사람 중의 다수와 세계어 구상에 대한 희망을 영원히 포기한 것 같은 사람들로부터 생겨났다. 이들은 그 어떤 것도 기대하지 않는 사람들처럼 보였는데, 이런 사람들이 에스페란토의 열렬한 지지자가 된 이유는 에스페란토가 언어로서 가진 실질적인 실용성과 조건 없는 유용함 및 미래의 가능성을 발견했기 때문이다. 에스페란토와 이미 자신이 큰 노력을 기울여 홍보하고 있던 볼라퓌크(와 바로 그런 이유로 초기부터 전력을 다해 새로운 체계를 저지하기 위해 준비한 방안들)의 커다란 차이점을 보면서(예를 들면, 이 잡지[『에스페란티스토』]의 편집장 역시 한 볼라퓌크 모임의 회장이었다), 아직도 볼라퓌크와 강한 유대 관계를 맺고 있으면서 공개적으로 우리 에스페란토 진영으로 전향할 용기를 갖지 못한 많은 영향력 있는 볼라퓌크주의자들이 "우리 목표에 도달할 수 있는 가장 좋은 그리고 유일한 방안을 에스페란토에서 발견했으며, 에스페란토로 매우 편하게 편지를 주고받고 있다."고 나에게 고백했다.

그러나 여전히 대다수의 볼라퓌크주의자들은 에스페란티스토들을 전력을 다해 투쟁해야 할 적으로 인식하고 있다. 그들은 광신적인 완고함에 사로잡혀서 지금까지 내 작은 소책자조차 읽어 보지 않았기 때문에, 이들 중 대다수 사람은 에스페란토와 에스페란토의 목표가 무엇인지에 대해 어떤 지식도 갖고 있지 않다. (지금은 열정적인 에스페란티스토로 전향한 많은 볼라퓌크주의자들이, 심지어 내 책을 갖고 있으면서도, 모든 새로운 구상은 절대적으로 해롭다는 확신 아래 읽으려 하지 않는다고 내게 고백했다. 이런 상황은 아무리 독실한 기독교도라 하더라도 아주 사소한 새로운 내용이 담긴 어떤 책을 소지했다는 이유로 죽임을 당했던 마녀사냥의 시대를 떠올리게 한다.) 만약 내가 여기서 그런 사람들과 대화를 시도한다면, 십중팔구 내 발언은 쇠귀에 경 읽기가 되고 말 것이다. 왜냐하면, 그들은 아주 성스러운 공포감에 사로잡혀 귀를 닫아 버릴 것이기 때문이다. 그러나 볼라퓌크주의자들 가운데는 새로운 움직임에 눈을 감지 않아서 에스페란토가 어떤 것인지 알고 있으면서도 끝까지 남아서 볼라퓌크에 충성하려는 사람들도 여전히 있다. 그들은 새로운 구상이 아무리 좋더라도 그것을 도입하는 것은 미래에 이 이상을 위험에 빠뜨릴 것이라고 확신하면서 고통스러운 마음으로 에스페란토의 행보를 주시하고 있다. 내 노력의 목표·특징·원인에 대한 잘못된 생각으로, 그들은 나를 혁명가 또는 어떤 개인적인 명예욕이나 기회주의에 사로잡혀 (세계어라는) 성스러운 사업을 위험에 빠뜨리거나 전복시키려는 카틸리나[3] 같은 사람으로 간주하고 있다. 세계어 같은 사업은 한마음으로 단합하는 것이 전적으로 중요하다는 사실을 깨달았지만, 나의 노력에 대한 오해 때문에 나를 이러한 통일성을 전환 또는 전복하려는 사람으로 인식하면서, 그들은 자신의 진정성과 볼라퓌크 사업에 대한 염원으로 온 힘을 다해 볼라퓌크에서 에스페란토로 전향하려는 사람들을 만류했다. 그들은 매번 "조화는 작은 일도 크게 성장시켜 주지만, 반목은 큰일도 망가뜨린다."[4]라고 반복해 주장한다. 얼마 전까지만 해도 모든 새로운 세계어 구상을 광신적으로 반대했던 많은 볼라퓌크주의자들이 왜 에스페란티스토로 전향하는지 이해하지 못한 채, 그들은 두려움 가득한 시선으로 동요하면서 우리 사업의 종착역을 지켜보고 있다. 이탈하려는 자신의 친구들을 전력을 다해 제지하면서, 그들은 동시에 나에게 개인적으로 직접 접촉해 에스페란토 사업을

---

3. [옮긴이] 카틸리나(Lucius Sergius Catilina, BC 108?~BC 62)는 로마 공화정 말기의 정치가로 원로원에 맞서 공화정의 전복을 시도하다 처형되었다.

4. [디테를레] 라틴어 속담 : Concordia parvae res crescunt, discordia maximae dilabuntur.

포기하고 자신의 진영으로 넘어와 볼라퓌크주의자가 되라고 요청하고 있다. 그들은 나에게 "당신이 볼라퓌크주의자가 되면 당신의 모든 동료도 당신을 따를 것이고, 그렇게 되면 우리의 사업은 완전하게 통합되어 곧 최종 목표에 도달할 것이다."라고 말하고 있다. 자신의 사업에 대한 깊은 신뢰를 기뻐하고 존중하는 마음으로, 에스페란토가 볼라퓌크보다 뛰어나다는 사실을 고백하면서도, 분열을 중단하고 '더 좋은 것'을 위해 '좋은 것'을 위험에 빠뜨리려는 시도를 중단하라고 온 힘을 다해 나를 설득한 한 귀부인의 편지를 나는 아직도 보관하고 있다. 만약 그녀가 나를 설득하는 데 성공해서 우리의 사업에 온전한 통일이 이뤄졌더라면, 그녀가 행복했을 것이라는 사실을 나는 그녀의 편지에서 발견할 수 있었다. 그렇다. … 그러나 (세계어 사업의 통일을 위해) 볼라퓌크주의자들이 나에게 요청한 것보다 훨씬 적은 일이라도 할 수 있는 가능성이 있다면, 나는 훨씬 더 행복할 것이다.

여러분이 내게서 인류에게 유용한 것을 제공하려는 어떤 노력을 파괴하려는 명예욕에 사로잡힌 개혁가의 모습을 발견하려 한다면 그 노력은 헛된 것이다. 왜냐하면, 나는 여러분께 좀 더 좋은 것을 제공할 것이기 때문이다. 세계어에 대한 이념은 여러분 중의 누구보다 내가 더 명쾌하게 이해하고 있다. 나는 세계어 구상과 함께 자랐고 내 모든 일생은 이 사상과 연결되어 있다. 나는 이 사업에 내가 할 수 있는 모든 것을 쏟아부었고 이 때문에 과거에도 현재에도 많은 어려움을 겪고 있으며, 만약 이러한 노력을 통해 우리의 성스러운 사업에 봉사할 수 있다면 그 어떤 어려움도 나의 이 새로운 사업을 포기하게 할 수 없다. 여러분이 볼라퓌크 운동에 뛰어들었던 초기의 불꽃 같은 방법이 우리를 목표 지점으로 인도할 수 있다는 가능성을 제시하면, 나는 가장 먼저 내 사업을 포기하고 여러분의 사업에 합류할 것이다. 심지어 볼라퓌크가 언젠가는 전 인류의 언어가 될 수 있는 최소한의 가능성이라도 있다는 점을 내가 확신할 수 있다면, 나는 에스페란토가 내 눈에 더 좋아 보인다는 이유만으로 이 사업을 계속 진행하지는 않을 것이다. 대신 나는 볼라퓌크의 사전이 제멋대로여서 어렵고 또 그 발음들이 거칠더라도 모든 정성을 다해 볼라퓌크에 참여할 것이다. 그 이유는 우리 사업이 완전히 강해지기 전까지는 어떤 개혁적인 실험들도 우리 사업에 위험하고, 동시에 사업의 통일성을 유지하는 것이 우리 사업의 발전을 위한 첫 번째 조건이라는 것이 나의 일관된 입장이기 때문이다. 그렇다. "조화는 작은 일도 크게 성장시켜 주지만, 반목은 큰일도 망가뜨린다." 우리의 목표에 좀 더 빨리 도달하는 길을 선택하는 것이 좋은 것이다.

통일성은 매우 칭찬받을 만하지만, 맹목적인 통일은 단순한 고집일 뿐이며 이 때문에 전혀 다른 결과를 가져오기 때문에 맹목적이어서는 안 된다. 그 이유는 '화합' 자체는 매우 아름답고 좋은 것이지만, 단지 이 단어만으로는 선한 결과에 이를 수 없기 때문이다. 만약 여러분이 어떤 방향으로 함께 가기로 한다면, 무엇보다 먼저 그 방법이 여러분이 목표에 도달하기 전에 여러분을 목표로부터 이탈시키는 것은 아닌지 살펴봐야 한다. 그 이유는 이런 방식의 통일성은 '가장 작은 사업들을 성장'시키기보다는, '가장 거대한 사업들을 소멸'시켜 버리기 때문이다.

에스페란토에 조금 가까워진 사람들은 볼라퓌크주의자들이 생각하는 것처럼 우리의 사업이 볼라퓌크의 성공 때문에 고무된 것이 아니라는 점을 쉽게 발견할 수 있다. 13년 전 내가 이 작업을 처음 시작했을 때, 볼라퓌크는 세상에 아직 등장하지 않았다. 이 작업은 매우 어려웠으며, 이런 작업이 얼마나 큰 인내심과 주의가 필요한지는 이와 비슷한 일을 직접 해 본 사람들이나 겨우 이해할 수 있을 것이다. 내 작업의 가장 중요한 부분이 완성되었을 때, 볼라퓌크가 세상에 모습을 드러냈으며, 그 소식을 접한 순간 나는 매우 기뻤다. '너는 자유의 몸이 되었다. 네 소중한 꿈이 실현되었으니 이제 (너의) 삶을 시작할 수 있을 거야!'라고 나는 스스로 말했다. 그러나 볼라퓌크에 대해 내가 좀 더 알게 되고 또 어떤 근거도 없는 명칭과 요란한 칭찬 외에는 아무것도 찾을 수 없다는 사실을 알게 된 후, 나는 곧바로 내 작업을 다시 시작했다. 내 작업이 끝난 후 내 책의 출판 가능성에 대한 소식을 접할 때까지 몇 년이 지났다. 이 기간에 볼라퓌크는 빠르게 성장했고, 내가 에스페란토와 함께 세상에 나왔을 때, 볼라퓌크주의자들 가운데 이미 많은 사람이 나의 적이 되어 있었다. 따라서 이미 매우 어려운 투쟁이 내 앞에 놓여 있었고, 내가 이 일을 포기할 어떤 아주 조그만 정당성이라도 내 양심에서 찾을 수 있었다면 나는 아주 기쁜 마음으로 이 작업을 포기했을 것이다. 그러나 볼라퓌크의 세력이 쇠퇴하고 있는 반면에 에스페란토를 지지하는 사람들의 수는 지금도 빠르게 증가하고 있다. 심지어 지금이라도 볼라퓌크가 현재의 형태 또는 미래의 더 개선된 형태로 목표에 도달할 수 있는 최소한의 가능성이라도 갖고 있다면, 나는 흔쾌히 내 사업을 포기하고 볼라퓌크에 참여할 것이다. 따라서 우리는 볼라퓌크가 어떤 것이고 또 미래를 위해 어떤 희망을 제시할 수 있을 것인지 살펴봐야 한다.[5]

볼라퓌크는 대체 무엇인가? 볼라퓌크는 이 세상의 누구도 이해할 수 없고 또 당신이 그 언어를 통해 어떤 사람과도 교류할 수 없는 제멋대로 만들어진 인조어人造語이다. 볼라퓌크가 세계어라고 이름 붙여진 유일한 이유는 오로지 "만약 이 세상의 모든 사람이 이 언어를 배우면, 그때는 모든 사람이 볼라퓌크를 이해할 수 있을 것"이라는 슐라이어의 주장 때문이다. 볼라퓌크는 어떤 다른 세계적인 특성도 내포하고 있지 않으며, 슐라이어는 자신의 언어에 국제적 소통을 쉽게 할 수 있는 어떠한 장점도 추가하려고 노력하지 않았다. 그는 단지 "전 인류가 볼라퓌크를 배우자! 그렇게 되면 이 언어는 전 세계에 엄청난 효과를 가져다줄 것이다."라고만 말했다. 그리고 많은 사람이 볼라퓌크가 얼마나 우스꽝스러운 내용을 내포하고 있는지 살펴보지도 않은 채 그의 이런 호소에 호응했다. 전 세계가 볼라퓌크를

5. *La Esperantisto*, 1889, pp. 2~6.

받아들이면 엄청난 효과를 가져다줄 것으로 예측하면서, 볼라퓌크의 친구들은 열광적으로 슐라이어를 인류의 가장 위대한 천재라고 칭하고 있다. 여러분! 이런 행동들이 얼마나 우스운지 발견하지 못했는가? 모든 언어, 심지어 호텐토트[6]족의 언어라 하더라도, 전 세계 사람이 받아들인다면 인류에게 커다란 효과를 가져다줄 것이다. 왜 볼라퓌크를 창안했을까? 이 세상에 언어가 부족했기 때문인가? 볼라퓌크주의자 여러분! 전 인류가 그렇게 오랫동안 노력했던 문제의 모든 어려움이 단지 '전 세계가 받아들이면 세계적인 것이 되는 그런 언어가 아니라 국제적 교류를 실제로 가능하게 하는 그런 언어를 창안하는 것' 때문이라는 사실을 발견하지 못할 정도로 당신들이 그렇게 순진하거나 맹목적인 열정에 사로잡힌 사람들인가?

볼라퓌크는 대체 어떤 세계적인 특성을 내포하고 있으며, 무엇으로 국제 교류를 쉽게 할 수 있을까?

나는 슐라이어의 책을 철저하게 검토했지만, 결코 아무것도 발견하지 못했다. 그러나 만약 내가 (볼라퓌크에 대한 적대감으로) 눈이 멀었고, 대신 여러분이 운 좋게 볼라퓌크

---

6. [옮긴이] 호텐토트(Hotentotoj)는 남아프리카의 한 종족으로 부시맨과 혈연 관계에 있다.

에서 어떤 세계적 공통성을 발견했다면 정말 다행이고 그것을 내게 제시해 주기 바란다!

볼라퓌크주의자들은 내게 어떤 답변을 들려줄 수 있을까? 그들은 결코 어떤 답변도 할 수 없을 것이다. 볼라퓌크는 결코 어떤 세계성도 내포하고 있지 않기 때문에 볼라퓌크를 통해 교류할 수 있는 사람들의 수는 아프리카의 어떤 민족이 사용하는 언어를 통해 교류할 수 있는 사람의 수보다 훨씬 적을 것이다. 만약 볼라퓌크가 세계어라면, 전 세계에 존재하는 모든 언어가 세계어가 될 수 있을 것이고, 모든 언어는 오직 아주 세계적인 언어, 좀 더 세계적인 언어 그리고 가장 세계적인 언어로 구분될 것이다. 만약 사람들이 당신에게 질 낮은 포도주를 주면, 당신은 포도주에 어떤 좋지 않은 것들이 포함되어 있다고 대충 말할 것이다. 그러나 포도주라고 느낄 수 있는 그 어떤 특성도 포함하고 있지 않은 순수한 물을 포도주라고 하면서 당신에게 준다면, 당신은 아무런 말도 하지 않을 것이다. 내가 볼라퓌크를 처음 접했을 때, 나는 내가 이러한 상황에 직면해 있는 것을 발견했다. 나는, 미약하고 충분하지 않더라도, 볼라퓌크의 어떤 세계적인 특성을 찾아보려는 준비가 되어 있었지만, 볼라퓌크에는 어떤 세계성의 흔적도 존재하지 않았고, 단지 명칭에서만 그것을 찾아볼 수 있었다. 사람들이 가장 먼저 발견한 돌 조각을 버터라고 부르면서 빵에 발라 먹으라고 권하는 것을 목격했다. 만약 세계어에 대한 나 자신의 이상이 그렇게 소중하지 않았다면, 나는 즉시 볼라퓌크주의자가 되었을 정도로 충격을 받았다. 터키어는 세계어가 아니어서 당신이 터키어를 사용한다면 당신은 이 언어를 알지 못하는 사람들과는 교류할 수 없다. 나는 슐라이어의 책을 독파해서 볼라퓌크를 충분히 배우지 못한 사람들과 어떻게 교류할 수 있는지 찾아봤지만, 아무것도 찾을 수 없었다. 그러나 이미 그 명칭에서 스스로 드러내고 있기 때문에 볼라퓌크는 분명히 세계어다. 만약 당신이 프랑스어로 "예술적으로"라고 말한다면, 세계의 많은 사람이 당신의 말을 이해하지 못할 것이지만, 당신이 단지 "kanal"이라고만 외쳐도 전 세계의 모든 사람은 당신이 "예술가"에 대해 생각하고 있다는 것을 이해할 것이다. 왜냐면 당신들 스스로 "세계어를 사용하고 있다."라고 표현하고 있기 때문이다. 볼라퓌크주의자 여러분, 그렇지 않은가?

각기 다른 시기에 제안되었던 모든 만국 공용어에 대한 계획들은, 성공적이지는 못했지만, 현존하는 언어들이 인류에 주지 못했던 어떤 것, 즉 우리의 언어를 모르는 사람들과 우리가 서로 이해할 수 있게 하려고 노력했다. 그러나 슐라이어는 이를 위해 필요한 어떤 비슷한 것도 발견하지 못했으며, 오직 다음과 같은 쓸데없는 궤변만을 선사했다. "자! 여기 새로운 언어가 있다. 전 세계가 이것을 받아들인다면 세계에 엄청난 유용함을 선사할 것이다." 물론 초기에 이런 궤변은 곳곳에서 비웃음을 샀지만, 슐라이어는 어떤 조롱에도 흔들리지 않고 정력적으로 자신의 사업을 진행하면서, 사람들을 선동하고, 저서들을 출판했으며, 결국 그의 지칠 줄 모르는 홍보가 승리를 거뒀다. 수많은 사람이 볼라퓌크를 배우기 시작했고 엄청난 성공을 거뒀다. "강력한 볼라퓌크"를 위해 노력한 많은 존경받는 사람이 나타났고, 저자의 의지에 매혹된 사람들이 볼라퓌크에 몰려들었다.

사람들은 어떤 특정한 사업을 신뢰하게 되면 그 사업에서 다양한 좋은 점들을 찾게 된다. 어떤 것을 추구하는 사람들은, 그 자신이 아주 뻔뻔스럽지 않더라도 자신의 신념을 스스로 정당화하기 위해 자신이 추구하는 것을 비판적으로 분석하는 대신 자신을 스스로 속일 준비가 되어 있기 때문에 결국에는 자신이 좋아하는 것을 발견하게 된다. 이런 방식으로 볼라퓌크의 전사들은 이 언어에서 많은 좋은 점들을 발견하기 시작했고 곳곳에서 그것들을 선전하기 시작했다. 가장 핵심적인 사업의 특징이 존재하지 않는 상황에서 부차적인 것들에 대해 언급하는 것은 우리에게 아무런 의미가 없기 때문에, 볼라퓌크의 이러한 장점들에 대해 언급하지는 않을 것이다.

예를 들자면, 당신이 음악가의 도움을 받고 싶어서 제안했는데, 그 사람이 술을 즐기지도 않고 도둑질도 하지 않지만, 음악을 전혀 이해하지 못한다면 당신은 그 사람을 즉시 쫓아 버릴 것이다. 당신이 그 음악가에게 요구한 것은 연주이기 때문에, 그가 술을 마시지 않는다거나 물건을 훔치지 않는 것 등과는 아무런 연관이 없기 때문이다. 이와 마찬가지로, 스스로 "세계 공용어"라 자처하는 볼라퓌크에서 우리가 기대하는 것은 잘 교육받은 사람들과 교류할 가능성을 제공받는 것이며, 만약 이런 가능성을 볼라퓌크가 갖고 있지 않다면 볼라퓌크의 다른 모든 요소는 아무런 의미가 없어진다. 그러나 볼라퓌크주의자들이 내가 볼라퓌크의 장점을 감춘다고 비난하지 못하게 하기 위해, 앞에서 이미 언급했던 것처럼 그런 점들이 우리에게 아무런 의미도 없지만, 볼라퓌크의 장점들에 대해 분석할 것이다. 그러나 다행스럽게도 볼라퓌크의 장점들이 독자들을 아주 귀찮게 할 정도로 많지는 않다.

1) 볼라퓌크의 발음은 듣기 좋은가? 전혀 그렇지 않다! 볼라퓌크를 아주 조금만 읽은 사람이라도, "쳇, 어떻게 이렇게 조악한 발음이 나지!"라고 외칠 것이다. 만약 에스페란토의 발음이 듣기에 아름답지 않다면, 나는 이것을 "나 자신의 개인적 의지나 임의적 방식으로 만든 것이 아니라 알파벳을 잘 인식할 수 있도록 확실한 규칙에 따라 도입했으며, 단어의 조합을 쉽게 할 수 있도록 다양한 규칙들에 종속시켰다."는 등의 이유로 정당화할 수 있으며, 동시에 나는 (언어의) 유용성을 위해 우아함을 포기했다고 말할 수 있다. 그러나 단어들이 갖춰야 할 어떤 중요한 규칙들과도 무관하게 단지 자신의 의지대로 단어를 창조한 슐라이어가 아주 쉽고 우아하고 듣기 좋은 언어를 창조했지만, 여러분이 볼라퓌크와 에스페란토로 쓰인 아주 짧은 문장을 비교해 보면 어떤 것이 더 좋은 발음인지 어렵지 않게 판단할 수 있을 것이다.

2) 볼라퓌크는 발음하기 쉬운가? 슐라이어의 유일한 원칙은 자기 자신의 의지여서, 어떤 글자가 맘에 들지 않거나 불편하면 그는 과감하게 (예를 들면 아주 중요한 알파벳인 R) 제거해 버렸다. 그러나 볼라퓌크에는 전 세계 대부분

사람이 발음하기 몹시 어려운 ä, ö, ü 같은 알파벳이 가득하다. 물론 에스페란토에도 몇몇 민족들에게 불편한 발음들이 존재하지만 이런 발음들은 저자가 자의적으로 만들어 낸 것이 아니라 발음 간의 구별을 확실하게 하고 또 (듣기에) 거슬리는 단조로움을 피하기 위해서이다. 그리고 이런 발음들도 자신의 민족어에서 이런 발음을 갖고 있지 않은 사람들 역시 쉽게 친해질 수 있는 것들이다. 예를 들면, 많은 사람이 ĵ[ʒ]에 대해 불만을 토로하는데, 프랑스어에서 발전한 수많은 단어에서 이 발음이 필요하다는 점을 언급하지 않더라도, 이 발음은 실제로 거의 모든 사람에게 불편하지 않다. ĵ 발음은 같은 원칙에 의해 만들어진 ŝ[ʃ]에서 파생되었으며, 같은 방식으로 b는 p에서, z는 s에서 파생되었기 때문에, t와 d, p와 b 그리고 s와 z를 발음할 수 있는 민족의 구성원들은 만약 ŝ 발음을 갖고 있다면 ĵ를 매우 쉽게 발음할 수 있다. 게다가 문명화된 민족의 문자들이 거의 s, z와 ŝ 발음을 갖고 있기 때문에, 자신의 민족어에 ĵ 발음이 없더라도 쉽게 발음할 수 있다. 현대 러시아어에서 여러분은 f 발음을 자주 접하게 되는데, 모든 러시아인은 교육받은 사람이나 전혀 교육받지 않은 사람이나 어떤 어려움도 없이 모든 상황에서 이 발음을 잘할 수 있다. 그러나 그들은 이 발음이 순수한 러시아어에는 절대 존재하지 않았다는 사실을 상상도 못 할 것이다. 이 발음은 외부에서 유입된 것인데, 러시아어에 v 발음이 있었기 때문에, 그들은 f 발음이 자신들에 전혀 새로운 발음이라는 것도 알지 못한 채 쉽게 발음할 수 있다. 그러나 같은 러시아 사람들에게 자신의 발음과 어떤 유사성도 갖지 않은 ä, ö, ü를 발음하게 한다면, 그들은 이 발음을 전혀 발음하지 못하거나 혹은 계속해서 ä, ö는 e, ü와 i는 ju와 뒤섞어 발음할 것이다. 에스페란토에 도입되어 몇몇 민족 구성원들에게 불편을 주고 있는 몇몇 글자들은 에스페란토에서 중요한 역할을 하고 있지 않기 때문에, 정말로 불필요한 경우에는 미래의 (언어) 위원회에서 에스페란토 자체에 전혀 손상을 주지 않으면서 이런 발음들을 쉽게 배제할 수 있다. 예를 들면 Ŭ([w] : 실제로 대다수 언어에 존재하지만, 다른 몇몇 언어들의 알파벳에 존재하지 않는다는 이유로 많은 사람을 어렵게 하는) 발음은 모든 사람이 u 발음처럼 쉽게 쓰고 발음할 수 있으며, 이로 인해 에스페란토가 달라지는 것은 아무것도 없다. 많은 사람을 곤혹스럽게 하는 ĥ[x] 발음은 전체 문법에서 독립적으로 사용되지 않으며 기본 어휘 사전에도 한 번도 등장하지 않고 오직 필요한 경우에만 사용되고 있다. 그렇지만 볼라퓌크에서 ä, ö, ü등의 발음을 제거하려면, 아마도 이 언어의 전체적인 형태를 바꿔야 할 것이다.

3) 볼라퓌크는 각별한 자연스러움과 생명력으로 구별될 수 있는가? 지식인의 서랍 위에서 인위적으로 창조된 언어는 생명력이 부족하다는 것을 우리는 추론할 수 있다. 그렇다면 슐라이어의 천재성은 무엇을 위한 것일까? 그의 천재성이 이 언어에 드러나 있는가? 그렇지 않다! 천재인 슐라이어는 그가 창조한 언어에서 어떤 실용적인 시도를 할 필요성도 발견하지 못했으며, 볼라퓌크는 완전히 죽은 언어로 남아 있다. 사람들은 이 언어를 쓸 수는 있지만, 이것을 발음할 수 있는 사람은 거의 없다. 다양한 단어들(예를 들면, bap, pab, pap, päp, pep, pöp, peb, pöb, böb, bob, pop, pup, bub, pub, püb, bip, pip, püp 등)이 실제로 발음하는 데 있어서 서로 너무 비슷할 뿐 아니라 단어들의 조합이 매우 투박하고 거칠며, 일부 단어들은 (예를 들면 ëi-matabömetobös 같은) 가장 뛰어난 볼라퓌크주의자들마저도 미궁에서 헤어나지 못할 정도로 혼란스럽다. 바로 이런 이유로 인해 볼라퓌크는 세상에 등장한 지 10년이 지난 오늘날까지 여전히 아주 소수의 사람만이 사용하고 있지만, 에스페란토는 세상에 공표된 지 2년도 지나지 않았지만 이

미 아주 즐겁게 사용되고 있는데, 그 이유는 공식적으로 발표되기 전에 쓰기와 말하기 등에서 수많은 실질적인 실험을 거쳤기 때문이다.

그러나 나는 여기서 볼라퓌크에 대해 전면적으로 분석할 생각은 없으며, 곧바로 볼라퓌크의 '절대적인 장점' 부분으로 넘어가려고 한다. 볼라퓌크 지지자들은 자신들의 두 가지 장점을 (배우기) 쉬운 점과 (문장의) 짧음이라고 제시하고 있다.[7]

'배우기 쉽다'는 점은 볼라퓌크 지지자들이 모든 상황에서 가장 애용하는 표현이다. 슐라이어는 '자연어의 어려움에 익숙한 모든 사람이 꿈도 꿀 수 없을 정도로 쉽고 간단한 언어'를 인류에게 제시했다고 말한다. 슐라이어는 가장 핵심적인 어려움을 극복했으며, 따라서 슐라이어 이후에 등장한 세계어에 대한 시도들의 임무는 단지 이미 해결된 가장 중요한 부분을 개선하고 좀 더 완벽하게 만드는 일뿐이라고 슐라이어의 전사들은 주장한다. 그들 중 일부는, 세계어 문제의 역사와 본질도 모르면서 사실상 자신의

---

7. *La Esperantisto*, 1889, pp. 9~12.

주장을, 더 정확하게는 자신이 반복해 대는 다른 사람들의 주장을 스스로 신뢰하고 있다. 다른 사람들은 "볼라퓌크주의자들이 헛소리를 지껄이고 있다는 사실을 인식하고 있지만, 볼라퓌크가 잘되기를 바라는 마음으로 (대다수 대중이 세계어 문제에 대한 비판적인 시각을 갖지 않기를 또는 그럴 능력도 갖고 있지 않을 것이라고 확신하면서) 대중에게 끊임없이 반복해 주장하고 있다."는 점을 인식하고 있다. 그러나 우리는 볼라퓌크주의자들이 슐라이어의 대단한 공헌이라고 주장하는 이 언어의 특별하게 배우기 쉽고 간단한 특성이 무엇인지 주목해야 한다. 볼라퓌크주의자들은 우리에게 어떤 대답을 줄 수 있을까? "다른 언어들은 많은 어형 변화(격 변화)가 있지만, 볼라퓌크는 단 하나밖에 없다. 다른 언어들은 많은 동사 활용이 있지만, 볼라퓌크는 단 하나밖에 없다. 다른 언어들은 남성, 여성 및 중성을 가진 단어들이 있지만, 볼라퓌크는 오직 하나의 성만 있다. 다른 언어들은 엄청난 수의 불규칙 변화들이 존재하지만, 볼라퓌크는 그런 것들이 하나도 없다." 실제로 다른 자연어들과 비교해 볼라퓌크의 문법이 훨씬 간편하다. 그러나 이것이 과연 슐라이어 때문일까? 과연 그의 천재성은 자신의 길을 "따르는 사람들"(에스페란토는 볼라퓌크로부터 완전히 독

립적으로 구성되었다는 것을 이해하지 못한 채 에스페란
토의 저자 역시 이들 안에 포함했다.)에게 더 쉽고 평탄한
길을 제시했는가? 이것은 아주 자연스러운 현상이며, 다
른 형태의 인공어 문법이란 존재할 수도 없다. 만약 인공어
의 문법이 다른 형태를 띤다면, 이것은 천재성의 결여가 아
니라 단지 미친 짓일 뿐이다. 두 지역을 연결하는 터널을 파
는 사람이 자연 형태의 강처럼 구불구불하거나 불규칙적
으로 파지 않고 곧게 터널을 팔 때 어떤 효과를 예측할 수
있을까? 터널을 직선으로 파는 것은 구불구불하게 파거나
불규칙적으로 파는 것보다 훨씬 더 자연스러운 일이다. 만
약 그가 인공 터널을 자연 형태의 강처럼 구불구불하게 판
다면, 이것은 천재성의 결여가 아니라 그저 미친 짓일 뿐이
다. 맹목적으로 상황의 필요에 의해 만들어진 자연어들은
많은 불규칙한 규칙들을 갖고 있지만, 어떤 언어를 인공적
으로 창안하는 사람이 다양한 불규칙한 변화들을 인공어
내부로 수용하려 한다면, 나는 그런 사람을 천재성이 충분
하지 않은 사람이 아니라 단지 미친 사람으로 간주할 것이
다. 만약 그가 하나의 어형 변화에 만족한다면, 그의 머릿
속에 다양한 어형 변화를 도입하려는 생각이 떠오를까? 대
체 어떤 사람이 인위적이고 의도적인 불규칙을 만들고 싶

어 할까? 하나의 '격' 변화와 '동사 활용'만 가능한 규칙적인 언어의 창조는 불규칙 변화를 만들기보다 훨씬 쉬우며 특별한 기술을 요구하지 않는다. 반대로 불규칙한 언어를 창조하는 것은 제2, 제3의 어형 변화를 만들기 위해 헛되이 고민해야 하면서 동시에 자신이 만든 쓸데없는 장애물들을 어디에 연결해야 할지 결코 알 수 없기 때문에 훨씬 더 어렵다. 따라서 어떤 사람이 인공어를 창안한다면, 단 하나의 '어형 변화'(등등)만을 만드는 것은 아주 자연스러운 일이어서 인공어의 효용이라고 간주하기 어렵다. 독자 여러분, 여러분 중의 누구든지 인공어를 창조한다면 다른 방식으로 하겠는가? 의도적으로 불규칙 변화를 만들거나 이런 비슷한 생각이 당신의 머릿속에 떠오를 수 있을까?

볼라퓌크주의자들이 그렇게 칭찬하는 문법의 단순함이 콜럼버스의 달걀과 유사한 점이 있는가? 사람들이 우리에게 볼라퓌크를 제시한 그때에만 아주 자연스러운 것처럼 보였을 수도 있을까? 그러나 만약 그랬다면, 볼라퓌크 이전에 구상되었던 모든 만국 공용어에 대한 시도들을 검토해 보기 바란다. 그런 구상 중에서, 다양한 '어형 변화'와 '동사 활용'을 규정했거나 어떤 불규칙한 내용을 포함하고 있는 구상을 하나라도 발견할 수 있을까? 문법의 간단함이 어떤 특별한 천재적인 기술을 요구한다면, 이미 언급했던 모든 시도의 저자들은 천재적인 사기꾼일 것이다. 그들 모두는 똑같은 콜럼버스의 달걀로 우리를 놀라게 한 것이며, 이것 또한 슐라이어의 공로는 아니다.

슐라이어! 내가 당신 친구들이 당신의 가장 중요한 공로로 명명한 것을 완전히 무시해 버렸다면, 그리고 당신의 가장 중요한 명예를 훼손했다면 용서하기 바란다. 내가 이런 비평을 한 것은 당신의 월계관을 질투하거나 그 가치를 축소하려고 그런 것은 아니다. 반대로 나는 슐라이어를 매우 존경하며 그의 위대한 작업과 인류에게 유용함을 선사하려는 그의 숭고한 열망에 완전히 매료되었음을 고백한다. 어떤 인공어를 창안한다는 것이 얼마나 엄청난 일이고 또 얼마나 강철 같은 인내심이 있어야 하는지 나는 다른 어떤 사람보다 더 잘 알고 있다. 슐라이어의 작업이 잘못된 토대 위에서 수립되고 또 미래를 담보하지 못한 불행한 시도임을 발견했지만, 어떤 경우에도 슐라이어의 작업과 선한 열망에 대해 아주 높게 평가하고 있다. 그러나 나는 결코 어떤 유용함도 내포하지 못한 그 작업에서 어떤 장점도 발견하지 못했다. 그러나 나는 슐라이어의 이런 날조된 장점을 그의 완고한 전사들이 에스페란토에 대항해 싸우는 데 이용하지 않는다면, 이런 것들에 대해 침묵할 것이다. 그들은 "에스페란토는 가장 중요한, 문법의 간편성을 볼라퓌크에서 차용했으며, 이 작업의 가장 어려운 부분이 이미 슐라이어에 의해 해결되었다. 만약 우리가 볼라퓌크를 떠난다면, 우리는 고마움을 모르는 변절자가 되어 버릴 것이다."라고 말한다. 볼라퓌크를 지지하는 사람들은 "문법의 간편함"을 제외하면 에스페란토와 볼라퓌크 사이에는 어떤 공통점도 없다는 사실에 동의해야 한다. 그러나 내가 이미 언급한 것처럼, 에스페란토는 문법의 간편함뿐 아니라, 어떤 다른 장점도 슐라이어의 작업에서 찾아내지 못했는데, 그 이유는 이런 간편함(볼라퓌크에서 찾을 수 있는 수준의)은 아주 자연스러운 것이며, 따라서 누구의 공적도 될 수 없다. 볼라퓌크주의자들도 동의하는 것처럼, 모든 경우에서 에스페란토의 공헌이 볼라퓌크보다 적지 않기 때문에 은혜를 모른다는 표현은 적절하지 않다. 변절에 대해 언급하면서, 몇몇 볼라퓌크주의자들이 에스페란토로 전향한 자신의 지난 시절 동료들을 비난했는데, 이런 비난은 아주 유치한 것이며 이 사건에 대해 진지하게 대처하지 못한다는 사실을 보여 주고 있다. 우리는 볼라퓌크나 에스페란토의 창안자를 위해 투쟁하는 것이 아니라 세계어의 이상을 위해 투쟁하고 있다. 이상을 위해 사람이 희생하는 것이지, 사람을 위해 이상이 희생되어서는 안 된다. 잘못된 길을 가고 있다는 것을 인식했으면, 우리는 그 길에서 벗어나 올바른 길을 찾아가야 한다. 볼라퓌크가 옳은 길이라고 믿는 사람들은 볼라퓌크에 충성해야 하고, 어떤 것을 선택할지 잘 모르는 사람들은 공평하게 볼라퓌크와 에스페란토를 위해 일할 수 있어야 한다(세계어가 하나도 없는 것보다는 두 개 있는 것이 더 좋기 때문이다). 그러나 오직 자신이 변절자라고 불릴까 두려워 볼라퓌크를 방어하면서 에스페란토에 대항해 싸우고 있는 사람들은, 이런 방식으로 그들이 세계어 사업에 대해 어떤 이상도 갖고 있지 않다는 것을 보여 주고 있으며, 전통에 대한 존경 때문에 증기 기관의 도입에 맞서 싸웠거나 전보를 발명한 사람에 대한 배은망덕背恩忘德이 두려워 전화에 대항해 싸웠던 과거의 좋았던 시절의 고집쟁이들을 떠올리게 한다.

잠시 주제를 벗어났던 점에 대해 사과하면서, 다시 볼라퓌크의 간편함에 대한 분석을 계속하겠다. 볼라퓌크에서 찾아볼 수 있는 수준의 문법의 간편함은 아주 자연스러운 것이며 결코 깊은 고민을 할 필요가 없기 때문에 어떤 공로도 인정하기 어렵다. 볼라퓌크와 에스페란토의 문법을 비

교해 보면, 독자들은 에스페란토 문법이 훨씬 쉽고 간편하
다는 것을 확신하게 될 것이고, 따라서 만약 실제로 언어에
서 문법의 역할이 가장 중요하다면, 이미 에스페란토는 볼
라퓌크보다 훨씬 높게 평가받을 것이지만 인공어에서 문법
의 간편함은 별 의미가 없다. 만약 어떤 세계어 문법이 다
른 세계어의 그것보다 좀 더 어렵다 하더라도, 그것은 배우
는 사람에게 겨우 15분 또는 30분의 시간을 절약하게 할
뿐이어서 세계어 같은 중요한 사업에서 결코 어떤 중요한
의미도 갖지 못하며, 단지 그 언어가 전체적으로 얼마나 쉽
게 배울 수 있는 것인가 하는 점이 우리에게는 중요하다.
볼라퓌크가 이 문제를 얼마나 충족시켜 주는지 알아보기
위해 우리는 다음과 같은 질문을 기억해야 한다. 즉 모든
언어는 문법과 단어로 구성되는데, 사람들이 문법을 배우
기 위해 사용(특히 인공어에서)하는 시간은 단어를 암기하
기 위해 사용한 시간과 비교하면 거의 영零에 가깝기 때문
에 언어의 간편함은 대부분 단어 배우기의 간편함에 달려
있다. 열정적인 볼라퓌크주의자들이여! 이제 나에게 대답
해 주기 바란다. 볼라퓌크의 단어들은 배우기 쉬운가? 여
러분이 볼라퓌크의 단어를 배우기 위해 얼마나 많은 시간
을 낭비했는지, 또 여러분이 단어들을 암기해 알고 있음에

도 불구하고 사전의 도움 없이 볼라퓌크로 쓰인 모든 글을 이해할 수 있는지 대답해 주기 바란다!

현재 모든 문명화된 민족의 언어들은 서로 많은 공통점을 내포하고 있어서, 여러분이 어떤 언어를 배우든지 아주 쉽게 배울 수 있는 단어들을 많이 발견할 수 있다. 그러나 볼라퓌크에서 여러분이 만나게 되는 모든 단어는 완전히 낯선 것들이며, 심지어 사람이나 도시의 명칭 같은 것들도 새로 만들어진 단어처럼 배워야 한다. (민족어 외에 다른 언어를 배운) 경험이 없는 대중에게 볼라퓌크 문법의 간편함을 제시하면서, 우리가 슐라이어의 천재성에 감사해야 한다고 주장하고 있다. 그리고 대중은 종종 '문법의 간편함으로 인해 많지 않은 효과보다 단어의 부자연스러움으로 인한 불편이 100배, 1,000배 크다는 점과 볼라퓌크의 단어(내가 언급했던 것처럼 언어에서 가장 중요한 부분인)가 자연어들의 그것보다 훨씬 더 배우기 어렵다.'는 점을 주목하지 않은 채 열광하고 있다. 우리는 '여러 세대에 의해 맹목적으로 만들어진 것이 아니라 탁자 위에서 연구된 언어'가 자연어들과 비교할 수 없을 정도로 간편할 것이라는 점을 기대하고 있다. 인공어가 자연어들보다 더 어렵고, 모든 사람이 알고 있는 단어들뿐 아니라 심지어 개인의 이름까지 그 형태를 변형시키고 새로 만들어야겠다는 생각이 슐라이어의 머릿속에 떠오른 것을 많은 사람은 이해하기 어려울 것이다. 이러한 모든 것이 사실 슐라이어가 단지 자신의 문법과 충돌을 일으키지 않게 하려고, 심지어 사람들의 이름까지 가차 없이 변형시킬 수밖에 없도록 강제한 불행한 볼라퓌크 문법의 직접적인 결과이자 그 여파餘波이다. 밑에서 돌 하나를 잘못 놓으면 이후에는 전체 건축에서 더 큰 잘못이 이어지게 된다. 나는 여기서 광범위하게 그 원인에 대해서 분석하고 싶지는 않고 다만 볼라퓌크가 자연어들보다 더 쉽지 않을 뿐 아니라 오히려 그것들보다 훨씬 더 어려우며, 따라서 대중에게 볼라퓌크의 문법을 제시하면서 이를 근거로 볼라퓌크의 단어들에 대해 침묵한 채 볼라퓌크의 간편함을 주장하는 것은 자신을 기만하거나 대중을 속이는 것이라는 점을 이야기하고 싶을 뿐이다. '배우기 쉽다.'는 점은 인공어가 성공하기 위해 반드시 갖춰야 할 기본조건 중의 하나이다. 화려한 선전 때문에 볼라퓌크가 자신을 어떤 길로 인도할 것인지도 묻지 않은 채 열정적인 지지자가 된 사람들은 일을 시작했지만, 열정적인 시기가 지나고 볼라퓌크주의자들이 그렇게 노련하게 선전했던 내용이 자신을 유인하지 못하게 되자, 몇 달, 몇 년을 투자해 볼라퀴크에 대한 공부를 시작하기에 앞서 '내 이 엄청난 노력이 헛되지 않을 담보물을 어디서 찾을 수 있을까?'라고 자문하게 되었고, 이 때문에 볼라퓌크를 배우기 시작한 사람들의 수가 크게 줄어들었으며, 그들이 들인 노력에 비교해 볼라퓌크가 거의 아무런 유용함도 가져다주지 못했고 또 세상의 누구도 자신을 이해해 주지 않았기 때문에, 몇 년 후에는 이 언어를 이미 배웠던 사람들마저도 내던져 버릴 것이다. 그러나 에스페란토는 전혀 다르다. 누구나 알고 있는 단어들 덕분에 조금이라도 교육을 받은 사람(아프리카의 문명화되지 못한 사람들은 아직 세계어가 필요하지 않기 때문에, 우리 사업의 초기에는 조금이라도 교육받은 사람들이 매우 중요하다.)들이 이 언어의 문법을 배우기 위해 15분 정도의 시간만 투자하면 에스페란토로 쓰인 책이나 잡지를 읽을 수 있고 또 원하기만 하면 연습 문제와 함께 어떤 종류의 책도 쉽게 (그리 큰 노력을 기울이지 않고도) 읽을 수 있기 때문에, 여러분은 그다지 큰 힘(노력 또는 시간)을 들이지 않고도 이 언어를 잘할 수 있게 될 것이다. 그리고 이런 세력이 형성된 덕분에, "에스페란토가 세계어가 되지 못한다고 하더라도, 에스페란토를 배우는 데 그다지 많은 투자를 하지 않았기 때문에 나는 잃을 것이 별로 없다. 반대로 교육받은 전 세계의 사람들과 교류할 가능성을 얻었고 또 별다른 기여도 없이 세계어라는 거대한 사업의 실현에 도움을 주었기 때문에 나는 이미 많은 것을 얻었다."라고 말하면서 에스페란토의 친구들은 계속해서 증가할 것이다. 볼라퓌크주의자들이여! 볼라퓌크가 칭찬하는 배우기 쉽다는 장점이 세계어 구상의 어느 편에 더 가깝게 서 있고 또 이 점에서 볼라퓌크와 에스페란토 사이에서 어떤 거대한 차이가 있는지 여러분은 발견할 수 있을 것이다. 쉬운 것처럼 보이는 볼라퓌크는 큰 목소리로 외치는 선전 덕분에 사람들을 잠깐 열광시킬 수 있었지만, 진짜로 배우기 쉬운 에스페란토는 조용히 그리고 조금씩 온 세상을 향해 뚫고 나갈 것이다.[8]

이제 볼라퓌크의 마지막 장점인 단어의 '짧음'에 대해 분석하는 일만 남았다. 이 점에 대해서 나는 볼라퓌크가 압도적으로 에스페란토보다 훨씬 더 뛰어나다는 점을 숨김없이 말씀드린다. 이 점이 볼라퓌크주의자들이 국제어 에스페란토에 대항해 싸울 수 있는 유일한 무기이다. 그러나

---

8. *La Esperantisto*, 1890, pp. 25~27.

우리는 볼라퓌크 단어의 '짧음'의 진정한 의미에 대해 분석해 보아야 한다. 이것이 슐라이어의 어떤 특별한 천재적인 생각일까? 전혀 그렇지 않다. 인공어를 창안하려는 사람이라면, 단어를 짧게 만들 수 있는 한 의도적으로 길게 만들어서는 안 된다는 사실을 아주 잘 알고 있으며, 에스페란토의 창안자 역시 이 언어에서 단어들이 가능한 한 가장 짧아야 하고, 사상을 표현하면서 적어도 히브리어처럼 짧게 표현할 수 있기를 희망했다. 그러나 몇몇 아주 중요한 조건들, 즉 '단어는 이해 가능해야 하고, 발음할 때 서로 명쾌하게 구별할 수 있어야 하며 듣기에 아름다워야 하고, 배워서 익혀야 할 단어들의 수가 가장 적어야 한다.' 등의 조건들이 슐라이어가 자신의 희망을 현실화하는 것을 방해했다. 그러나 국제어가 갖춰야 할 이런 중요한 요인들 때문에 국제어는 결코 이상적으로 아주 짧은 형태로 완성될 수 없었다. 그러나 슐라이어에게는 앞에서 언급한 이런 규칙들이 전혀 존재하지 않았기 때문에, 그가 자신의 단어에 에스페란토보다 훨씬 짧은 형태를 부여할 수 있었고, 실제로 그렇게 했다는 것을 전적으로 이해할 수 있다. 사람들이 어떤 규칙에 구속되지 않고 완전히 자의적으로 단어들을 고안하거나 자신이 원하는 데로 창안하기를 원하는 상황에서

'한 음절'의 단어를 만들 수 있는데 '다多음절'의 단어를 만든다면 아주 우스운 일이 되고 말 것이다! 긴 표현이 실제로 편리하지는 않다. 그러나 여러분은 에스페란토가 매우 중요한 다양한 규칙들을 준수하면서도 세상에 존재하는 다른 어떤 언어들보다 더 길지 않다는 사실을 아주 쉽게 발견할 수 있을 것이다. 볼라퓌크가 어떤 생각을 좀 더 짧게 표현할 수 있는 것은 사실이지만, 언어의 가장 짧은 형태에 도달하기 위해 국제어로서 실제로 중요한 다른 모든 조건을 포기해도 되는가에 대한 의문이 남는다. 어떤 사람들이 이 문제에 대해 긍정할지 나는 강한 의문을 품고 있다. 많은 볼라퓌크주의자들이 이 언어가 짧다는 특성에 대해 과도한 칭찬을 보내고 또 이 때문에 다른 모든 것을 용인하고 있는데, 만약 실제로 국제어가 '가장 짧은 문장 형태를 가져야 한다.'는 단 하나의 조건만 갖추면 된다면, 나는 이미 창안된 볼라퓌크보다 훨씬 더 쉽게 배울 수 있고 훨씬 더 짧은 다른 언어를 추천하고자 한다. 그 언어는 바로 침묵이다.

그런데 볼라퓌크의 가장 중요한 특성인 이 '짧음'을 슐라이어는 자신의 언어 체계에 철저하게 도입했는가? 만약 어떤 사람이 단어의 형태에 전혀 구속되지 않고 자신의 언어에서 오직 최대한의 '짧음'을 완성하려 한다면, 그는 아주 손쉽게 목표를 달성할 수 있을 것이다. 왜냐면 '다음절'의 단어를 가져와서 자의적으로 모든 음절을 각각 한 음절로 나누는 것, 즉 모든 글자를 가장 작은 음절로 만드는 것보다 쉬운 일은 없기 때문에, 사람들은 아주 확실하게 그런 희망을 품을 수 있다. 슐라이어는 아주 명확하게 볼라퓌크에 '짧음'의 조건을 체계적으로 도입하려고 했지만, 그는 이 조건을 체계적으로 안착시키지 못했다. 예를 들면, 왜 슐라이어는 교수라는 뜻의 'profesoro'라는 단어를 'plofed'라고 명명했을까? 'plofed'와 마찬가지로 이해할 수는 없지만 더 짧은 'plof'란 단어가 있는데? 어떻게 'bi-li-ad', 'bi-li-et' 등등의 단어들은 어근이 세 음절이나 될까? 만약 'elipso'를 'liped'라고 용감하게 바꿀 수 있고, 아주 먼 곳에 있는 모든 작은 섬의 이름이 볼라퓌크의 저자 앞에 모습을 드러내고 그의 권위적인 세례를 받아 작명되었다면, 저자는 이와 같은 권한으로 세 음절의 'biliad' 대신, 예를 들면 'bom' 또는 'bam, bum, plom, plam, plum' 등과 같은 단음절의 단어들을 도입할 수 있었을 것이다. 볼라퓌크에서는 모든 것이 동등해야 한다! 볼라퓌크의 기본적인 단어들에서 오직 단음절의 단어들만으로 방대한 단어집을 만들 수 있고 또 그 의미가 창안자에게 아무런 의의意義도 없다면, 왜 그렇게 많은 두 음절 또는 세 음절의 단어들이 필요할까? (바우어Bauer교수는 자신의 스펠린Spelin 9에서, 다양한 알파벳의 병렬을 통해 사람들이 만들 수 있는 한 음절 단어의 수는 두 음절과 세 음절 단어들의 대부분이 절대 필요하지 않을 만큼 많음을 수학적으로 제시했다.) 만약 단어들의 원래 의미와 인식 가능성이 어떤 의미도 갖지 않고 오직 단어의 '짧음'만이 중요하다면, 다음과 같은 방식으로 언어를 창안하는 것이 저자를 위해서도 훨씬 더 쉽고, 더 자연스럽고, 신중하고, 좋은 결과를 가져올 수 있을 것이다. 즉 함께 병렬할 수 있는 알파벳의 모든 글자를 알파벳 순서에 따라 가능한 모든 단음절 조합의 단어로 조합한 후, 이들에게 어떤 의미를 부여하는 것이다. 이렇게 하면 우리는 가장 짧은 단어들로 구성된 풍부한 사전을 갖게 될 것이다. 만약 '짧음'이 언어의 가장 중요한 측면이라면, 볼라퓌크의 사전은 완전히 잘못된 방식으로 만들어졌다고 말할 수 있으며, 슐라이어가 위에서 언급한 방식으로 볼라퓌크 대신에 그보다 덜 조악하면서도 더

---

9. [옮긴이] 스펠린(Spelin)은 볼라퓌크의 열성적 주장자였던 바우어가 창안한 국제어의 명칭이다.

짧은 'Bum-bam'이라는 어떤 언어를 창안하지 않은 것을 아쉬워해야 할 것이다.

이제 다시 에스페란토로 화제를 옮겨 보자. 에스페란토는 현재 훨씬 더 중요한 언어의 다른 측면들과 충돌하지 않기 위해 언어의 '짧음'에 대해 많은 주의를 기울이지는 못했지만, 다른 현존하는 언어들보다 더 길지 않음을 이미 입증했다. 현재 단어의 풍부함은 에스페란토를 영원히 안정적으로 유지되도록 할 것이며, 누구도 이에 대한 불만을 호소할 필요를 느끼지 못할 것이다. 그런데도 만약 에스페란토 표현이 이상적인 형태보다 더 길다고 생각되면, 다른 모든 언어처럼 에스페란토 역시 시대의 변화에 따라 변할 것이라는 점을 기억하기 바란다. 시간이 좀 더 지나서 에스페란토가 모든 곳에 도입되어 쉽게 배울 수 있고 단어를 인식할 수 있다는 장점이 그다지 중요하지 않게 되는 시기가 오면, 사람들은 즉시 몇몇 긴 단어들에 대한 '간략화'簡略化를 시도할 것이다. 표현 방식이 좀 더 길어야 할 것인가 또는 좀 더 짧아야 할 것인가의 문제는, 아주 오랜 시간이 흐른 후, 현재 제기된 모든 중요한 요구들이 이미 중요성을 완전히 상실하고 에스페란토가 전 세계에 도입된 후에나 생각해야 할 무의미한 질문들이다. 독자 여러분이 볼 수 있는 것처럼,

에스페란토 어휘의 풍부함은 에스페란토를 아주 편리하게 쓰도록 해 줄 것이기 때문에, 단어의 '짧음'에 대한 좀 더 광범위한 고려는 필요하지 않을 것이며 단지 사치스러운 요구가 될 뿐이다.[10] [11]

10. *La Esperantisto*, 1890, pp. 37~38.
11. [디테를레] 다음 원고는 도착하지 않았다. 독자들의 관심이 충분히 크지 않았거나, 좀 더 중요하게는 잡지의 공간이 좀 더 중요한 사건들 때문에 충분치 않아서일 것으로 추측된다. 그 외에도 볼라퓌크가 더 이상 에스페란토를 위협할 수 없었기 때문일 수도 있다.

6장
『제1서』서문[1]

독자 여러분은 지금, 실현될 수 없는 허황한 꿈이라고 생각했던 선입견과 불신의 눈초리로, 이 얇은 책자를 손에 들고 있을 것이다. 따라서 나는 독자 여러분께서 무엇보다 먼저 이런 선입견을 버리고 신중하고 비판적으로 이 제안에 대해 심사숙고해 주기를 부탁드린다.

현존하는 민족 중의 어떤 특정 민족에게 속하는 것이 아니라 전 세계 구성원들이 평등하게 공유하는 국제어를 도입하는 것이 인류를 위해 얼마나 중요한 의미가 있는지에 대해, 나는 여기서 광범위하게 언급하지 않겠다. 외국어를 배우기 위해 엄청나게 많은 시간과 노력이 필요하지만, 우리가 조국을 떠나 여행할 때 일반적으로 우리와 비슷하게 생긴 사람들과 서로 자유롭게 소통할 가능성은 거의 없다. 하나의 언어로 쓰인 문학 작품들이 다른 모든 언어로 번역되기 위해서는 엄청나게 많은 시간과 노력 그리고 물질

---

1. [디테를레] 『제1서』는 바르샤바의 켈테르(Kelter) 출판사에서 러시아어, 폴란드어, 프랑스어, 독일어 등 4개 언어로 출판되었으며, 자멘호프가 직접 1887년의 러시아어판을 기초로 에스페란토로 번역했다. 1903년 출판된 『기초 문선』에 「에스페란토어의 첫 번째 교재에서」(El la unua libro de la lingvo Esperanto)라는 제목으로 1, 2장의 내용을 수록했으며, 『기초 문선』이 새롭게 출판될 때마다 모두 수록되었다. 후일 자멘호프 스스로 이 책을 『국제어 : 서문과 교재』(Lingvo Internacia : Antaŭparolo kaj plena lernolibro)라는 제목으로 인용하였다.

적인 방법들이 소요되지만, 결국에는 이러한 번역물을 통해서 우리가 모두 접할 수 있는 작품들이란 모든 외국 작품 중에서 아주 무의미한 일부에 지나지 않는다는 사실을 알게 된다. 그러나 만약 국제어가 있다면 모든 작품이 모든 사람이 이해할 수 있는 이 중립적인 국제어로 번역될 것이고, 또 국제적인 특성을 갖춘 작품들은 직접 국제어로 쓰이게 될 것이다. 전 인류의 문학 작품들 사이에서 만리장성이 무너질 것이고, 다른 나라의 문학 작품들을 마치 우리나라의 문학 작품처럼 쉽게 접할 수 있게 될 것이다. 그리고 이렇게 모든 사람에 의해 읽힌 작품들은 인류 공동의 자산이 되고 동시에 교육, 이상, 신념, 목표 등이 더해지면서 모든 사람이 한 가족처럼 서로 가까워질 것이다. 다양한 언어들을 배우기 위해 우리의 시간을 쪼개야 한다면, 우리는 그중의 한 언어만을 습득하기에 적합한 시간도 안배할 수 없을 것이고, 이 때문에 한편으로는 아주 적은 수의 사람만이 자신의 모국어를 완벽하게 구사할 수 있게 되고, 다른 한편으로는 언어 자체도 완벽하게 다듬어지지 못해서, 우리가 모국어를 사용할 때도 언어의 불완전성으로 인해 종종 다른 언어의 표현이나 단어를 차용하게 되거나 자신의 의사를 정확하게 표현하지 못하며, 생각도 구체적이지 못하게 된다. 그러나 우리 모두가 만약 두 개의 언어만을 갖게 된다면 전혀 다른 상황이 발생할 것이다. 우리는 두 개의 언어를 더 잘 구사할 수 있을 것이며, 이 두 언어 역시 훨씬 더 정교해지고 완벽해져서 지금보다 더 위상이 높아질 것이다. 언어는 문명화의 가장 큰 동력이다. 언어로 인해 인류가 다른 동물보다 우위에 설 수 있었으며, 어떤 언어가 한층 더 발전할수록, 그 언어를 사용하는 민족도 더 빠르게 발전해 왔다. 언어의 차이는 이것이 무엇보다 먼저 사람들이 서로 만나는 과정에서 바로 그들의 눈앞에서 발생하기 때문에 민족들 간의 차이의 본질과 상호 적대감을 표출하게 된다. 사람들은 서로를 이해하지 못하며, 이 때문에 사람들은 서로에게 낯선 사람으로 존재하게 된다. 낯선 사람들과 만날 때, 우리는 그가 어떤 정치적 신념을 가졌는지 또 어디서 태어났으며 그의 조상들이 수천 년 전에 어디서 살았는지를 묻지 않지만, 그들이 말하기 시작하면 그가 쏟아내는 모든 소리는 그가 우리에게 낯선 사람이라는 것을 일깨워 준다. 서로 다른 민족들이 싸우고 있는 도시에서 한 번이라도 살아 본 사람은, 국제어가, 적어도 다양한 언어를 사용하는 주민들이 함께 사는 나라에서는 다른 언어를 사용하는 주민들에게 자신의 삶을 강요하지 않으면서도 그 지역과 사회의 언어로서, 인류에게 얼마나 커다란 유용함을 선사할 것인지 느낄 수 있을 것이다. 마지막으로 국제어가 과학이나 상업의 발전을 위해, 한마디로 모든 분야에서, 얼마나 중요한 의미를 가질 수 있는지에 대해서는 길게 말할 필요를 느끼지 않는다. 한 번이라도 이 문제에 대해 심각하게 고민해 본 사람이라면, 만약 우리가 이런 노력을 통해 인류에게 공통의 언어를 선물할 수 있다면, 우리의 어떤 희생도 절대 지나치지 않다는 점에 동의할 것이다. 따라서 이 문제의 해결을 위한 아주 적은 노력에 대해서도 우리는 주의를 기울여야 할 가치가 있다. 내가 지금 독자 여러분께 제시한 것은 내 삶의 가장 소중한 헌신의 결과이기 때문에, 독자 여러분도 이 제안의 중요성을 이해하고 기꺼이 인내심을 가지고 이 소책자를 끝까지 주의 깊게 읽어 주길 희망한다.

나는 여기서 국제어를 창안하기 위해 시도된 다양한 방법들에 대해 분석하지는 않을 것이다. 단지 나는 '매우 절박한 상황에서 짧은 소통을 위한 신호들의 체계에 대한 소개 또는 문법을 가장 자연스럽게 단순화하거나 기존 언어에 존재하는 단어들을 임의로 고안된 다른 단어들로 대체하는 것에 만족하기' 등의 실험으로 독자 여러분의 관심을 옮겨 볼까 한다. 첫 번째 범주의 시도들은 이런 시도들이 나오자마자 소멸해 버렸을 정도로 복잡하고 비실용적이었다. 두 번째 범주의 시도들은 이미 스스로 자신들의 언어를 제시했지만, 그 언어 자체에 어떠한 '국제적인 특성'도 내포하고 있지 않다. 창안자들이 어떤 이유로 자신이 창안한 언어에 세계어라는 명칭을 붙였는지는 모르겠지만, 아마도 이런 언어들을 통해 소통할 수 있는 사람이 아무도 없기 때문에 이렇게 이름 붙이지 않았을까 생각한다. 만약 어떤 언어의 국제적인 특성이 어떤 한 사람이 그렇게 호칭하는 것만으로 충분히 실현된다면, 현존하는 모든 언어가 모든 개별적인 사람들의 희망에 의해 세계어가 될 수 있을 것이다. 이런 시도들은 온 세상이 자신의 구상을 즐겁게 만장일치로 승인해 줄 것이라는 순진한 희망을 토대로 진행되었다. 하지만, 인류에게 절대적인 유용함을 제공하지 못하고, '단지 선구자적 자세로 자신의 시간을 헌신할 준비가 되어 있는 것만을 고려한 탁상공론적인 시도에 대한 인류의 자연스러운 무관심 때문에' 이런 사업에 대한 만장일치의 동의를 얻는 것이 절대적으로 불가능하고 이로 인해 이런 시도들이 철저하게 실패할 수밖에 없었다는 점을 충분히 이해할 수 있다. 그 이유는 인류의 대다수가 이런 시도들에 관해 관심을 두고 있지 않으며, 관심을 두고 있는 사람들마저도 '창안자 외에는 아무도 자신을 이해해주지 않을' 이런 언어를 배우는 데 시간을 허비할 가치가 없다고 생각하기 때문이다. 따라서 이들은 "전 세계가 먼저 이 언어를 수용하거나 수백만의 사람이 이 언어를 배우면, 그때 나도 배우겠다."라고 말할 것이다. 각각의 추종자들에게 유용함을 가져다줄 수 있는 모든 사업은, 설령 이미 수많은 다른 추종자들이 있더라도, 그 사업이 출발할 당시에는 반겨주는 사람이 아무도 없었다는 사실을 알 수 있다. 가장 최근의 시도 중의 하나인 볼라퓌크가 사람들이 말하는 것처럼 일정한 숫자의 추종자들을 확보한 이유는 세계어의 이상 자체가 열정적이고 헌신적인 경향을 지닌 선구자들에게 이 사업이 성공할 것이라는 희망을 줬고 또 자신의 시간을 투자할 수 있을 정도로 고상하고 매력적이었기 때문일 것이다. 그러나 열정적인 추종자들의 수가 일정한 숫자를 넘어선 후 발전이 멈출 것이고, 냉정한 세계는 이런 소수의 사람과 소통하기 위해 자신의 시간을 희생하기를 원하지 않을 것이며 이전의 비슷했던 시도들과 마찬가지로 볼라퓌크 역시 결코 어떤 유용함도 제공하지 못한 채 사라질 것이다.[2]

국제어 문제는 이미 오래전부터 나를 사로잡았다. 그러나 아무런 성과 없이 사라져간 모든 시도의 창안자들과 비교해 내 능력이 더 뛰어나지도 더 열정적이지도 않다고 느꼈기 때문에, 나는 오랫동안 '이 사업에 대해 상상하고 원치 않는 고민을 하는 것'으로 나 자신의 역할을 제한했다. 그러나 이러한 원하지 않았던 모색의 결과로 몇 가지 구상이 떠올랐고 나 자신이 좀 더 노력하도록 격려했으며, 이성적인 국제어의 창안과 도입을 위한 모든 장애물을 체계적으로 극복하고 발전시킬 수 있을 것인지 시도하도록 자극받았다. 내가 보기에 이 사업은 다소간 성과를 거뒀으며, 이제 내 오랜 노력의 성과를 독자 여러분께서 평가해 주길 부탁드린다.

반드시 해결해야 할 중요한 문제들은 다음과 같다.

1. 국제어는 사람들이 놀면서도 배울 수 있을 만큼 특별히 쉬워야 한다.

2. 국제어를 배운 모든 사람은, 세계가 이 언어를 수용하고 많은 추종자를 끌어모으든 그렇지 않든, 즉시 이 언

---

2. [디테를레] 자멘호프가 『기초 문선』에서 직접 언급한 내용으로, 이 글은 볼라퓌크가 전 세계에서 엄청난 지지를 받으면서 빠르게 성장하던 1887년 초에 쓰였는데, 저자의 예언이 틀리지 않았음을 시간이 증명했다.

어를 사용해 다른 민족의 사람들과 평등하게 교류해야 한다. 즉 이 언어는 출발할 때부터 자신의 태생적 구조로 인해 국제적인 소통을 위한 실질적인 수단으로 사용될 수 있어야 한다.

3. 인류의 무관심을 극복할 방법들을 찾아내고, 극단적으로 필요한 상황이나 손에 쥐고 있는 열쇠로서가 아니라, 이 제안된 언어를 가능한 한 빨리 대중적이고 생명력 있는 언어로 사용할 방법을 찾아야 한다.

다양한 시기에 종종 그 무엇으로도 입증하지 못한 세계어라는 이름으로 제안된 모든 시도 중에서, 그 어떤 것도 위에서 언급한 문제 중의 하나, 심지어는 아주 부분적인 문제점도 제대로 해결하지 못했다. 물론 위에서 제시된 세 가지 중요한 문제를 제외하고도, 다른 많은 문제를 여전히 해결해야 한다. 그러나 이런 문제들은 본질적인 것이 아니어서 여기서는 언급하지 않겠다. 위에서 언급한 문제들을 내가 어떻게 해결했는지 설명하기에 앞서 나는 독자 여러분께 '이런 문제들이 내포하고 있는 의미에 대해 잠깐 고민해 보고, 내 해결 방안들이 단지 너무 단순하고 쉽다는 이유만으로 문제 해결의 유일한 방안으로 너무 쉽게 받아들이지'는 말라고 부탁드린다. 내가 이렇게 부탁하는 이유는, 문제가 복잡하고, 광범위하고, 쉽게 소화하기 어려울수록, 더 많은 사람이 더 큰 존경심을 가지고 사건을 바라보는 경향이 있다는 것을 알기 때문이다. 이런 사람들은, 매우 단순하고 모든 사람이 가장 이해하기 쉬운 규칙들로 채워진 이 작은 교본을 보면서 우리의 사업을 경멸하고 무시하겠지만, 원래의 복잡한 형태들에서 이렇게 쉽고 단순하게 언어를 완성한 점이 국제어 사업에서 가장 어려운 문제를 아주 쉽고 명쾌하게 해결했다는 사실을 잘 보여주고 있다.[3]

---

3. [디테를레] 자멘호프는 접두어, 접미어 등의 내용을 설명하는 예문을 제시하고, 이 책 185쪽에서 언급한 1, 2의 해결방안도 제시했다. [『기초문선』 전자판 170~175쪽 참고. https://pdfbooks.co.za/library/L._ZAMENHOF-FUNDAMENTA_KRESTOMATIO.pdf – 옮긴이].

7장
『제2서』에 대한 보충[1]

내 첫 책에서 나는 국제어의 모든 친구에게 내가 제안한 언어에 대한 평가와 그 속에서 발견된 잘못들 그리고 여러분이 할 수 있는 모든 개선 방안을 제안해 가장 좋은 형태의 책이 출판될 수 있도록 도와 달라고 요청했다. 그 이유는, 그때까지 내가 받은 모든 평가와 제안들에 대해 고민하고 시험해 본 후 국제어의 최종 형태를 1888년 말 이후 책으로 출판하려고 계획하고 있기 때문이다. 『제2서』에서 나는 모든 개인적 실수가 제거된 국제어를 만들기 위해서는 어떤 지식인 단체가 언어에 대한 결정권을 가지고 적합한 사람들의 조언을 들은 후, 나를 비롯한 국제어의 모든 친구를 동등하게 강제할 수 있는 최종안을 제안하는 것이 바람직하다고 생각했다.

이제 나는 가장 기쁜 마음으로 국제어의 모든 친구에게 내 염원이 헛되지 않았다는 사실을 알리고자 한다. 1887년 말, 미국 필라델피아에 있는 〈미국철학협회〉는 내 작은 소책자를 받기 전 '국제어가 과연 필요한 것인지, 또

---

1. [디테를레] 1889년 바르샤바의 켈테르 출판사에서 출판되었고, 1925년 프랑스 파리의 본부에서 영인본으로 재판 발행되었다. 『제2서』 전체에 대한 추가 설명이 아니라 『제2서』의 서문에 대한 보충 설명으로 에스페란토의 핵심 목표들에 관해 설명하고 있다. 켈테르(Kelter, pp. 1~22).

그것을 만들 수 있을지, 그렇다면 국제어는 과연 어떤 형태여야 하는지' 등의 문제에 대해 연구하고 결정할 위원회를 선출했다. 그리고 그 위원회의 작업 결과로 다음과 같이 결정했다.

국제어는 인위적으로 창안創案할 수 있고 또 필요하지만 가장 쉬운 철자법과 음성학을 기초로 쉽고 자연스러운 문법을 갖춰야 한다. 동시에 단어들은 귀에 거슬리지 않아야 하고, 사전은 문화적 소양을 갖춘 대중이 어느 정도 인식할 수 있는 단어들로 구성되어야 한다. 그리고 이 언어의 최종 형태는 어떤 한 사람의 작업이 아닌 전체 지식인의 작업의 산물이어야 한다.

위에서 언급한 내용에 근거해, 〈미국철학협회〉는 모든 단체에 세계어의 최종 형태를 결정하기 위한 〈국제지식인대회〉를 개최하자는 제안을 보내기로 했다.

독자 여러분은, 〈미국철학협회〉가 내 작업에 대해 알지 못한 채 세계어에 대해 내가 도달한 것과 같은 내용을 결정했으며, 동시에 이 협회가 이론적으로 언어에 대해 연구한 원칙들이 내가 구체적으로 현실화한 내용과 대략 비슷하다는 사실을 확인할 수 있다. 따라서 '위원회' 사업의 마지막 단계에서 내 소책자를 확인한 후, 내 언어가 자신이 이론적으로 다듬었던 이상과 매우 유사하다는 사실을 발견한 것은 매우 자연스러운 것이다. 세계어 문제에 관해 결정할 3인 위원회의 한 명인 헨리 필립Henry Phillips의 발언은 다음과 같다.

대중에게 제시된 가장 쉽고 이성적이면서 가장 새로운 제안은 바르샤바의 S박사가 창안한 '국제어'이다. 국제어의 토대가 되는 원칙들은 전체적으로 올바르고, 국제어의 사전은 저자의 사적인 희망이나 판단에 의해 창안된 것이 아니라 프랑스어, 독일어와 영어 및 일부 라틴어에서 차용했기 때문에 앞에 언급한 언어들에 존재하는 것과 비슷한 단어들을 포함하고 있으며, 좀 더 편한 발음을 위해 약간의 수정이 가해졌다. 이러한 이유와 간편한 문법 때문에, 국제어는 볼라퓌크에 내재한 어떠한 요지경 같은 파열이나 와해가 없이 놀라우리만큼 쉽게 배울 수 있다. 이 언어의 문법은 우리 고유의 민족어처럼 쉽고, 기본 단어들로 구성된 사전을 매우 작게 만들 수 있을 만큼 단어를 만들기 위한 규칙들 역시 아주 쉽고 명확하다.

국제어의 전체 형성 과정과 문법에 대해 짧게 설명하는 동시에 자신의 견해에 따르면 수정되어야 할 몇 가지 사항들을 제시한 후, 필립은 다음과 같은 말로 자신의 발언을 마무리했다. "에스페란토 박사라는 필명을 사용한 S박사는 자신의 주장을 아주 품위 있게 제시했는데, 국제어의 최종 형태를 제시하기 전 1년여의 기간 동안 대중이 이 언어를 비판적으로 검토해 줄 것을 제안했다. 이런 최종적인 수정과 검토를 거친 후 국제어가 대중적으로 사용되었으면 좋겠다는 견해를 밝혔다. 그는 독자들에게 1,000만 명의 사람들이 국제어를 배우겠다고 약속할 때까지 이 언어를 계속 배우겠다는 약속을 해달라고 요청했다. 나는 국제어에 대한 이런 최종 점검이 내가 제기한 국제어의 단점들을 개선해 전 세계가 에스페란토 박사의 요청에 자신 있게 화답할 수 있기를 희망한다."

필립이 제안한 4가지 개선안은 이론적으로 매우 훌륭하지만, 내가 이미 몇 년 전에 고민했던 문제들이며, 나는 그 제안들이 실제로 활용하기에는 매우 불편하다는 사실을 발견했다. 그러한 문제들에 대한 좀 더 광범위한 견해들과 제안된 모든 수정안에 대해서는 만약 〈세계지식인대회〉가 개최된다면 그 대회에서 소개할 것이다. 〈세계지식인

대회〉가 충분한 검토 후 필요성을 인정한 모든 제안에 대해서 나는 전적으로 동의할 것임을 이미 밝힌 바 있다.

국제어의 친구들에게 계획된 국제대회에 대해 알리면서, 나는 이제부터 국제어의 모든 운명이 이 대회의 성패에 달렸으며, 이 대회에서 결정된 국제어의 최종 형태가 국제어의 모든 친구가 인정할 수 없을 정도로 이 언어를 수정하더라도 우리가 전적으로 받아들여야 한다는 점을 주지시키고자 한다. 이제 내 역할은 끝났으며, 개인으로서의 나는 완전히 무대에서 사라질 것이다.

그러나 국제어의 운명을 미래에 개최될 대회에 미리 연계시킨 것은 매우 신중하지 못한 결정이며, 국제어의 친구들이 대회의 개최를 기다리면서 자신의 활동을 축소하거나 아예 중단한다면, 우리의 성스러운 사명이 사라지는 위기에 처할 수도 있다. 그 이유는 이 대회가 실제로 성사되지 않을 수도 있으며, 또 설사 성사되더라도 어떠한 실질적인 결과를 도출하지 못할 수도 있기 때문이다. 따라서 우리는 대회의 성사 여부와 관계없이 이미 우리가 한 번 선택한 결정대로 열심히 일해야 하는데, 그 이유는 이 결정이 가장 확실하고 또 어떤 경우에도 우리가 목표에 도달하도록 인도할 것이기 때문이다. 대회가 개최되기를 희망하면서, 나는 개인적으로 국제어에 대해 어떤 수정도 하지 않았다. 사람들이 내게 제안했던 모든 수정안과 그에 대한 나의 판단을 대중들에게 소개하지 않는 대신에 이후에 개최될 대회에 제출하려고 한다. 이 때문에『제2서』의 출판을 위해 남은 노트를 작성할 필요가 없게 되었으며, 현존하는『제1서』가 마지막 교재이고 나는 이제부터 이 작업을 영원히 중단할 것이다. 이제부터 내가 하는 일이나 글쓰기는 다른 모든 사람과 비교해 더 적합하지도, 도덕적이지도 그리고 물질적인 특권도 갖지 않은 단지 국제어의 개인적 친구의 한 명으로서 하는 것이다.

그러나 국제어가 이제부터 창안자 개인으로부터 완전히 자유로워지고 동시에 아주 훌륭하고 규칙적으로 풍부해지면서 광범위하게 발전할 수 있게 하기 위해, 내가 아직도 할 일이 있는지 없는지에 대해서 마지막으로 국제어와 그 미래에 관한 몇몇 질문들과 그에 대한 해법을 여기에 제시한다.

1. 국제어는 내가 제안했던 형태 그대로 변화 없이 존재할 것이고, 이제부터는 나 자신도 임의로 이 언어를 수정할 수 있는 특권을 갖고 있지 않으며, 이 특권은 〈미국철학협회〉가 주도해 개최될 예정인 〈세계지식인대회〉가 갖게

될 것이다. 만약 이 대회가 실현되지 못할 경우에는 후일 (지금부터 5년 이후) 국제어의 친구들 스스로가 개최하게 될 국제대회가 언어의 수정과 보완에 관한 특권을 갖게 될 것이다.

2. 나 스스로 수정이 필요하다고 느낀 유일한 부분은 다음과 같다. 'ian', 'ĉian', 'kian', 'nenian', 'tian'을 'iam', 'ĉiam', 'kiam', 'neniam', 'tiam'으로 대체해야 한다.

3. 알파벳 위에 있는 '^'과 '~' 같은 부호를 인쇄할 수 없는 경우, '^'는 알파벳 h로 대체할 수 있고, '~'는 전혀 사용하지 않아도 좋다. 그러나 이렇게 표기한 경우에는 글의 앞부분에, 'ch=ĉ, gh=ĝ, hh=ĥ, jh=ĵ, sh=ŝ'로 표기했다고 명시해야 한다. 단어의 중간 연결을 나타내는 '‚'를 사용해야 할 때는 독자들이 콤마(,)로 오인해 잘못 사용하지 않도록 주의해야 한다. '‚' 부호 대신 '′' 또는 '-'을 사용할 수 있다. 예 : sign‚et‚o — sign′et′o — sign-et-o.

4. 『제1서』에 추가된 사전은 완전한 것이 아니기 때문에, 독자들은 이 사전에서 많은 단어를 발견하지 못하더라도 놀랄 필요가 없다. 나는 저자로서 완전한 사전을 출판하거나 또 내 개인적 취향에 따라 처음부터 끝까지 언어를 창안하려는 의도를 갖고 있지 않은데 그 이유는 다음과 같

다. 한 개인이 완벽한 사전을 만든다는 것은 불가능한데 그 이유는 우선, 인류의 언어에서 필요한 단어들의 숫자는 끝이 없으며, 그들이 필요로 하는 단어를 내가 만들어 낼 때까지 모든 사람이 기다려야 하고, 그렇게 되면 국제어는 결코 완성되지 못한 채 한 개인에게 종속될 수밖에 없기 때문이다. 또 다른 이유는 전 세계인이 사용하는 공용어를 창안하는 것과 같은 중요한 노력에서 한 개인의 판단이나 결정은 가능한 작은 역할만을 해야 하는데, 그 이유는 사람들이 모든 과정에서 실수를 범하기 때문이다. 따라서 이런 과정에서 한 개인의 역할은 창조자가 아닌 창안자의 역할에 그쳐야 한다. 세계어는 문명사회 전체의 공동 노력으로 한 걸음 한 걸음씩 준비되어야 한다. 세계 각지에서 몇몇 사람들에 의해 어떤 잘못된 방식이 도입되더라도, 모든 사람이 함께 일할 수 있는 공통된 토대를 건설해야 한다. 국제어의 전체 문법과 충분히 많은 단어가 담겨 있는 내 첫 소책자 『제1서』가 국제어를 위한 공통의 기초가 되어야 한다. 이것이 국제어 문제에 있어서 처음이자 마지막으로 하는 나의 사적인 발언이다. 그 외의 다른 사항들은 현존하는 다른 모든 언어와 마찬가지로 인간 사회 및 그들의 삶에 근거해 만들어져야 한다. 앞에서 언급한 『기초 문선』을 배운 모든 사람은 "내가 국제어를 완전하게 알고 있고, 또 국제어의 저자나 다른 어떤 사람들보다 더 잘 알고 있다."고 자신 있게 말할 수 있어야 한다. 왜냐하면, 앞에서 언급한 소책자에 담겨 있지 않은 내용을 추가하거나 수정할 수 있는 유일한 적임자는 이제부터 이 책의 저자나 다른 어떤 사람이 아니라, 오직 최대한 많은 수의 작가들 또는 사용자들에 의해 창안된 규칙과 논리들뿐이기 때문이다.

만약 어떤 단어를 내가 출판한 사전에서 찾을 수 없고 또 그 단어를 국제어 조어법造語法의 규칙들에 근거해 만들 수 없거나 다른 표현으로 대체할 수 없다면, 모든 사람은 자신의 기호에 따라 그 단어를 만들 수 있다. 마찬가지로 어떤 문장의 형태에 대한 의문, 심지어는 『제1서』에 명확하게 결정되지 않은 문법적인 문제에 대한 의문이 제기된다면, 모든 사람은 자신의 판단에 따라 결정할 수 있다. 그리고 만약 이러한 문제들에 대한 여러분의 결정이 잘된 것인지 알고 싶다면, 나에게 묻지 말고 이러한 문제들에 대해 대다수 작가가 어떤 결정을 내렸는지 확인하면 된다. 이미 만들어진 문법 규칙이나 사전에 직접 반대되지 않거나 대다수 사용자에 의해 도입된 규칙들이나 논리에 어긋나지 않는 모든 단어와 형태들은 내가 개인적으로 좋아하든 싫어하든 아무런 문제도 없으며 동등하게 인정받을 것이다. 내가 개인적으로 출판하는 모든 저서가 다른 모든 사람의 저서들보다 더 권위 있는 것으로 평가되어서는 안 될 것이다. 후일 국제어가 충분하게 강력해지고 수많은 문학 작품들을 갖게 되면, 내가 저술한 『제1서』는 모든 의미를 내려놓고 오로지 대다수 사용자에 의해 다듬어진 규칙들만이 권위를 인정받아야 한다. 한마디로 말하자면, 국제어는 모든 현존하는 언어와 같은 방식으로 형성, 성장, 발전해야 하며, 내가 제시한 형태와 문법 및 사전은 단지 미래의 실질적인 국제어로 완성되는 토대 역할만 수행해야 한다.

내가 지금 모든 개인적인 특권을 포기하고 그것을 대중에게 넘겨주는 이유는, 위선적인 겸손 때문이 아니라 그렇게 하지 않으면 국제어 사업이 규칙적이고 빠른 속도로 확장하지 못하고, 한 사람에 의지해 항상 그가 저지른 잘못을 안고 갈 수밖에 없을 것이라는 깊은 확신이 있기 때문이다. 좀 더 좋은 것이 나쁜 것을 점점 밀어내는 활력 넘치는 경쟁적인 작업만이 실질적으로 유용하고 생존 가능한 국제어를 만들 수 있다.

이런 광범위한 자율성 때문에, 많은 사람이 십중팔구 국제어가 많은 다른 언어로 산산이 와해할 것이라고 두려

위한다. 그러나 언어의 역사를 조금이라도 이해하는 사람이라면 이런 두려움이 전혀 근거 없는 것이라는 점을 이해할 수 있다. 우리는 모두 하나의 토대(기초 문선) 위에서 작업을 진행하고 있으며, 완전한 문법과 대화 중에 가장 빈번하게 사용되는 단어들 대다수를 포함하고 있는 이 토대는, 모든 자연어가 생성기부터 갖추고 있는 언어적 자료, 즉 규칙적인 문자文字 문학, 완성된 문법, 대량의 단어들처럼 국제어에서도 같은 의미를 지닌다. 그러나 여전히 많은 단어가 부족하다. 이런 단어들은 발전 과정의 필요에 의해 하나하나씩 차례로 만들어졌으며, 또 어떤 안내자나 입법자(국회의원)도 없이 각기 다른 사람들에 의해 분산된 상황에서 창안되었음에도 이 언어는 분열이 아니라 오히려 항상 좀 더 통일된 형태를 갖춰 갔으며, 강력해져 가는 공통의 문학어 앞에서 방언과 촌스러움이 점점 감소했다. 『제1서』가 충분히 강력한 기초를 제공하고 있고 또 사람들이 새로운 단어를 만들지 않고도 완전히 자유롭게 자기 생각을 표현할 수 있을 만큼의 방대한 단어를 사전이 담고 있다는 사실은 여러분이 『제2서』(여러분은 이 소책자에서 『제1서』에서 보지 못했던 정말 많은 단어를 접하게 되겠지만, 이 단어들은 새롭게 만들어진 단어들이 아니며, 단지 문법 'C.7'항의 내용 덕분에 사전에 인쇄할 필요가 없었다.)에서 단 하나의 새로운 단어도 발견하지 않는다는 점이 설명해 주고 있다. 모든 언어는 사람들의 생각을 표현하기 위해 존재하는 것이지 단지 아무런 생각 없이 다른 언어로 번역하기 위한 것이 아니다. 따라서 우리는 이미 존재하는 단어들로 자기 생각을 표현하기 위해 노력해야 하며, 새로운 단어는 실질적으로 필요한 경우에만 만들어야 한다. 새로 만들어진 단어들은 이미 존재하는 단어들 사이에 아주 가끔 사용될 것이고 쉽게 자리 잡을 수 있으며 통일성을 상실하지 않으면서도 언어를 풍부하게 할 것이다.

이렇게 국제어가 통일된 하나의 문법과 대다수 단어의 통일성 덕분에, 초기부터 그것을 사용하는 모든 사람 내부에서 단일한 형태를 갖추게 될 것이며, 초기에는 기초 사전에 존재하지 않은 단어들만이 서로 다른 저자들에 의해 각기 다른 형태로 만들어질 것이다. 그러나 이런 단어들은 이미 존재하는 많은 단어 사이에서 단지 간헐적으로 접하게 되고, 또 기존 단어와 다른 형식으로 발음되는 단어들의 숫자 역시, 저자들이 새로운 단어를 선택(가장 중요한 유럽 언어들에서)하는 공통의 이유로 인해 점점 축소될 것이기 때문에, 이런 새로운 단어들은 국제어의 방언으로써의 특성 외에 다른 어떤 것도 보여 줄 수 없을 것이다. 새로 만들어진 단어들의 이런 지역성은 다른 모든 언어에도 광범위하게 존재하며, 저술 문학의 확대와 함께 사라지기 시작했다. 이런 과정은 국제어에서도 진행되겠지만, 국제어에서는 이런 통일화 과정이 다른 조건들보다 사용자들의 의지에 더 많이 좌우되기 때문에 그 속도가 다른 언어들보다 빠를 것이다. 불행한 운명의 단어들은 곧 소멸할 것이고 운 좋은 단어들은 살아남아 이 언어에 융화될 것이다. 운 좋게 동등하게 탄생했지만 다르게 발음되는 단어들은 얼마 동안 동의어처럼 사용되지만, 얼마 후 다른 형태의 단어들과 비교해 다수의 작가에 의해 많이 사용되는 하나의 형태만 사용되고, 시간이 좀 더 흐른 후에는 사용되지 않으면서 곧 사라질 다른 모든 형태의 단어들을 첫 번째 형태의 단어가 밀어낼 것이다. 국제어 문학이 좀 더 빠르게 퍼지고 풍부해질수록 우리는 좀 더 통일된 완벽한 사전을 갖게 될 것이다.

국제어를 기반으로 일하고 또 이 언어로 글을 쓰려는 사람들은, 이제 내가 새로운 단어를 만들 때까지 기다리지 않고도 자신이 원하는 대로 만들어 사용할 수 있고 또 자신이 원하는 모든 것을 표현할 수 있기 때문에, 이제는 완벽한 사전이 자기 손안에 있다고 자신 있게 말할 수 있어야 한다. 내가 아무리 열심히 일한다 하더라도 사람들이 원하는 새로운 단어의 수요는 끝이 없을 것이다. 만약 나 혼자 완전한 사전을 출판하려고 한다면 많은 단어가 여전히 창안되지 못하고 있는 상황에서, 새로운 단어가 필요한 사람들이 스스로 그것을 만들 권한이 없기 때문에, 위와 같은 상황은 발생하지 못할 것이다.

이제는 아주 중요한 것처럼 보이는 질문이 하나 남아 있다. 내가 국제어로 어떤 사람에게 편지를 쓰면서 몇몇 단어들을 스스로 만들었는데 편지를 받은 사람이 내가 만든 단어들을 아주 명확하고 분명하게 이해할 수 있다고 확신하고 싶다면 어떻게 해야 할까? 해답은 아주 간단하다. 다른 모든 언어에서 하는 것과 똑같이 하는 것이다. 즉 우리가 필요로 하는 어떤 단어가 전혀 존재하지 않거나 모든 사람에 의해 아직 평등하게 사용되지 않고 있거나 알려지지 않았다면, 새로 만든 단어 옆에 ( )를 표시한 후 이 단어를 이미 존재한 언어에서 사용하는 뜻으로 번역해 주는 것이다. 만약 수신자가 쉽게 이해할 수 있거나 아니면 그가 이 언어의 사전을 갖고 있거나 혹은 쉽게 구할 수 있다면, 당신이 이 목적을 위해 어떤 언어를 사용할 것인가는 아주 공평하게 해결될 것이다. 그리고 만약 그런 역할을 할 하나의 언어를 선택해야 할 상황이 온다면, 나는 국제어의 모든 친구가 프랑스어를 선택할 것을 제안하는데 그 이유는 바로 지금 이 시기에 프랑스어가 여러 영역에서 여전히 국제어의 임무를 수행하고 있기 때문이다. 그러나 이 단어가 어떤 변화도 없이 사전에 있는 형태 그대로 쓰여야 하므로, 편지를 쓰는 사람과 받는 사람이 반드시 프랑스어를 알아야 할 필요는 없으며, 단지 편지를 쓰는 사람과 받는 사람이 프랑스어 사전을 갖고 있으면 된다(만약 이들이 다른 언어를 사용하기를 원하지 않는다면).

모든 사람이 인정하는 완벽하고 권위 있는 사전을 내가 개인적으로 출판하기를 원하지 않는다는 사실에 대해 십중팔구 많은 사람이 불만을 가질 것이다. 많은 사람이 내가 그 사전에 규칙을 제공하고 또 알찬 내용으로 이미 충분히 준비된 사전을 제공해 주기를 기대하면서, 내가 제안한 방식이 너무 더디다고 말할 것이다. 그러나 내가 스스로 좀 더 완벽한 사전을 출판하지 않고 그 사업을 공중公衆에게 맡기는 것은 내가 게을러서가 아니다. 이미 충분히 완벽한 사전이 준비되어 있고 또 그것을 즉시 출판할 수 있으며, 설령 그것이 준비되어 있지 않다고 하더라도 매일 일정 수의 단어를 만들어 내고 또 항상 좀 더 개선된 사전을 출판하는 것이 내게 그다지 어려운 일이 아니라는 것을 독자 여러분은 이해할 것이다. 개인적으로 보자면 국제어의 운명을 내 손에 쥐고 있는 편이 훨씬 더 편리하기도 할 것이다. 내가 국제어의 기초를 만든 후 국제어에 대한 모든 권리를 내려놓는 것은, 단지 이렇게 하는 것이 국제어 사업에 더 도움이 된다고 깊게 믿고 있기 때문이라는 점을 독자 여러분이 이해해 주기 바라고, 나의 이런 결정이 잘못된 것이 아니었음을 시간이 증명해 주길 희망한다. 그러나 만약 미래에, 내 결정이 잘못되었고 따라서 사전이 한 사람에 의해 만들어져야 한다는 사실이 입증되면, 독자 여러분은 후일에라도 내가 그 작업을 할 준비가 되어 있다는 사실을 기억하기 바란다. 그러나 나는 사전 편찬 작업이 실제로 필요하다는 사실이 입증될 때에만 이 작업에 착수할 것이다. 나는 국제어를 위한 일과 저술 및 단어 만드는 작업을 계속하겠지만, 지금부터는 이 모든 일을 국제어의 개인적인 친구 자격으로 수행할 것이며, 다른 모든 사람 역시 동등한 자격으로 이런 작업을 진행할 수 있다.

5. 내가 언제쯤 민족어-에스페란토 사전(예를 들면, 프랑스어-에스페란토 사전이나 독일어-에스페란토 사전) 또

는 내 소책자를 다른 언어로 출판할 것인가? 그리고 내가 체계적이고 전반적인 교재나 책, 잡지 등을 출판할 것인가에 대한 질문들이 있는데, 이에 대해 답변할 필요성을 느끼지 못한다. 그 이유는, 이제 나보다 국제어에 대해 더 잘 알고 또 나처럼 국제어의 정신적, 물질적 주인인, 모든 사람이내가 그런 작업을 진행하기를 기다리지 않고 필요한 모든활동을 스스로 할 수 있기 때문이다. 나는 내가 할 수 있는것들을 하고, 국제어의 다른 모든 친구는 그들이 할 수 있는 것을 하면 된다. 나 스스로 국제어 사업에 필요한 모든일을 할 수는 없다.

6. 국제어의 친구들이 서로 다른 사람들에 대해 알고교류할 수 있도록 '서약한 사람들'의 주소록 출판 작업을시작하라고 많은 사람이 요청하고 있지만 나는 이 주소록의 출판 작업을, 사람들이 이 약속의 중요성을 실질적으로이해하고 아주 신중하게 이 사업이 진행되고 있을 때 시작하려고 한다. 그러나 현재는 아쉽게도 많은 사람이 활발하게 사업에 참여하고 또 서신 교류를 진행하면서도 아직 자신의 '서약서'를 보내지 않고 있다.

7. 무엇을 통해 국제어에 유용한 일을 할 수 있을 것인지, 어떻게 일해야 하는지 그리고 어떻게 하면 가장 확실하

게 에스페란토운동을 발전시킬 수 있을 것인지에 대해 많은 사람이 내게 묻는데, 내 대답은 "현재 국제어의 운명은 우리 모두의 손에 아주 평등하게 쥐어져 있기 때문에, 모든 사람은 자신이 찾은 가장 좋은 방법으로 노력하자!"이다. 우리가 모두 하나의 아주 명확한 목표, 즉 "국제어 친구들의 수와 이 언어를 사용하고 이 언어를 위해 일하는 사람들의 수를 계속해서 확대하고 이 언어 자체가 계속 풍부해질 수 있도록 노력한다!"는 목표를 갖고 있다. 이 운동을 위해 안내자가 필요한 것은 아니다. 모든 개인, 소모임, 단체들이 자신의 환경과 역량에 따라 일하면 된다. 우리의 운동이 분산되어 있음에도 (만약 모든 곳에서 아주 활기차게 진행된다면) 최소한의 시간이 지난 후 우리는 공통의 목표에 도달해 있고 국제어도 강력해져서 전 세계에서 사용되는 상황을 목격하게 될 것이다. 여기서 나는 단지 이 좋은 기회를 활용해 우리가 당연히 해야 할 것에 대한 내 개인적인 생각을 간단하게 언급하고자 한다.

1) 무엇보다 우리는 이 운동을 위해, (이것이 가장 중요한데) 다른 사람들이 어떤 말을 하고 행동하는지에 구애받지 말고 열심히 열정을 갖고 우리의 운동에 온 힘을 쏟아부어야 한다. 많은 사람이 운동의 유용함을 잘 인식하고

몇 개월 후에는 전 세계가 국제어 사용자로 가득할 것이라고 강하게 믿으면서 초기에는 아주 열정적으로 참여하다가, 몇 개월 후에도 세계가 여전히 조용하고, 심지어 인류의 대다수가 아직도 이 운동에 대해 모르고 있으며, 언론 매체들 역시 이 운동에 대해 떠들썩하게 보도하지 않는 것을 발견하고 운동에 대한 열정을 완전히 상실해 버리는 사람들이 많다. 이러한 단기적인 운동에 대한 자세로는 아무것도 이룰 수 없으며, 오히려 모든 것을 잃고 말 것이다. 에스페란토운동의 실질적인 친구들은, 이 운동이 많은 것을 이뤘다거나 이미 충분히 보급되고 있다고 떠벌리는 것에 흥분하지 않고, 이 운동이 유용하고 장래가 밝다고 굳게 믿으면서 운동의 발전에 대해 과장하지 않고 열심히 지속적으로 자신이 사는 도시와 나라에서 자신의 역량을 다해 일하고 있다. 그리고 나는 이런 친구들 덕분에 우리의 운동이 머지않아 조용하게 전 세계로 퍼지기를 희망한다.

2) 우리는 모두 가능한 한 많이 적극적으로 '서약서'를 받아야 한다. 나는 환상처럼 보이지만 실제로 매우 중요한 이 문제로 다시 한번 국제어 친구들의 시선을 돌리고자 한다. 개별적으로는 모든 서약서가 아주 작은 의미밖에 없기 때문에, 많은 사람이, 아주 많은 수가 아니면 서약서를 보

내지 않겠다고 말하면서, 서약서를 모으지 않는데, 이런 생각은 완전히 잘못된 것이다. 하나하나를 존중하지 않으면, 우리는 결코 많은 수의 서약서를 모을 수 없다. 모든 서약서가 개별적으로는 최소한의 의미만 갖지만 하나하나씩 그 수가 증가하면 그때는 거대한 힘을 형성하고 국제어의 중요한 문제를 단번에 결정할 수 있을 것이다. 내 말에 충분히 신뢰가 가지 않고 의심이 들더라도 어떤 경우에도 서약서가 우리에게 피해를 주지 않는다는 점을 잊어서는 안 된다. 만약 서약서의 숫자가 결코 우리가 원하는 만큼 모이지 않더라도 즐거운 결과는 엄청난 효과를 가져다줄 것이다.

3) 국제어의 문학이 풍부해진다면 이 운동에 엄청난 도움이 될 것이다. 지속적인 삶의 신호와 사실보다 대중을 감명시키는 것은 없다. 우리는 끊임없이 국제어에 대한 새로운 저술들을 출판해야 하는데, 가장 중요한 사실은 이런 작업이 국제어로 진행되어야 한다는 것이다. 이 분야는 엄청나게 넓고, 우리는 출판할 수 있으며 가능한 한 많이 출판해야 한다. 무엇보다 우리는 전 세계의 모든 언어로 국제어 사전과 문법책을 출판해야 한다. 문법책과 사전을 출판한 후, 여러분은 그 민족의 구성원들이 전 인류를 위한 사업에 참여할 가능성뿐 아니라, 동시에 (소사전 덕분에) 그

민족 구성원들이 전 세계 사람들과 자유롭게 서신 교환을 할 가능성을 제공하게 될 것이다. 각국의 언어로 소사전을 출판하는 것은 아주 적은 비용과 시간만으로도 충분하다. 에스페란토-모국어 사전이 이미 출판되었기 때문에 모국어-에스페란토 사전의 발행을 준비하기는 아주 쉽고 비용도 아주 저렴할 것이다. 한 언어가 풍부해지고 발전하는 것을 평가하는 기준에 따라 우리는 좀 더 완전한 사전을 계속해서 발행해야 하는데, 그중에서 저자들이 새로 만든 단어들의 뜻은 그 단어들 옆에 프랑스어로 번역해 표기한다면 더 좋을 것이다. 내가 출판한 교재들은 규모가 작고 지식인들만을 위해 축약적인 내용만 담고 있기 때문에, 번역 연습을 돕기 위한 많은 예문이 잘 준비된 좀 더 광범위한 교재들을 출판해야 한다. 마지막으로, 국제어가 좀 더 빠르게 풍부해지고 강해지기 위해 우리는 국제어로 가능한 한 더 많은 원작과 번역서들을 출판하고, 가능한 사람들과 단체들이 국제어로 쓴 잡지와 신문의 출판을 시작해야 한다.

내가 언급한 모든 종류의 저서 중 내가 직접 할 수 있는 부분은 아주 제한적인데, 그 이유는 내가 시간도 거의 없고 자금도 턱없이 부족하기 때문이다. 국제어의 모든 친구 역시 각기 개별적으로 출판할 수 있는 것은 제한적일 수밖에 없지만, 우리가 모두 자신들이 할 수 있는 작은 역할을 잘 수행한다면, 국제어의 문학은 빠르게 풍부해질 것이다.

모든 사람이 새로 출판된 모든 저서를 알 수 있도록, 국제어에 대해 또는 국제어로 쓴 저서를 출판할 모든 사람은 내게 자신의 저서를 한 권씩 보내 줄 것을 요청한다. 그 이유는 국제어 운동의 초기인 1888년 8월부터 현재까지 출판된 국제어 저서들의 목록을 매월 발행하기 위해서이며, 저서 옆에는 저자와 가격 그리고 구매 가능한 장소가 소개될 것이다. 나에게 배송 비용을 보낸 모든 사람은 항상 가장 새로운 국제어 저서 목록을 받아 볼 수 있게 될 것이다. 모든 저자에게도 자신이 출판할 저서 또는 소책자의 맨 마지막에 이미 내가 언급한 가장 새로운 목록들을 항상 인쇄할 것을 요청한다. 국제어 사업 자체만큼 중요한 출판 사업을 위해 내 요청을 이행해 주기를 모든 출판업자께 요청한다.

4) 국제어의 발전을 위해 잘 알고 있는 사람 또는 심지어 알지 못하는 사람들과도 서신 교환을 통해 열심히 활용하는 것이 매우 중요하다. 여러분이 대중에게 국제어의 유용성과 장점에 대해 아무리 반복해서 주장하더라도 대다수 대중은 그것이 자신의 희생을 요구할 것을 두려워해 여

러분의 주장에 반응하지 않을 것이다. 모든 국제어의 친구들이 허풍 떨지 않고 이 운동을 진행한다면, 모든 무관심한 대중이 조용히, 심지어는 그런 것에 구애받지 않고 이미 이 운동에 참여하고 있는 것을 발견하게 될 것이다. 국제어로 쓰인 여러분의 편지를 받고 또 그것을 이해한다면, 수신자는 국제어를 배우지 않았더라도 국제어의 유용성을 실질적으로 경험하게 될 것이며 스스로 국제어를 사용하기 시작할 것이다. 그 사람이 관심을 두지 않더라도 이런 편지를 몇 차례 받는다면, 국제어를 배우지 않더라도 국제어에 대해서 훨씬 잘 이해하게 될 것이다.

5) 국제어 사업을 발전시킬 수 있는 많은 방법이 여전히 존재하며, 나는 이런 일들을 모든 개별적인 친구들의 호의와 노력에 맡기려 한다. 국제어 사업을 위해 모든 도시와 마을에 이 운동을 함께할 단체들이 설립되면 더 좋을 것이다(몇몇 도시들에서는 이미 이런 단체들이 설립되었다). 연계된 공동의 사고와 노력으로, 우리는 개별적인 노력보다 훨씬 더 많은 일을 할 수 있다. 그러나 우리는 이것 하나만은 잊지 말아야 한다. 우리는 다음과 같은 점에 항상 주의를 기울여야 한다. 우리는 다른 사람의 모범이 우리에게 용기를 불어넣기를 기다려서는 안 되고, 또 그런 모범 사례를

보지 못했다고 용기를 잃거나 열정을 잃어도 안 된다. 우리는 우리 자신의 노력으로 다른 사람들에게 모범을 보여야 한다. 초기에 아무도 이 운동에 참여하지 않거나 심지어 우리를 비웃더라도, 이들이 언젠가는 우리에게 다가올 것을 믿어야 한다. 우리의 운동은 정직하고 유용하기 때문에 용감하게 앞으로 나아가야 한다.

이 소책자는 저자로서 하는 마지막 발언이다. 이후부터 국제어의 미래는 나보다는 이 숭고한 사상의 모든 친구의 손에 달려 있다. 이제 우리는 모두 자신의 능력에 따라 공평하게 노력해야 하며, 이제 여러분 모두 이 운동을 위해 내가 할 수 있는 것과 같은 정도의 기여를 할 수 있다. 나는 지금도 부족하고 나 자신의 생업을 위해 많은 시간을 할애해야 하므로 아주 작은 부분의 기여만을 할 수 있지만, 여러분 중의 많은 사람은 나보다 더 많은 기여를 할 수 있을 것이다. 나는 이 사업을 위해 내가 할 수 있는 모든 것을 했다. 만약 국제어의 실질적인 친구들이 이 사업을 위해 내가 12년 전부터 지금까지 했던 것과 같은 모든 정신적·물질적 노력을 투여한다면, 우리 사업은 크게 발전해서 가장 짧은 시간에 목표에 도달할 수 있을 것이다. 우리 모두 희망을 품고 노력하자!

8장

〈제1차 세계에스페란토대회〉 연설문[1]

1905년 불로뉴-쉬르-메르

존경하는 숙녀, 신사 여러분! 그리고 우리 모두를 연결해 주는 거대한 이상의 이름으로 서로의 손을 다정하게 맞잡기 위해 가까운 나라에서, 멀리 떨어진 나라에서 그리고 세계의 다양한 지역에서 참석하신 친애하는 에스페란토 동지들과 형제, 자매 여러분께 인사드립니다. 동시에 우리의 대회를 위해 기꺼이 장소를 제공해 준 영광스러운 나라 프랑스와 아름다운 도시 불로뉴-쉬르-메르에도 인사를 보냅니다. 에스페란토대회를 위해 내가 다른 도시를 통과해 이 영예로운 도시에 도착할 수 있도록 지지해 주신 파리의 많은 친구와 단체 들, 특히 교육부 장관, 파리 시장, 프랑스 교육연맹 그리고 수많은 저명한 학자들께도 진심으로 감사드립니다.

오늘은 우리에게 매우 신성한 날입니다. 오늘 우리의 모임은 조촐하고, 외부 세계에서는 이 모임에 대해 많이 알지

---

1. [디테를레] "Unua Kongreso 1905 en Boulogne-sur-mer", *Lingvo Internacia* X (1905, pp. 362~367.)에 처음으로 게재되었다. 자멘호프는, 대중 앞에서 연설하거나 자신이 연설가로 비치는 것을 좋아하지 않았지만, 자신이 열정에 사로잡혀 있을 때는 잊지 못할 정도로 아주 인상적이면서도 심금을 울리는 단어들을 구사했다. 그러나 그는 호의적이고 주의 깊은 청중 사이에 앉아 있는 것을 더 좋아했다. 공식적인 대회에서 행해진 자멘호프의 연설들은 사전에 매우 구체적이고 세심하게 준비되었다. 이 때문에 그의 연설들은 항상 각별하게 중요했고 앞으로도 그럴 것이다.

못하며, 우리의 모임에서 나온 발언들이 세계의 모든 도시와 마을에까지 전보를 통해 전달되지도 못할 것입니다. 세계의 정치 상황을 바꾸기 위해 국가 원수들이나 장관들이 참석한 것도 아니고 우리가 머무는 회의실에는 화려한 복장이나 수많은 위엄 있는 훈장들이 번쩍거리지도 않으며, 소박한 건물 주변에 예포禮砲 소리가 울리는 것도 아니지만, 우리가 모여 있는 강당에는 신비스러운 소리가 날아다니고 있습니다. 아주 작아서 귀에 잘 들리지 않지만 모든 사람이 영혼으로 느낄 수 있는 이 소리는 이제 막 탄생한 어떤 거대한 움직임에서 나오는 소리입니다. 신비스러운 환영들이 우리 주위를 날아다니고 있습니다. 눈으로는 볼 수 없지만, 영혼으로 이것을 느낄 수 있는데, 이것은 전혀 새로운 미래에 대한 상상입니다. 이 환영들이 이제 세계 곳곳으로 날아가 세력을 형성하고 강력해져서, 우리 후손들이 이 환영을 보고, 느끼고 즐기게 될 것입니다.

우리 인류의 기억에서 오래전에 지워져 버린, 그래서 심지어 가장 작은 역사적 기록마저도 보존되지 않은 아주 먼 고대에, 인류는 분열되었고 서로 이해할 수 없게 되었습니다. 하나의 방식[2]으로 태어난 모든 형제, 똑같은 신체, 영혼, 능력, 이상을 가진 그리고 마음속에 같은 신(하느님)을 믿는 형제들, 그리고 자기 가족의 영광과 행복을 위해 서로 돕고 협력해야 했던 형제들은 서로 낯선 사람이 되었고 마치 영원한 적대 세력인 것처럼 나누어져 그들 사이에 끝없는 전쟁이 시작되었습니다. 인류의 역사가 기억하는 수천 년의 시간이 흐른 후에도 그들은 끝없이 전쟁을 지속했으며, 따라서 그들 사이에는 어떠한 상호 이해도 절대로 불가능했습니다. 예언자들과 시인들이 명확하지는 않지만 아주 먼 미래에 사람들이 다시 서로 이해할 수 있게 될 것이라는 희망을 노래했지만, 이런 희망은 단지 상상에 그쳤고 사람들은 그러한 희망을 단지 달콤한 환상처럼 중얼거렸을 뿐 누구도 이 문제를 진지하게 받아들이거나 믿지 않았습니다.

그러나 지금 수천 년 동안의 환상이 처음으로 현실화하기 시작했습니다. 프랑스의 작은 해변 도시에 아주 많은 나라와 민족 출신의 사람들이 함께 모였고, 이들은 서로가 언어 장애인이나 청각 장애인처럼 이해하지 못하는 것이 아니라 같은 나라의 국민인 것처럼 또는 서로 형제인 것처럼 서로를 이해하면서 대화를 나누고 있습니다. 서로 다른

---

2. [옮긴이] 성경에서 하느님이 흙으로 인간을 창조한 것을 비유.

민족(국가) 출신의 사람들이 참석하는 모임이 자주 개최되면서 서로 교류하고 있지만, 이런 모임들과 우리 모임 간의 교류에는 커다란 차이가 있습니다. 그런 모임에서는 외국어를 배울 수 있는 많은 돈과 시간을 가진 아주 소수의 참가자만이 서로를 이해할 수 있으며, 그 외의 모든 사람은 그저 몸만 참가할 뿐입니다. 그러나 우리 모임에서는 만약 자신이 원하기만 한다면 가난하거나 시간이 많지 않더라도 다른 사람들의 말에 귀만 기울인다면 모든 참가자가 쉽게 서로를 이해할 수 있습니다. 그들의 모임에서는, 한 민족의 구성원은 다른 민족 구성원 앞에서 자신을 낮추고 자신의 언어를 부끄러워하면서 다른 사람의 언어를 사용하다 더듬거리고 얼굴이 빨개지면서 자신이 앞에 있는 상대방에게서 괴롭힘을 당하고 있다고 느끼지만, 다른 한 사람은 자신이 상대방보다 강하고 자랑스럽다고 느끼기 때문에, 상호 이해가 부자연스럽고 무례하며 불공정한 방식으로 진행됩니다. 그러나 우리 모임에서는 강한 국가와 약한 국가 그리고 특별한 권리를 가진 민족과 그렇지 않은 민족이 존재하지 않으며, 우리 모두 서로를 한 민족 또는 한 가족의 구성원으로 느끼고 있습니다. 그리고 이제 인류 역사상 최초로 수많은 서로 다른 국가에서 온 우리는 이방인이나 경쟁자로서가 아니라, 자신의 언어를 상대방에게 강요하지 않으면서 형제처럼 서로를 이해하고, 서로를 구분하는 피부색으로 인해 서로를 의심하지도 않으면서 서로 사랑하고, 외국인끼리의 위선이 아닌 인간과 인간 사이의 진정한 마음으로 서로의 손을 맞잡고 있습니다. 오늘 우리는 우리의 대회를 환영하는 불로뉴의 담장들 사이에서 (역사적으로 서로 대립하고 반목했던) 프랑스인과 영국인, 러시아인과 폴란드인으로서가 아니라 사람과 사람으로 모였기 때문에 이 모임의 중요성에 대해 잘 인식해야 할 것입니다. 축복받은 하루가 되기를! 또 거대하고 영광스러운 성과들이 이어지기를!

오늘 우리는 지금까지 사람들이 믿으려 하지 않았던 사실을 반박 불가능한 물증으로 입증하기 위해 모였습니다. 우리 모임에서는 서로 다른 민족 간의 상호 이해가 아주 잘 진행될 수 있으며, 또 이런 목적을 위해 한 민족이 다른 민족에게 굴욕감을 주거나 합병할 필요도 없고, 각국의 국민들 간의 장벽도 필요하지 않습니다. 인간이라는 같은 종種 사이에서 형성된 상호 이해는 전혀 어떤 공상적인 것이 아니며, 매우 안타깝고 부끄러운 상황들로 인해 자연스러운 출현이 오랫동안 지체되었을 뿐 언젠가는 반드시 출현했어야 할 것입니다. 마침내 조심스럽게 발걸음을 내디뎠고, 첫 걸음을 뗀 후에는 멈추지 않고 전진해 머지않아 전 세계에 강력한 영향력을 발휘하게 될 것입니다. 그리고 우리 후손 들은 세계의 지배자인 인간들이 아주 오랫동안 서로를 이 해하지 못했다는 사실을 믿으려 하지 않을 것입니다. 중립 적인 인공어가 성공할 수 없다고 말하는 사람들은 모두 우 리를 찾아오시기 바랍니다. 그리고 곧 자신의 생각을 바꾸 게 될 것입니다. 모든 민족의 발성 기관이 달라서 인공어를 서로 다르게 발음하게 되고 이 때문에 서로를 이해할 수 없 다고 말하는 사람들은 모두 우리에게 오기 바랍니다. 만약 여러분이 정직하고 의도적으로 자신을 속이려 하지 않는다 면, '내가 실수했다'고 고백하게 될 것입니다. 앞으로 불로뉴 의 거리를 산책하면서 아주 다양한 민족의 대표자들이 얼 마나 훌륭하게 서로를 이해하고 있는지 확인하고 또 거리 에서 만나는 에스페란티스토들에게 이 인공어를 배우기 위해 얼마나 많은 시간과 돈을 투자했는지 질문해 보시기 바랍니다. 그 후에 이 모든 것을 다른 모든 민족어를 배우 기 위해 소요되는 엄청난 것들과 비교해 보시기 바랍니다. 만약 여러분이 정직하다면, 세상에 다음과 같이 외치게 될 것입니다. '인공어는 정말로 성공할 수 있고, 중립적인 인공어를 통한 사람들의 상호 이해는 가능하며 그것도 매우 쉽게 할 수 있습니다.' 우리 중 많은 사람이 여전히 유창하게 말하지 못하고 또 심하게 더듬거리는 것도 사실이지만, 그들의 언어적 어눌함을 다른 사람들의 유창함과 비교해 보면, 의식 있는 관찰자들은 그들의 어눌함이 언어 자체의 문제가 아니라 그것을 말하는 사람들이 아직 이 언어를 충분하게 활용하지 못하기 때문이라는 사실을 발견할 수 있을 것입니다.

수천 년 동안의 상호 불통과 전쟁을 뒤로하고, 이제 불로뉴에서 인류의 다양한 민족 구성원 간의 상호 이해와 우정이 매우 커다란 범위에서 실질적으로 시작되었습니다. 그리고 이제 막 시작한 이 여정은 멈추지 않고 계속 더 힘차게 전진해 어둠의 마지막 그림자가 영원히 사라질 때까지 멈추지 않을 것입니다. 이 기간에 불로뉴에서의 하루하루는 매우 중요한 의미가 있습니다. 여러분께 신의 축복이 함께하기를!

에스페란티스토들의 첫 번째 대회에서 지금까지 우리 사업에 헌신했던 분들에 대해 언급하지 않을 수 없습니다. 그러나 이들에 대해 언급하기에 앞서 나는 여기서 한 사람에 대해 간략하게라도 언급해야 한다는 의무감을 느낍니다. 그 사람은 바로 전반적인 국제어 이념에 엄청난 이바지를 했지만, 우리 에스페란티스토들이 분투하고 있는 그 특수한 언어 형태의 친구들 모임에 속하지 않는다는 이유만으로 불공정하게 대우받고 있는 볼라퓌크의 저자인, 존경하는 마르틴 슐라이어입니다. 이 존경하는 노신사가 연구한 언어 형태는 실용적이지 않다는 사실이 드러났으며, 그의 노력은 곧 실패했습니다. 그리고 그의 실패는 우리의 이상 전반에, 그리고 특히 지금 우리가 싸우고 있는 특별한 형태의 이상에도 커다란 불이익을 가져왔습니다. 그렇지만 우리는 공정해야 합니다. 우리는 어떤 사람을 평가할 때 그 사람의 성공이나 실패가 아니라 그 사람이 한 일을 평가해야 합니다. 그런 의미에서 슐라이어의 노력과 업적은 매우 거대합니다. 슐라이어는 엄청난 열정으로 수년 동안 국제어의 이상을 위해 노력했습니다. 수많은 사람이 단지 추상적인 계획만을 내놓았을 때, 슐라이어는 엄청난 인내심을 가지고 인공어를 처음부터 끝까지 완성했습니다. 그리고 볼라퓌크가 실용적이지 못했던 것은 그의 잘못이 아닙니다. 그는 지칠 줄 모르는 노력으로 세상 사람들에게 중립어의 이상에 대한 관심을 일깨워 준 첫 사람이며, 비록 그의 노력이 실패한 결과 오랫동안 모든 형태의 인공어를 위한 노력에 찬물을 끼얹었지만, 그것은 그의 잘못이 아닙니다. 그는 거대한 선善을 행하려 했으며 이것을 위해 엄청나게 큰 노력과 열정을 바쳤습니다. 따라서 우리는 그의 성공 여부가 아니라 그의 열정과 노력에 대해 평가해야 합니다. 만약 언젠가 국제어의 이상이 어떤 형태로든 전 세계적으로 인정받게 된다면(그것이 에스페란토이든지 또 다른 형태의 언어이든지), 슐라이어의 이름은 항상 가장 명예로운 자리를 차지하게 될 것이고, 온 세계가 그의 이름을 절대 잊지 않을 것입니다. 나는 이번 대회에 참가한 모든 사람의 견해를 모아 다음과 같이 표명하기를 희망합니다. '우리는 중립적인 국제어 이상을 처음으로 주창한 선구자이면서 가장 열정적으로 실천했던 슐라이어에게 진정한 감사의 마음을 전합니다.'

이제 나는 특별히 에스페란토를 위해 애쓰고 있는 동료들에 대해 언급하고자 합니다. 아직은 우리의 작업에 대한 공식적인 역사를 쓸 시기가 오지 않았으며 또 다양한 에스페란티스토들의 공적을 비교 평가함으로써 내가 이런저런 사람들에 대해 공개적으로 불공정한 일을 할 수 있다는 점을 염려하고 있습니다. 따라서 나는 그들 각각의 이름을 거론하지 않는 대신에 모든 에스페란토 친구의 이름으로 그들 모두에게 진정으로 감사를 표하고자 합니다. 에스페란토가 세상에 출현한 지 18년이 지났으며, 이 18년 동안의 활동은 절대 쉽지 않았습니다. 지금 나는 내 앞에 앉아 있는 엄청난 수의 열정적인 에스페란토의 친구들을 바라보고 있는데, 여러분 모두는 지구상의 거의 모든 나라와 민족 그리고 계급, 지위, 신분을 대표하는 사람들입니다. 우리는 이미 방대한 분량의 문학 작품들과 잡지들을 갖고 있으며, 전 세계에 수많은 에스페란티스토 조직과 단체 들이 활동하고 있습니다. 그리고 이제는 세상의 모든 지식인이 이미 우리의 이름을 알고 있습니다. 나는 지금의 눈부시게 발전한 상황을 바라보면서, 곳곳에서 조롱당하고 박해받던 어려운 시절에 우리 사업을 위해 헌신했던 초기의 선구자들을 가슴 떨리는 감동으로 회상합니다. 그들 중 많은 사람이 여전히 생존해 있으며, 그들은 자신이 노력해 이룬 성과를 기쁘게 바라보고 있습니다. 그러나 아쉽게도 많은 선구자가 이미 세상을 떠났습니다. 18년이란 시간은 짧지 않은 시간입니다. 이 긴 시간 동안, 죽음은 우리에게서 수많은 열정적인 동지들을 빼앗아 갔습니다. 지금 이곳에서 그들 모두의 이름을 언급하기는 불가능하지만, 그들 중 몇몇 사람의 이름을 언급하고자 합니다. 아인슈타인[3]이 가장 먼저 우리 곁을 떠났습니다. 우리 사업에서 처음으로 가장 열정적인 홍보 대사였던 그의 죽음은 우리 사업 전반, 특히 독일에서의 에스페란토 확산에 커다란 타격을 주었습니다. 다음으로 죽음은 폴란드에서 우리 사업에 가장 호의적이었고 사랑받던 사도使徒였던 바스니에프스키[4]를 빼앗아 갔습니다. 그리고 몇 년 전, 만약 그가 없었다면 우리의 사업이 불가능했을 만큼 에스페란토가 너무 많은 빚을 진 사람이 세상을 떠났습니다. 나는 지금 우리가 결코 잊을 수 없는 트롬페터[5]에 대해 이야기하고 있습니다. 그는, 자신에 대해 결코 어떤 언급도 또 어떤 칭찬도 요구하지 않으면서, 우리 사업이 가장 어려운 상황에 부닥쳐 있을 때, 자신의 어깨에 모든 짐을 짊어지고서 에스페란티스토의 숫자가 증가해 이 사업을 함께 지탱할 수 있게 될 때까지 아

---

3. [옮긴이] 아인슈타인(Leopold Einstein, 1834~1890)은 독일의 유대교 교사. 볼라퓌크를 먼저 배웠지만 에스페란토를 접한 후 가장 적극적인 초기 선구자 중의 한 명이 되었다.

4. [옮긴이] 바스니에프스키(Jozefon Wasniewski, 1859~1897)는 폴란드 에스페란티스토이자 언론인. 초기 선구자 중의 한 명으로 수많은 작품을 남겼으며, 제1회 에스페란토-문학 대회에서 수상했다.

5. [옮긴이] 트롬페터(W.H. Trompeter, 1839~1901)는 독일의 가난한 광부의 가정에서 출생. 먼저 볼라퓌크를 배웠지만, 에스페란토를 접한 후 적극적으로 활동했으며, 특히 당시 유일한 에스페란토 잡지 『에스페란토』의 발행에 중요한 경제적 후원자 역할을 했다.

주 오랜 시간을 혼자 견뎌 냈습니다. 그가 지금 우리의 모습을 보고 있다면 얼마나 기뻐할까요?

위에서 언급한 세 사람을 제외하고도, 우리의 사업을 위해 엄청나게 기여했지만, 지금은 우리 곁에 없어서 자신이 노력해 이룬 성과를 볼 수 없는 사람들이 여전히 많습니다. 그들은 육체적으로는 세상을 떠났지만, 우리의 기억 속에서 여전히 살아 있습니다. 존경하는 숙녀, 신사 여러분! 우리 모두 자리에서 일어나는 것으로 그들에게 존경을 표할 것을 제안합니다. 에스페란토를 위해 싸우다 세상을 떠난 모든 선구자의 영령 앞에 첫 에스페란토대회 참가자들의 존경과 경건한 인사를 보냅시다.

이제 곧 인류의 진정한 우애를 위해 바쳐질 대회가 시작될 것입니다. 이처럼 숭고한 순간에 내 가슴속에는 뚜렷하지는 않지만 어떤 신비한 감정이 가득 차 있으며, 나는 기도를 통해 내 마음을 진정시키고 어떤 가장 강력한 다른 힘에 도움과 축복을 호소하고자 합니다. 지금 이 순간 내가 어떤 특정한 민족의 구성원이 아니라 그저 단순히 한 인간으로 여기에 참여한 것처럼, 이 순간 나는 어떤 민족이나 특정 정파의 종교에 소속된 사람이 아니라 그저 평범한 한 사람으로 참석했다는 점을 느끼고 있습니다. 지금 이 순간, 우리 영혼의 눈에는, 모든 사람이 자신의 가슴속에서 느끼고 있는, 오직 숭고한 도덕적 권위만이 존재하고 있으며, 나는 이 알지 못하는 신비한 힘을 향해 이렇게 기도합니다.

「녹색 깃발[6] 아래서의 기도」

육신은 없지만 강력한 힘을 지닌 신비로운,
그러나 세상을 지배하는 당신께!
사랑과 진실의 거대한 원천이자
영생의 원천인 당신께!
모든 사람에게 다르게 비치지만
모든 사람이 마음속에서 똑같이 느끼는 당신께!
그리고 모든 것을 창조하고 통치하는 당신께!
오늘 나는 기도드립니다!

우리는 맹목적인 열정의 교리나
민족적인 신념을 갖고 당신에게 오지 않았습니다.

---

6. [옮긴이] 에스페란토를 상징하는 흰색 바탕에 녹색별이 그려진 깃발.

지금 우리는 모든 종교적인 논쟁에 대해 침묵하면서
오직 마음속의 신념이 우리를 지배하고 있을 뿐입니다.
모든 사람에게 평등한 신념과
가장 진실하고도, 폭압적인 강요가 없는 신념으로
전 인류의 후손인 우리는 지금
당신의 제단 앞에 섰습니다.

당신께서 인간들을 완벽하고 아름답게 창조했지만
인간들은 서로 싸우고 쪼개졌습니다.
한 민족이 다른 민족을 무자비하게 공격하고
형제가 다른 형제를 잔인하게 공격하고 있습니다.
신비한 힘이시여! 당신께서 어떠한 분인지는 모르지만
진정한 기도의 목소리를 들으시고
거대한 인류의 자녀들에게
다시 평화를 내려 주시기를 기도드립니다!

인류를 다시 통합하기 위해
우리는 노력하고 투쟁할 것을 맹세합니다!
거대한 힘이시여! 우리가 쓰러지지 않고
장벽을 무너뜨릴 수 있도록 우리를 도와주시기 바랍

니다!

우리에게 닥쳐오는 거친 공격에 맞서

우리가 항상 용감하게 맞설 수 있도록

우리의 노력을 축복해 주시기 바랍니다!

우리의 열정에 힘을 주시기 바랍니다!

녹색 깃발을 우리는 높게 치켜들 것입니다.

이 깃발은 선과 아름다움을 상징합니다.

세상의 신비로운 힘이 우리를 축복하고

우리는 우리의 목표에 도달할 것입니다.

우리는 사람들 사이에 서 있는 장벽을 무너뜨릴 것입

니다.

그 장벽들은 요란한 굉음을 내면서

영원히 무너질 것이고, 사랑과 진실이

다시 세상을 지배할 것입니다.

9장
〈제2차 세계에스페란토대회〉 연설문[1]

1906년 제네바

존경하는 숙녀, 신사 여러분! 〈제2차 세계에스페란토대회〉의 개회를 맞이하면서 나는 우리 대회의 개최를 허용한 스위스와 두 달 전 우리 대표단을 따뜻하게 맞아 준 스위스연방 대통령의 용기 있는 결정에 대해, 대회의 개막에 맞춰 우리 모든 참가자의 이름으로 진정한 감사를 전달하고자 합니다. 더불어 다양한 주요 국제행사에 자신의 영광스러운 이름을 새긴 '제네바'시에 대해서도 각별한 감사를 표합니다.

동시에 이 대회를 준비해 온 조직위의 구성원들과 지난 한 해 동안 열정적이고 끊임없는 노력으로 스위스의 거의 모든 도시에 에스페란토 모임을 조직하고 이 대회를 위해 할 수 있는 모든 노력을 다한 스위스 에스페란티스토들, 특히 대회 개최를 위해 열심히 준비하고 열정적으로 일한 사람들을 대표하는 대회조직위원회, 그리고 마지막으로 아낌없는 헌신으로 본부 조직을 통해 가장 중요한 업무를 강력히 뒷받침한, 무대 뒤의 보이지 않는 친구들에게도 모든 참가자의 이름으로 감사를 표합니다.

---

1. [디테를레] "Dua Kongreso 1906 en Genève", *Lingvo Internacia* XI, 1906, pp. 502~519에 처음으로 게재되었다.

숙녀, 신사 여러분! 대회 개회를 맞이해 여러분은 내게 아마 일반적인 여타의 공식적인 발언과 비슷한 공식적이면서 무색무취하고 별 내용은 없는 어떤 발언을 기대할 수도 있지만, 나는 여러분께 그런 연설을 하지 않을 것입니다. 나는 대체로 이런 발언을 좋아하지도 않을뿐더러 특히 올해에 이런 무색무취한 발언을 하는 것이 나로서는 커다란 잘못을 저지르는 것과 같기 때문입니다. 나는 인간의 권리와 인간의 가장 기본적인 자유를 위해 수백만의 사람들이 지금도 힘겹게 투쟁하고 있는 나라에서 왔습니다. 그러나 여러분 모두가 개인적으로는 수백만의 거대한 인구를 가진 나라에서 벌어지고 있는 힘겨운 투쟁에 관심을 갖고 지켜볼 수도 있겠지만, 이런 투쟁이 에스페란티스토인 여러분에게 어떤 감동도 선사할 수 없으며 또 에스페란토대회는 정치적인 사건들과 어떤 공통점도 공유하지 않기 때문에, 이에 대해서는 언급하지 않겠습니다. 그러나 이 나라의 순수한 정치 문제를 제외하더라도, 에스페란티스토인 우리가 관심을 두지 않을 수 없는 사건들이 지금 진행되고 있는데, 그것은 바로 이 나라에서 진행되고 있는 종족 간의 잔인한 싸움입니다. 지금 이 나라에서는 조국의 정치적인 이익 때문에 한 나라의 국민이 다른 나라의 국민을 공격하는 것이 아니라, 같은 나라에서 태어난 같은 국적의 아들딸들이, 단지 종족이 다르다는 이유로 같은 국적의 아들딸들을 야수처럼 공격하고 있습니다. 매일 정치적인 투쟁으로 수많은 사람이 목숨을 잃고 있지만, 이보다 더 많은 사람이 종족들 간의 싸움으로 목숨을 잃고 있습니다. 다언어 지역인 캅카스에서 벌어지고 있는 상황은 처참합니다. 서러시아 지역에서도 참혹한 상황이 벌어지고 있습니다. 종족 간의 증오에 끝없는 저주를!

나는 어려서 비아위스토크에 살면서, 같은 나라, 같은 도시에서 태어난 사람들을 서로 분열시킨 이질성을 고통스럽게 지켜보았습니다. 그리고 그때 나는 많은 시간이 지난 후에는 모든 것이 변하고 좋아질 것을 꿈꿨습니다. 그러나 실제로 수많은 시간이 지난 후 나는 내가 꿈꿨던 아름다운 세상 대신 참혹한 현실과 마주하게 되었습니다. 내가 태어나서 살고 있던 불행한 도시의 도로 위에 야만적인 사람들이 도끼와 쇠몽둥이를 들고 나타나 평온하게 사는 주민들을 가장 잔혹하게 짐승처럼 공격하는 것을 목격하게 되었는데, 그 이유는 단지 그들이 자신들과 다른 언어를 사용하고 다른 종족의 종교를 믿기 때문이었습니다. 이 때문에 사람들은 나이 든 노인, 아무런 잘못도 없는 어린이를 비롯한 남녀노소를 가리지 않고 머리를 깨부수고, 눈알을 뽑아내는 만행을 저질렀습니다. 물론 나는 비아위스토크에서 자행된 끔찍한 만행에 대해 여러분께 상세하게 설명할 생각은 없으며, 단지 에스페란티스토인 여러분께 내가 드리고 싶은 말씀은 우리가 맞서 싸우고 있는 종족들 간의 장벽이 아직도 엄청나게 높고 두껍다는 사실입니다.

비아위스토크와 다른 많은 도시에서 자행된 짐승 같은 학살에 러시아 민족의 죄가 없다는 것을 우리 모두 알고 있습니다. 러시아 민족은 결코 야만적이거나 피에 굶주린 행동을 한 적이 없습니다. 타타르인들이나 아르메니아인들 역시 계속되는 학살에 책임이 없다는 사실을 우리 모두 알고 있습니다. 이들은 차분하고 다른 민족을 통치하려 하지 않으며 오직 자신이 조용히 살도록 내버려 두기만을 원하고 있습니다. 우리는, 다양하고 가장 추악한 수단을 동원해 광범위하게 유포한 거짓말과 비방으로, 서로 다른 민족 사이에 끔찍한 증오를 인위적으로 만들어 내는 혐오스러운 범죄자들에게 모든 책임이 있다는 것을, 확실히 알고 있습니다. 그러나 만약 서로 다른 민족이 서로를 잘 이해하고, 자유로운 의사소통을 가로막는 높고 두꺼운 장벽이 없어서, 다른 민족의 구성원들이 우리 민족의 구성원들과 똑

같은 사람이며, 그들의 문학이 어떤 끔찍한 범죄를 설파하는 것이 아니라 우리의 문학과 같은 윤리와 이상을 갖고 있다는 사실을 볼 수 있다면, 아무리 엄청난 거짓말이나 비방이 난무하더라도 이렇게 참혹한 결과를 가져올 수 있을까요? (민족이 다른) 사람들 간의 장벽을 허물어야 합니다! 대중들이 중립적인 토대 위에서 자유롭게 교제하고 소통할 수 있게 해야 합니다! 오직 이런 시기가 도래했을 때만 지금 우리가 다양한 지역에서 목격하고 있는 야수 같은 행동들이 사라질 수 있을 것입니다.

우리는 몇몇 사람이 생각하는 것처럼 그렇게 순진하지 않습니다. 우리는 중립적인 토대가 사람들을 천사로 만들어 줄 것이라고 믿지도 않고, 나쁜 사람들은 후일에도 나쁜 사람으로 남아 있을 것이란 사실을 아주 잘 알고 있습니다. 그러나 우리는 중립적 토대 위에서 진행되는 교류와 소통이, 적어도 악의에 의해서가 아닌 단순히 강요된 참견이나 무지에서 비롯된 야수 같은 행동과 범죄들의 많은 부분을, 사라지게 할 수 있다고 믿고 있습니다.

세계 곳곳에서 종족 간의 투쟁이 잔혹해지고 있는 지금, 우리 에스란티스토들은 어느 때보다 열정적으로 활동해야 합니다. 그러나 우리의 노력이 좋은 결과를 거두기 위해서, 우리는 무엇보다 먼저 우리 스스로 에스페란토주의 [에스페란토주의의 본질에 관한 선언 참조]의 내적 사상에 대해 명확하게 이해해야 합니다. 우리는 모두 종종 별다른 의식 없이 우리의 발언이나 저술에서 에스페란토주의의 내적 사상에 대해 암시하지만, 이것에 대해 결코 명확하게 언급하지 않았는데, 이제는 이에 대해 좀 더 명확하고 구체적으로 이야기해야 할 때가 되었습니다.

만장일치로 승인받은 〈불로뉴 선언〉Bulonja Deklaracio을 통해, 우리는 모두 실질적인 관계에서의 에스페란토주의가 무엇을 뜻하는지 알고 있으며, 또 이 선언을 통해 어떤 사람이든지 그 목적과 관계없이 에스페란토를 사용하기만 하면 모두 동등하게 '에스페란티스토'라고 칭한다는 것도 알고 있습니다. 따라서 우리가 에스페란티스토라고 분류하는 범주에는 에스페란토를 사용해 인류를 하나가 되게 하려고 꿈꾸는 사람뿐만이 아니라, 오로지 실용적인 목적에만 사용하거나, 돈을 벌기 위해 사용하는 사람, 단지 자신의 인생을 즐기기 위해 사용하는 사람, 심지어는 가장 추악하고 반인류적인 목적을 위해 사용하는 사람까지도 포함됩니다. 그러나 실용적 측면을 제외하면, 〈불로뉴 선언〉에서 제시된 모든 사람을 강제하는 에스페란토주의는 의무 그 이상의 훨씬 더 중요한 이념적인 측면을 내포하고 있습니다. 이 내용에 대해 에스페란티스토들은 가능한 모든 다양한 방식과 수준으로 자신에게 설명할 수 있어야 하고, 모든 분쟁을 피하기 위해 에스페란티스토들은 모든 사람에게 충분한 자유로움을 보장해 자신이 원하는 방식과 수준에 알맞은 에스페란토주의의 내적 사상을 받아들이거나 심지어 어떤 사람이 이 내적 사상을 거부하는 것조차 받아들일 수 있어야 합니다. 일부 에스페란티스토들의 이상이나 활동의 책임으로부터 다른 모든 에스페란티스토들을 분리하기 위해, 〈불로뉴 선언〉은 모든 사람이 논쟁 없이 수용한 에스페란토주의의 본질을 구체화하면서 다음과 같은 내용을 추가했습니다. '이런저런 사람들이 개별적으로 에스페란토주의와 연결한 모든 유형의 희망이나 이상은 전적으로 그들의 사적인 일이며, 에스페란토주의는 이런 것들에 대해 전혀 책임이 없다.' 그런데 안타깝게도 몇몇 에스페란토의 친구들은 '사적'이란 단어를 '금지'라는 의미로 해석하면서, 에스페란토의 내적 사상이 완전히 자유롭게 발전할 가능성을 지키는 대신에 이 사상을 완전히 소멸시키려 하고 있습니다.

에스페란토의 이상을 위해 싸우는 우리는 자원해서 세

상 사람들이 에스페란토를 오직 실용적인 측면에서만 바라보고 또 그것을 오직 우리의 이익을 위해 사용하는 것으로 간주할 권리를 부여했지만, 우리에게 오직 에스페란토의 실용적인 면만을 고려하라고 요구할 권한을 그 누구에게도 부여하지 않았습니다. 아쉽게도 최근에 우리 에스페란티스토들 사이에서, '에스페란토는 단지 언어일 뿐이다. 에스페란토주의를 사적으로라도 어떤 다른 이상과 연결하는 것은 피해야 하며, 그렇지 않으면 사람들은 우리가 모두 그 이상을 신봉한다고 생각할 것이고, 따라서 이 사상을 지지하지 않는 모든 사람이 우리를 싫어할 것이다.'는 주장들이 나오고 있습니다. 어떻게 이런 말들을 할 수 있을까요? 에스페란토를 오로지 자신의 실용적인 목적에만 사용하고 싶어 하는 사람들이 싫어할 가능성을 두려워하면서, 우리가 에스페란토주의의 가장 중요하고 숭고한 사상이면서 에스페란토운동의 가장 중요한 목표이고 또 에스페란토를 위해 투쟁하는 모든 사람을 항상 이끌어 주는 '상징'인 이 사상을 우리의 가슴속에서 꺼내 갈기갈기 찢어 버려야 할까요? 결코, 그래서는 안 됩니다. 우리는 온 힘을 다해 저항하고 이 요구를 거부해야 합니다. 만약 우리들, 즉 초기 에스페란토 전사들에게 사람들이 어떤 이상적인 행동도 해서는 안 된다고 강요한다면, 우리는 분노해서 지금까지 우리가 에스페란토를 위해 쓴 모든 것들을 찢어 버리고 불태울 것이며, 고통스럽지만 우리가 일생을 바쳤던 모든 공헌과 노력의 결과들 역시 폐기해 버릴 것입니다. 우리는 우리의 가슴에 꽂혀 있는 녹색별을 멀리 내던지면서 증오가 가득한 목소리로 다음과 같이 외칠 것입니다. "오로지 상업성과 실용적 효율성을 위해 봉사해야 하는 그런 에스페란토라면, 우리는 어떤 내용도 공유하기를 원하지 않는다."

언젠가 에스페란토가 모든 사람의 소유물이 되어 자신의 이상적인 특성을 상실하게 되면, 그때는 사람들이 이 언어를 위해 싸우는 대신 오직 이 언어를 통해 이익을 취하게 되는 그런 시기가 올 것입니다. 그러나 지금은 대부분의 에스페란티스토들이 여전히 에스페란토에서 이익을 취하는 것이 아니라 이 언어를 위해 투쟁하고 있는 시기이며, 에스페란토를 위한 우리의 노력을 격려하는 요인은 에스페란토가 주는 현실적 효용성 때문이 아니라 이 언어가 내포하고 있는 성스럽고 거대하며 중요한 사상 때문이라는 것을 우리는 잘 인식하고 있습니다. 여러분 모두가 잘 느끼고 있는 이 사상은 민중 간의 우애와 정의입니다. 이 사상은 에스페란티스토가 탄생한 그 순간부터 지금까지 함께 하고 있습니다. 이 사상은 에스페란토의 저자가 아직 어렸을 때, 그리고 28년 전 다양한 종족의 젊은 김나지움 학생들의 작은 모임이 에스페란토의 미래를 향한 첫걸음을 축하하던 시기에 그들의 용기를 북돋웠습니다. 그들이 부른 노래의 모든 절이 끝날 때마다 다음과 같은 구절이 반복되었습니다. "민족들 간의 적대감이여malamikeco de la nacioj, 사라져라, 사라져라falu, falu, 이제 때가 되었다.jam estas tempo." 우리의 찬가는 '이 세계에 찾아온 새로운 느낌'에 대해 노래했습니다. 에스페란토 창안자와 현재의 에스페란티스토들의 모든 저서와 발언 및 행동은 항상 아주 명확하게 이 사상을 노래하고 있습니다. 모든 사람이 이 사상에 대해 말하고 아낌없이 그리고 어떤 이익도 바라지 않으면서 함께 일했기 때문에, 우리는 결코 우리의 사상을 감추지 않았고 조금도 이에 대해 의심하지 않았습니다. 그렇다면 왜 에스페란토를 단지 언어로만 인식한 사람들이 우리의 대열에 합류했을까? 왜 그들은 온 세계가 자신들을 "인류의 점진적인 통합을 도우려는 열망"이라 명명한 거대한 범죄자로 몰아붙이는 것을 두려워하지 않았을까요? 어리석은 비난 꾼들 앞에서 막연한 두려움 때문에 그들이 이점을 부정하려고 애쓰지만, 그들은 자신의 발언이 자신의 느낌과 상반되고, 또 그들 역시 무의식적으로 우리가 꿈꾸는 것과 같은 꿈을 꾸고 있음을 보지 못하는 걸까요?

내 삶의 황금기를 자원해서 엄청난 고통과 헌신으로 보내면서 나 자신이 창안자로서의 어떤 권리도 주장하지 않은 이유가 단지 어떤 실용적인 유용성 때문이었을까요? 초기 에스페란티스토들은 끊임없는 조롱에도 인내심을 갖고 엄청나게 헌신했습니다. 예를 들면, 한 가난한 여선생님이 오랫동안 굶주림을 인내하면서 고생한 단 한 가지 이유는 오로지 돈을 아껴 에스페란토를 홍보하기 위해서였는데, 이것이 단지 어떤 실질적인 유용성 때문에 그랬던 것일까요? 종종 임종을 앞둔 에스페란티스토들이 내게 편지를 보내 '에스페란토가 내 마지막 순간에 유일한 위로가 된다.'고 언급하는데, 그들이 이 편지를 쓸 때 단지 실질적인 유용성만을 생각했을까요? 아닙니다. 결코 그렇지 않습니다! 이들 모두는 오로지 에스페란토주의가 내포하고 있는 내적 사상을 기억하고 있기 때문입니다. 모든 이들은 에스페란토가 사람들의 신체를 서로 가깝게 해 줘서가 아니고, 사람들의 사고思考를 가깝게 해 줘서는 더더욱 아니며, 단지 에스페란토가 그들의 심장을 가깝게 해 줬기 때문에 좋아했습니다. 우리가 모두 불로뉴에서 얼마나 강한 열정을 갖고 있었는지 여러분은 기억할 것입니다. 불로뉴 대회에 참가한 모든 사람은 이 대회가 일생에 가장 열정적이고 즐거운 대회였다고 기억하면서 '잊을 수 없는 대회'라고 말하고 있습니다. 도대체 무엇이 대회 참가자들을 이렇게 열정적으로 행동하게 했을까요? 대회 자체의 즐거움 때문이었을까요? 아닙니다. 우리는 일상생활에서 한 걸음 옮길 때마다 엄청난 즐거움을 맛볼 수 있고, 경험이 부족한 애호가들이 아닌 완벽한 전문가들의 훨씬 뛰어나고 완벽한 연극이나 노래를 감상할 수 있습니다. 뛰어난 연설가들의 발언이 우리를 열광시켰습니까? 아닙니다. 불로뉴 대회에는 그런 프로그램이 없었습니다. 우리가 서로를 이해할 수 있게 된 사실 때문일까요? 같은 민족의 구성원들이 참가하는 모든 대회에서 우리는 서로를 잘 이해하지만, 그 어떤 것도 우리를 열광시키지 못했습니다. 우리를 열광적이게 한 것은, 즐거움 그 자체나 상호 이해 또는 에스페란토가 보여 준 실용적 유용성이 아니라, 우리가 모두 우리의 심장 깊은 곳에서 느끼고 있는 에스페란토주의의 내적 사상 때문이라는 것을 여러분 모두 잘 느끼고 있을 것입니다. 우리는 사람들을 가로막고 있는 벽이 무너지기 시작했음을 느끼고 있으며, 모든 인류의 우정을 느끼고 있습니다. 이런 장벽들이 완전히 사라지기까지 여전히 아주 먼 여정이 남았음을 우리는 너무 잘 인식하고 있지만, 우리는 우리 자신이 이러한 장벽들에 처음으로 강력한 충격을 가하는 증인이며, 아직은 아주 흐릿하지만 점차 모습을 갖춰 가면서 강해지고 있는 훨씬 더 나은 미래의 정신이 우리 눈앞에 날아다니고 있음을 느끼고 있습니다.

그렇습니다. 친애하는 동지 여러분! 무관심한 인류에게 에스페란토는 단지 현실적으로 유용한 사업일 수 있습니다. 에스페란토를 사용하거나 에스페란토를 위해 일하는 모든 사람은 에스페란티스토입니다. 그리고 모든 에스페란티스토는 에스페란토를, 단지 쉬운 언어, 냉정한 국제적 소통을 위한 도구 또는 해양 표기와 비슷하지만 좀 더 완벽한 어떤 것으로 볼 수 있는 전적인 권한을 갖고 있습니다. 그러나 그런 에스페란티스토들은 아마 우리의 대회에 참가하지 않을 것입니다. 설령 참가하더라도 그들은 오직 에스페란토에 대해 연구하거나 실용적 목적을 위해 또는 순수하게 언어적인 문제들에 대해 냉정하게 토론하기 위해서일 것입니다. 그들은 순진하고 아이들 같아 보이는 우리의 즐거움과 열정에 참여하지 않을 것입니다. 그러나 우리의 사업에 머리가 아닌 가슴으로 참가하는 에스페란티스토들은 무엇보다 먼저 에스페란토의 내적 사상을 느끼고 그것을 좋아할 것입니다. 우리는 세상이 우리를 이상주의자라고 조롱하거나 심지어 국수주의자들이 우리의 이상을 마치 범죄 취급하면서 공격해도 두려워하지 않고 오히려 이상주의자라는 명칭을 자랑스러워할 것입니다.

우리의 모든 새로운 대회는 그 안에서 에스페란토주의의 내적 사상에 대한 사랑을 강화할 것이며, 매년 개최되는 〈세계에스페란토대회〉는 점점 인류와 인류의 우애를 위한 영원한 축제가 될 것입니다.

10장
⟨제3차 세계에스페란토대회⟩ 연설문[1]

1907년 케임브리지

친애하는 동지 여러분! 지금까지의 관례대로 모든 대회 참가자들의 이름으로, 우리를 기꺼이 맞이해 준 나라와 특히 수많은 노력과 굉장한 세심함으로 지금 우리가 참가하고 있는 이 축제를 준비한 영국 동지들께, 감사와 인사를 표하는 것으로 내 발언을 시작하는 것을 허락해 주시기 바랍니다. 영국 친구들이 우리를 초청한 순간부터, 우리는 모두 영국에서 개최되는 이 대회가 각별한 의미가 있는 획기적인 대회가 될 것을 확신했습니다. 영국 친구들의 잘 알려진 열정과 헌신뿐 아니라 영국이란 나라 자체가 주는 확신 때문에, 우리의 희망을 저버리지 않을 것이라는 점을 예견하는 것은 아주 쉬운 일이었습니다.

우리가 지금 위대한 영국의 명예로운 대학 도시에서 대회를 개최한다는 사실은 매우 중요한 의미가 있습니다. 우리의 이상에 반대하는 사람들은, '영어를 사용하는 사람들은 다른 모든 민족의 사람보다 국제어의 필요성을 덜 느낄 뿐 아니라, 무엇보다 국제어가 세계적으로 국제화를 추구하는 영어와 경쟁하게 될 것이고 국제어의 위상 강화

---

1. [디테를레] "Tria Kongreso 1907 en Cambridge", *Lingvo Internacia* XIII, 1908, pp. 1~8에 처음으로 게재되었다.

는 영어 사용자들에게 이롭지 않기 때문에, 영어 사용자들이 결코 에스페란토를 받아들이지 않을 것'이라고 끊임없이 주장해 왔습니다. 그러나 그들이 얼마나 큰 실수를 저질렀는지 둘러보기 바랍니다! 자신의 모국어 외에는 다른 언어를 그렇게 배우기 싫어하는 영국인들이 이미 얼마나 많이 우리 사업에 참여했는지 한번 주목하기 바랍니다! 그리고 그들이 얼마나 큰 애정으로 이 대회를 준비했으며 또 우리를 환영하기 위해 얼마나 많은 사람이 모습을 드러냈는지도 한번 살펴보기 바랍니다! 이것은 '국제어가 약소민족의 구성원들뿐 아니라 강력한 힘을 가진 민족의 구성원들에게도 유용'하다는 점을 사람들이 깨닫기 시작했으며, 또 이보다 훨씬 더 중요한 사실, 즉 '사람들이 에스페란토주의에서 이기적인 편리함뿐 아니라 서로 다른 종족 간의 정의와 우애를 위한 이상'을 발견하고, 동시에 '이 사상이 어떤 민족이 가진 힘의 크고 작음 또는 종족 간의 정의가 그들에게 이로운지 아닌지에 관계없이 모든 사람에게 절대적으로 평등하며 모든 숭고한 사람들에게 봉사하기 원한다는 점'도 발견했음을 보여 주고 있습니다. 우리는 영국 동지들이 에스페란토주의의 내적 사상으로 많은 사람을 인도했다는 사실을 알고 있으며, 이 때문에 영국 친구들에게 더욱 기쁜 마음으로 진심 어린 감사를 전합니다. 오늘 케임브리지 사람들은 우리를, 자신에게 이익을 가져다주는 사업가로서가 아니라, 자신이 이해하고 좋아하는 인류의 이상의 사도로서 맞이했습니다. 케임브리지 구성원들과 자신의 거처를 제공해 준 빛나는 케임브리지대학 그리고 우리를 세심하게 반겨 주신 시장님 등 모든 관계자에게 진심 어린 감사를 전합니다. 위대한 모든 영국 국민께 진심 어린 감사를 전합니다. 영국 국민들의 최고의 대표자인 국왕 전하[2]께도 최고의 존경 어린 감사를 전합니다. 국왕 전하 만세! 신의 가호가 국왕 전하와 함께하기를!

동지들, 〈제3차 세계에스페란토대회〉가 개회하는 시점에 우리는 지난해 세상을 떠난 많은 동지에 대해 언급하지 않을 수 없습니다. 제네바 대회 폐회 직후, 리버풀 에스페란토그룹의 회장 로이드Lloyd 박사의 부고 소식을 접하게 된 사실을 여러분 모두 기억할 것입니다. 그리고 우리의 뛰어

---

2. [옮긴이] 조지 5세(1865~1936)는 웨일스 공(앨버트 에드워드 7세)의 차남으로 태어나 해군에서 복무했다. 아버지와 형에 이어 왕위 계승 서열 3위였지만, 형이 사망하면서 아버지의 뒤를 이어 즉위. 그의 재임 기간 동안 대영제국은 역사상 최대의 영토를 얻었으며, 영국 최초로 노동당 내각(1924)이 탄생했다.

난 친구들인 과학자 베르톨트[3]와 케임브리지에서 우리를 맞이하고자 했던 포스터Michael Foster 교수도 우리 곁을 떠났습니다. 마지막으로, 우리의 가장 친애하는 동지이자 친구이면서 지금까지 개최된 세계대회의 영혼인 동시에 지난해 제네바 대회의 가장 중요한 동력으로 대회 상임위원회Konstanta Kongresa Komitato의 설립자이자 후원자이면서 영감을 불어넣었던 동지인데, 제가 언급한 사람이 누구인지 여러분 모두 잘 알 것입니다. 잊을 수 없는 우리의 친구 자발[4]을 더 볼 수 없습니다. 각국에서 온 친구이면서 에스페란티스토인 참석자들이여! 우리의 사업에 공감하는 존경하는 참석자들이여! 나는 우리의 사업에 많이 기여한 동지들과 세상을 떠난 에스페란티스토들을 기억하면서 자리에서 일어서는 것으로 그들에 대한 예의를 표할 것을 제안합니다.

동지들, 3주 전의 오늘은 에스페란토에 관한 첫 서적이 공개적으로 모습을 드러낸 지 정확히 20주년이 되는 날이었으며, 세계 곳곳의 에스페란티스토들이 이날을 기념했습

---

3. [옮긴이] 베르톨트(Pierre Eugène Marcellin Berthelot, 1827~1907)는 프랑스 과학자로 교육부 및 외교부장관 역임했다. 국제에스페란토과학협회(ISAE) 의 후견 위원회 위원.
4. [옮긴이] 자발(Emile Javal, 1839~1907)은 프랑스 안과의사. 언어위원회 위원 이었으며, 파리의 에스페란토본부 설립과 운영에 크게 기여했다.

니다. 에스페란토의 토대를 만든 사람으로서, 나는 그날 많은 축하 전보와 편지를 받았지만 이런 문서들을 처리해 주는 비서가 없는 데다 일과 후 나 스스로 모든 업무를 처리해야 했기 때문에, 우정이 가득 담긴 모든 편지에 답장을 보내는 것은 절대적으로 불가능한 일이었으며, 따라서 이점에 대해 여러분의 양해를 구합니다. 대신 이 기회를 통해 나는 우애 가득한 호의를 보여 준 모든 분께 진심 어린 감사를 표합니다. 물론 이 축하는 나 개인에게 보내진 것이 아니라 에스페란토를 위해 싸우는 모든 분께 보내진 것이며, 나는 단지 세계 곳곳에 살면서 끊임없이 투쟁하는 우리 동지들에 대한 축하와 격려의 말들이 모이는 중심 지점일 뿐입니다. 전 세계 에스페란티스토들의 암묵적인 위임을 받아 나는 에스페란토를 위해 투쟁하는 모든 분께 감사와 격려를 전합니다. 지난 20년 동안 여러분 모두에게 가해진 수많은 공격과 불쾌한 경험들에도 불구하고 그것을 침착하게 견뎌 낸 여러분께 진심으로 축하드리며, 여러분의 열정적이고 아낌없는 20년의 노력으로 성취한 성과에 대해서도 진심으로 축하드립니다. 에스페란토의 이상을 위한 20년 동안의 분투에 대해서는 많은 사람이 후일 에스페란토에 관한 자세한 역사를 읽게 될 때 비로소 이해할 수 있을 것입니다. 지금까지 우리의 성취가 얼마나 중요한 의미를 가졌는지에 대해서도, 우리의 초기 역사와 모든 새로운 에스페란티스토의 증가가 우리의 끝없는 노력 및 헌신과 연결되어 있다는 사실을 알게 될 때야 비로소 이해할 수 있을 것입니다.

여러분 중의 대다수가 오랫동안 잠들어 있던 씨앗들이 줄기를 뻗기 시작한 최근 10여 년의 역사에 대해서는 알겠지만, 마치 실패한 씨 뿌리기처럼 결과를 거두지 못했던 초기 10년의 역사에 대해서는 아주 소수의 사람만이 알고 있을 것인데, 그 당시에 씨를 뿌린 모든 사람에 대해서 언젠가는 여러분에게 이야기할 수 있을 것입니다.

이제 우리의 사업은 튼튼한 토대를 마련했습니다. 에스페란토에 대한 세상의 두터운 편견이 녹아내리고 있으며, 우리의 사업은 규칙적으로 중단 없이 발전하고 있습니다. 해마다 우리의 힘은 강해지고 있으며, 이제 우리는 목표를 향해 아주 안정적으로 나아가고 있습니다. 이제는 비난을 두려워하지 않는 수십만의 뿌리와 줄기들이 우리의 나무를 지지하고 있으며, 이제 이 나무는 바람을 두려워하지 않습니다. 오랫동안 우리를 반대한 세력들이 오랫동안 우리를 엄청나게 방해했던 것과 같은 관성의 힘으로 이제는 우리를 위해 싸우고 있으며, 또 우리를 발전의 방향으로 떠밀고 있습니다. 이제는 우리가 멈추려 해도 멈출 수 없습니다.

이제 나는 오늘 연설의 진정한 주제로 넘어가려고 합니다. 오늘 나는 여러분에게 우리 에스페란토대회의 본질과 목적에 대해 말하고자 합니다. 그러나 모든 형태의 오해를 피하고자, 내 발언은 어떠한 공식성도 갖고 있지 않으며 여러분 모두가 승인하거나 거부할 수 있는 내 개인적 견해임을 서두에서 밝히는 것으로 여러분의 주의를 촉구하고자 합니다.

우리는 매해 전 세계의 모든 나라 사람이 참가할 수 있는 대회를 개최하기로 했으며, 우리 중의 많은 사람이 이런 대회의 개최에 매우 중요한 기여를 하고 있기 때문에, 나는 우리가 왜 이런 대회를 개최하는지에 대해 우리 스스로 설명해야 한다고 생각합니다. 만약 우리가 이들 대회의 본질과 목적을 잘 이해한다면, 우리 스스로가 쟁취하려고 하는 아름다운 목표를 분명하게 보고 있기 때문에 항상 새로운 마음과 절대 약해지지 않는 열정을 갖고 대회에 참가할 것이지만, 만약 우리가 대회의 목적을 제대로 이해하지 못한다면, 우리는 머지않아 대회에 대한 열정을 완전히 상실한 채 목적 없이 방황하게 되고 그 결과 싫증을 느끼고 지쳐

쓰러지고 말 것입니다. 우리는 무엇을 위해 여기에 모였습니까? 에스페란토의 언어적인 문제점들을 토론하기 위해서입니까? 아닙니다! 이런 문제들은 대회의 본질적인 문제가 아니고 단지 언어위원회에 귀속될 뿐이며, 이를 위해서는 언어위원회의 모임만으로도 충분합니다. 에스페란토를 실제로 사용해 보기 위해서 모였습니까? 단지 이런 목적이라면, 우리는 이미 자신이 사는 지역의 모임에서 일 년 내내 계속해서 활용하고 있기 때문에 단지 며칠간의 회화 연습을 위해 이 대회장에 모일 이유가 없으며, 이를 위해 누구도 머나먼 여행을 하려 하지 않을 것입니다. 그렇다면 우리는 함께 모여 시위하고 홍보하기 위해 여기에 모였습니까? 그렇습니다! 그렇다면 예를 들어 100명의 대회 참가자 중 99명이 에스페란토를 통해 지금 우리가 홍보하고 있는 어떤 도덕적인 만족감을 얻고 있기 때문에 이 대회를 개최했습니까? 그렇습니다! 나는 여러분 대다수가 다음과 같은 대답, 즉 '우리가 에스페란토주의를 홍보하고 시위를 벌이는 것은 에스페란토에서 얻을 수 있는 개인적인 유용함 때문이 아니라 에스페란토주의가 내포하고 있는 전체 인류를 위한 중요한 의미와 또 우리 같은 적극적인 에스페란티스토들을 에스페란토운동으로 끌어당기는 공통의 목표를 위해서'라고 한목소리로 답하리라는 점을 의심하지 않습니다. 동시에 동지들을 만나는 기쁨, 서로 손을 맞잡고 상호 간의 만남을 통해 격려하면서 함께 있는 시간을 통해 에스페란토주의가 내포하고 있는 이상에 대한 애정과 열정을 나누기 위해, 우리는 매년 세계 각지에서 달려와 대회를 개최하고 있습니다. 고대 유대인들이, 자신 내부에서 유일唯一신에 대한 애정을 공고히 하기 위해, 일 년에 세 차례 예루살렘에서 모이는 것처럼, 우리도, 에스페란토주의에 대한 사랑을 강화하기 위해, 매년 에스페란토의 수도([옮긴이] 에스페란토가 활발하게 보급되고 있는 주요 도시를 의미)에서 모이고 있습니다. 이것이 바로 에스페란토대회의 중요한 본질이고 목적입니다.

'에스페란토주의가 내적 사상과 확실하고 강력하게 연결되어 있고, 바로 이 때문에 아주 많은 사람이 자신이 이 사상을 신봉하는 것으로 오해받지 않기 위해 에스페란토 배우기를 두려워하거나 이 언어의 사용을 원하지 않는다.' 라고 전 세계 사람들이 이해하고 있습니다. 이 때문에 많은 사람이 겁에 질려 우리에게서 떨어져 나가지 않게 하려고, 우리는 단순한 에스페란티스토가 되는 것, 다시 말해 단순히 에스페란토를 사용하는 어떤 사람도 이런저런 이념의 일원이 될 것을 강요받지 않아야 하고, 모든 에스페란티스토는 전적으로 자유로우며 또 특정한 에스페란티스토들이 다른 에스페란티스토들의 사상을 책임지거나 대표하지도 않는다는 점을 〈불로뉴 선언〉을 통해 해명해야 했습니다. 그러나 실용적인 에스페란티스토, 즉 단순히 에스페란토를 배우고 사용하는 누구에게도 어떤 특정한 이념을 따르도록 강요해서는 안 되지만, 에스페란토를 위해 싸우는 모든 사람 또는 적어도 대다수 사람을 하나의 공통된 사상으로 묶어 내는 것이 우리의 사업을 위해 전체적으로 용기를 불어넣는 일이 될 것이란 점은 누구도 의심할 수 없을 것입니다.

모든 에스페란티스토는 각기 자신이 원하는 신념을 갖거나 그런 행동을 할 수 있으며, 그들이 우리의 신념이나 행동에 대해 책임지지 않는 것처럼 우리도 그들의 신념이나 행동에 책임지지 않습니다. 어떤 사람이 가장 극단적인 이기주의자, 종족 배외주의자, 다른 사람을 혐오하는 사람 또는 심지어 가장 추악한 범죄자일 수 있지만, 만약 그가 에스페란토를 사용한다면, 우리는 그가 자신을 에스페란티스토라고 칭하는 것을 허용할 수밖에 없습니다. 그러나 만약 그가 에스페란토대회에 참가하기를 원하거나 우리의 상징인 녹색 깃발을 지닌 다른 어떤 에스페란토단체에 가입하기를 원한다면, 그때는 상황이 변하게 됩니다. 그는 특별한 규칙, 관습과 원칙을 가진 어떤 나라에 들어오게 되는 것입니다.

에스페란토국國(에스페란토를 사용하는 지역이나 모임 등을 의미)은 언어로서의 에스페란토뿐만 아니라 에스페란토의 내적 사상이 지배하고 있습니다. 에스페란토국에는 공식적이고 일반적인 에스페란티스토뿐 아니라, 아직 명확한 형태를 갖추지는 않았지만 모든 에스페란티스토들이 아주 잘 느낄 수 있는, 어떤 다른 사상들과 또 에스페란토를 상징하는 녹색 깃발이 있습니다.

녹색 깃발이란 무엇을 뜻할까요? 만약 에스페란토를 사용하는 어떤 사업가가 단지 자신의 상품을 판매하기 위해 사용하거나 어떤 운동선수가 단지 자신의 즐거움을 위해 에스페란토를 사용한다면, 우리의 깃발은 단지 우리의 언어를 상징하는 것이며, 우리의 대회나 조직을 위해 단순하게 서로가 동의한 장식품일 뿐입니다. 그러나 에스페란토를 위해 투쟁하는 우리는 이 깃발에서 분명히 다른 어떤 것을 보게 됩니다. 그것은 우리에게는 어떤 측면에서는 신성한 것이고 또 우리의 평화로운 투쟁을 위해 높이 치켜들고 행진하는 상징이며, 언젠가는 아니면 수백 년 후에라도 오직 에스페란토를 위한 우리의 노력이 목표에 도달할 수 있을 것이라는 희망을 항상 기억하게 해 주는 함성이기도 합니다.

중립적인 언어를 토대로,
서로를 이해하면서,
모든 사람의 동의하에 하나의 거대한 가정을
건설할 것이다.

우리는 어떤 종족의 내적인 삶에 간여하기를 원하지 않으며 단지 서로 다른 종족을 연결해 주는 다리를 놓으려 한다는 점을 끊임없이 주장해 왔습니다. 이념적인 에스페란티스토들의 격언이 지금까지 결코 구체적으로 형성되지는 않았지만, 우리는 항상 분명하게 다음과 같이 느끼고 있습니다. '우리는 다양한 종족이 상대방에게 자신의 특성을 강요하는 것이 아니라, 평화롭게 형제처럼 서로 왕래할 수 있는 중립적인 토대를 만들 수 있기를 희망한다.'

나는 위에 언급한 이런 내용이야말로 인류의 가장 아름다운 꿈으로, 세계 각지에서 매년 우리를 불러 모으는 아름답고 장엄한 녹색 깃발이 내포하고 있는 좌우명이라고 생각합니다.

앞에서 언급한 좌우명의 모든 세세한 내용을 구체적으로 형성하기 위한 시기가 아직은 오지 않았습니다. 이러한 것들은 매년 개최되는 우리의 대회와 삶을 통해 자연스럽게 그리고 천천히 형성될 것입니다. 나는 단지 녹색 깃발의 상징 아래서 진행되는 우리 대회가 단지 에스페란토어 대회가 아니라 에스페란토주의의 내적 사상의 대회가 되기를 원합니다. 따라서 종족 간의 벽을 무너뜨리는 방향으로 우리를 인도하는 녹색 깃발의 정신을 느낄 수 있는 어떤 주제도 우리 대회의 주제가 될 수 있습니다.

여러분은 우리 대회의 중립성에 대해 자주 들었을 것입니다. 그렇습니다. 중립성이야말로 우리 대회의 중요한 원칙입니다. 그러나 이 중립성이 어떤 것인지에 대해 우리 모두 정확하게 이해해야 합니다. 중립성은 모든 국제대회에 존재하지만 이런 대회의 중립성이란 단지 교묘한 기교일 뿐입니다. 그러나 우리에게 중립성이란 가장 중요한 원칙입니다. 좀 더 정확하게 표현하자면 그것은 종족 간의 관계를 중립화하는 것으로 우리 사업의 전체 목표이자 주요 내용입니다. 따라서 우리가 주최하는 대회에서는 외교관들에게만 해당하는 특별한 정치적 사건들 또는 목회자들이나 철학자들에게 해당하는 특별한 종교적인 문제들에 대해 결코 언급해서는 안 됩니다. 그 이유는 우리가 우리와 다른 어떤 종족이나 다른 종교를 믿는 집단을 공격하는 것을 녹색 깃발이 허용하지 않기 때문입니다. 반대로 우리 대회에서 다른 어떤 사람을 공격하지 않으면서 대중을 연결하는 평화의 다리를 만드는 작업은 결코 두려워하거나 피해서는 안 되며, 오히려 바로 이런 작업이 우리 대회의 본질적인 내용이 되어야 합니다. 왜냐하면, 이런 내용이 바로 녹색 깃발의 본질이기 때문입니다.

만약 우리가 이러한 녹색 깃발의 요구를 기억한다면, 우리는 더 이상 말하고 행동하기를 주저하지 않을 것이며, 우리의 목표를 향해 의식적이고 용감하게 행진할 것이고, 그 결과 우리의 대회는 매년 더 흥미롭고 인류에게 더 중요한 대회가 될 것입니다. 이렇게 되면 녹색별은 비겁한 침묵의 상징이기를 멈추고 우리 사업의 상징이 될 것입니다.

종족 간의 장벽을 허무는 모든 노력이 우리 대회의 목표에 포함되어야 합니다. 종족과 민족 들 간의 관계는 거대하고 광범위하며, 우리가 토론해야 할 주제들 역시 광범위하고 엄청나게 많습니다. 이런저런 주제의 어떤 특수한 조직에 참여할 의도가 전혀 없는 사람들은, 국제 관계의 편리성과 중립성을 위해, 예를 들자면, 국제적인 화폐, 시간 및 달력 체계 등을 우리 대회에 제안할 수 있을 것이고, 그때 우리는 그런 제안들이 좋은 것인지 나쁜 것인지 검토할 수 있을 것입니다. 그러나 그런 제안 들에 대한 토론이 우리의 강령에 반한다고 말해서는 안 될 것입니다. 사람들은 또 우리에게, 모든 종족과 교회들의 특별한 축제와 모든 대중을 우호적으로 연결하는데 기여할 수 있는, 종족들 간의 축제를 개최하자고 제안할 것이며, 다른 비슷한 사업들도 제안할 것입니다. 그러나 아직 모든 일에 대해 구체적으로 말할 시기가 아닙니다. 그 때문에 여러분과 아주 많은 대화를 나누고 싶지만 단지 몇 마디 단어로 암시할 수밖에 없음을 양해해 주기 바랍니다. 사업이 시작되면서 점점 더 사소한 일들이 중요한 일들로 전환되고, 단순히 물질적인 사업들이 인간의 정신과 도덕의 모든 부분으로 전환되면, 사람들은 인류가 형제처럼 다정하게 지낼 수 있도록 봉사하고 또 종족 간의 장벽을 허무는데 기여할 수 있는 다양한 방법들을 우리에게 제안할 것입니다. 이런 모든 제안을 우리가 수용할지 거부할지에 대해 판단할 수는 있지만, 결코 맹목적으로 배제해서는 안

될 것입니다. 왜냐하면, 서로 다른 종족이 우애롭게 지낼 수 있도록 기여하고 대중 간의 적대적인 벽을 무너뜨리는 데 기여할 수 있는 모든 것(이런 것들이 특정한 종족의 내적 생활에 개입하지 않는다는 전제 아래)은 녹색 깃발의 이상에 포함되기 때문입니다.

친애하는 친구 여러분! 대체 무엇이 우리 대회의 목표가 되어야 하는지에 대한 내 견해를 말하고자 합니다. 모든 에스페란티스토가 단지 자신이 에스페란토를 사용하고 있다는 사실에 만족하더라도, 우리 대회는 언어뿐 아니라 에스페란토주의의 내적 사상에 대해서도 논의해야 한다고 나는 생각합니다. 그러나 이것은 어디까지나 나의 개인적인 생각일 뿐이며, 이런 생각을 대회의 어떤 공식적인 프로그램으로 제안할 생각이 전혀 없다는 점을 다시 한번 강조합니다. 우리 대회는 오로지 에스페란티스토들의 대회가 되어야 하며, 대회의 규정에 따라 프로그램이 준비되어야 한다는 전제 아래, 우리 대회는 완전히 자유롭고 항상 대다수 에스페란티스토의 견해와 염원에 부합하는 대회가 되어야 합니다. 여러분이 내 의견을 인정하거나 인정하지 않거나 그리고 여러분이 녹색 깃발의 요구대로 일하거나 그렇지 않은 것과 관계없이, 여러분의 가슴속 깊은 곳에서 여러분은 녹색 깃발이 내포하고 있는 의미를 느낄 것이며, 여러분 모두가 그것이 단지 언어 그 이상의 의미가 있다는 것을 느낄 것이라는 점을 의심치 않습니다. 우리가 모두 매해 개최되는 에스페란토대회에 더 많이 참가할수록, 우리는 좀 더 가까워질 것이며 녹색 깃발의 원칙들이 우리의 영혼 속에 깊숙하게 자리 잡을 것입니다. 많은 사람이 에스페란토에 대한 단순한 호기심이나 스포츠를 즐기기 위해 또는 어떤 기대하는 이익 때문에 에스페란토주의에 참여했지만, 에스페란토국에 한 번 빠져들면, 자기 자신의 의지와는 관계없이 점점 더 이 나라에 빠져들 것입니다. 에스페란토국은 미래 인류가 점차 서로 친구가 될 수 있도록 교육하는 학교가 될 것이며, 이런 모든 것들이 우리 대회의 가장 중요한 가치가 될 것입니다.

에스페란토여 영원하라! 가장 먼저 에스페란토주의의 목적과 내적 사상이여 영원하라! 대중들의 우애여 영원하라! 종족들 간의 장벽을 허무는 모든 것이여 영원하라! 녹색 깃발이여 번성하여 꽃피우고 영원하라!

11장
자멘호프의 마지막 회고[1]

지금 내가 쓰고 있는 이 글은 지금 생각한 내용이 아니라 40여 년 전인 16~18살 때 내 머릿속에서 생겨나기 시작해 변화 발전한 내용이다. 그때부터 나는 많은 과학 및 철학 서적을 읽으면서 깊게 고민했지만, 하느님과 영생불멸에 대한 생각은 거의 변하지 않았다.

내가 과학계에서 모든 형태의 존중을 상실하는 동안, 나는 신도들 사이에서도 (내가 국제어를 위해 헌신한 노력에 대한) 어떠한 보상적 호감도 얻지 못한 채 십중팔구 공격만 받을 것이다. 단지 내 믿음이 그들의 믿음과 전혀 다른 것이라는 이유로⋯ 내가 좀 더 신중했다면 침묵했을 텐데, 나는 그렇지 못했다.

내 어머니는 신앙인이었지만 아버지는 무신론자였다. 어렸을 때, 나는 우리 종족의 종교에서 가르치는 형상의 하느님과 영혼의 불멸성을 믿었다. 내가 몇 살 때부터 신앙심

---

1. [디테를레] 프리바(Edmond Privat, 1889~1962)는 자멘호프의 이 짧은 글들을 그의 책상 위에 놓여 있던 연필로 쓴 마지막 자필 원고(미완성의 4페이지짜리 문서)에서 발췌해 인용했다. 프리바는 자신의 책에서 이 글이 "영혼의 불멸성"에 대한 논문으로 계획된 원고였다고 언급했지만, 이 초고를 누가 소유하고 있고, 또 어디에 보관되어 있는지에 대해서는 밝히지 않았다.

을 상실했는지 정확하게 기억하지 못하지만, 15~16살 때쯤 종교에 대한 나의 불신이 최고조에 달했다는 사실은 기억하고 있다. 그때가 내 생에서 가장 고통스러운 시기였다. 내 눈에 비치는 모든 삶에서 어떤 의미나 가치도 찾지 못했다. 무엇 때문에 그리고 무엇을 위해 창조되었는지도 모르고, 영겁永劫에서 아주 짧은 순간을 살다가 곧 썩어 없어질 그리고 또 앞으로 다가올 수백만 년 아니 수십 억 년 동안 결코 다시 출현하지 않을, 의미 없는 고깃덩어리를 나와 그들에게서 발견하고서, 나는 나 자신과 그들을 불경스러운 시선으로 바라보았다. 나는 무엇을 위해 살고, 배우고 일하고 또 사랑하는가? 이렇게 의미도, 가치도 없고 우스꽝스러운….

나는 '죽는다는 것이 사라진다는 의미는 아닐 거야… 자연계에는 어떤 법칙이 존재하겠지 … 내 숭고한 목적을 위해 뭔가가 나를 지켜줄 거야…'라고 느끼기 시작했다.

부록

인류인주의에 대한 자멘호프의 문헌들

일러두기

1. 자멘호프는 어린 시절의 경험을 통해 언어·민족·종교의 차이가 인류의 평화와 공존을 방해하는 가장 중요한 요인이라고 판단하고 이를 해결하기 위한 방안으로, 언어 문제는 1민족 2언어주의, 즉 모든 민족이 자신의 민족어와 더불어 언어가 다른 민족 간의 소통을 위한 국제어를 사용하는 것을 통해 해결하자고 주장했다. 다른 한편으로 종교 문제는 특정 민족과 관련된 종교 및 여타 종교 간의 불화로 발생하는 불화와 적대를 해결하기 위해 인류 구성원 전체가 수용할 수 있는 중립적이면서 이상적인 국제종교를 구상했다. 그러나 그의 이런 순진한 이상은 에스페란토운동에서 제2의 전성기를 주도한 실용적인 프랑스 에스페란티스토들의 강력한 반대에 부딪히면서 동력을 상실했다.

그럼에도 불구하고 매우 이상적인 인본주의 사상이 자멘호프를 평생 사로잡았으며, 그에게 있어서 이 사상은 명백하게 이상적인 목표를 향해 가는 수단으로 사용된 국제어 이념을 뛰어넘는 가장 중요한 사상이었다. 그는 힐렐주의와 인류인주의를 거의 같은 의미로 사용했지만, 힐렐주의로 대표되는 그의 초기 이상은 우여곡절을 거쳐 인류인주의로 완성되었다. 그러나 다음과 같은 요인으로 자멘호프는 에스페란토운동 초기에 자신의 본명으로 이 이상에 관해 발표하기를 주저했다. 1) 당시 러시아의 정치적 상황, 2) 자신의 국제어 이념에 동조하는 가장 친한 동지들에게서조차 비판과 공격을 받을 것이라는 우려, 3) 자멘호프 자신에게는 거의 같은 목표이지만 원칙적으로 다른 이상인 국제어 이념과 인류인주의를 다른 사람들이 서로 뒤섞는 것을 원치 않아서.

2. 『러시아 에스페란티스토』(*Ruslanda Esperantisto*) II 1, 2호(1906년)에 각각 발표된 「힐렐주의 교리」와 「힐렐주의 교리에 대한 보충」, 같은 해 페테르부르크에서 「힐렐주의 교리」를 개정, 보충해 소책자로 발행한 「인류인주의(힐렐주의)」, 인류인주의에 대한 돔브로스키 교수의 질문에 대한 답변 「인류인주의에 대하여」(Pri Homaranismo, 『러시아 에스페란티스토』 II 5호, 1906) 및 프랑스 에스페란토주의자 보프롱에게 보낸 공개서신(『러시아 에스페란티스토』 II 6~7호, 1906) 등에서 자멘호프는 자신의 본명을 사용하지 않았으며, 1913년 에스파냐어로 발행된 『인류인주의』에서 처음으로 자신의 이름을 밝혔다. 여기서는 1906년 가장 처음 발표된 「힐렐주의 교리」와 1913년 가장 완성된 형태로 발표된 「인류인주의」를 옮겼다. 인류인주의 사상의 발전에 대한 좀 더 깊은 이해를 원하는 사람은 앞에서 언급한 논문과 편지들을 참고하라.

힐렐주의 교리[1]

방대한 범 러시아 지역의 다양한 민족과 종교 구성원들 사이에 끊임없이 지속하고 있는 분쟁과 매일 곳곳에서 진행되고 있는 소수민족 주민에 대한 다수민족 주민의 불공정 행위 및 폭행 사건들, 그리고 소수민족 주민이 다수민족 주민과 마찬가지로 자신의 조국에 대한 동등한 도덕적 권리를 갖고 있음에도 같은 나라 안에서 다수가 소수를 집어 삼켜 버리려는 시도들이 진행되고 있다. 이런 이유로 인해 오래전부터, 적어도 같은 국가 구성원 사이에 민족과 종교가 다르다고 서로 충돌하고 증오하면서 부당하게 대하는 것을 지양하고, 대신에 평화롭고 우애롭게 교류할 수 있는

---

1. [옮긴이] 이 논문은 〈첫 힐렐주의자 소그룹〉 명의로 『러시아 에스페란티스토』 편집부에 배달되었다(힐렐주의는 바빌로니아 현자인 힐렐의 이름에서 차용한 것인데, 힐렐은 예수와 동시대인으로 히브리 최고 법정의 의장을 지냈고, 구전(口傳) 율법인 탈무드의 대가로 추앙받았다). 『러시아 에스페란티스토』 II, 1906, 1호. 동시에 소책자로 출판.

어떤 중립적인 토대의 구축이 요구되어 왔다. 이런 중립적인 토대를 아래서 언급할 '힐렐주의' 교리를 통해 제시하고자 한다.

인류인주의의 기본 사상은 10년 전에 고안되었는데 지금과는 조금 다른 형태였으며, 당시에는 단지 한 무리의 사람들과 이들을 둘러싸고 있는 주변 세계와의 관계를 규정하기 위해 특별하게 고안되었다. 시간이 흐른 후 이 힐렐주의는 모든 민족과 종교적 특성으로부터 독립적이고 어떤 제약도 받지 않으면서 모든 민족과 종교들의 상호 관계에서 유일하게 공정한 규정으로서의 특징을 갖게 되었다. 그런데도 이 사상의 선각자들은 이론적으로는 좋지만, 현실에서는 실현되기 어려울 것이라는 두려움 때문에 오랫동안 자신의 교리를 용기 있게 구체적으로 공식화하지 못했다.

그러나 지난해 여름이 끝나 가는 시점에 모든 사람의 의구심을 해소할 만한 사건이 발생했다. 1905년 8월, 프랑스 불로뉴-쉬르-메르에서 개최된 〈제1차 세계에스페란토대회〉의 성공은 모든 사람의 예상을 뛰어넘는 것이었다. 세계 각지의 다양한 국가들에서, 22개 민족에 속하는 다양한 사람들과 서로 다른 종교 및 철학적 신념을 가진 1,000명이 넘는 사람들이 이곳으로 달려와 중립적인 국제어만을 사용하면서 일주일 동안 진정한 우정과 형제애를 나누고 또 중립적이고 인간적인 종교적 원리들에 대해 서로 고백했다. 넓지만 꽉 들어찬 대회장에서 진행된 수많은 강연과 토론을 경청한 사람들, 수많은 종족의 구성원들이 함께 준비한 예술 공연에 참여했던 사람들과 관람자들, 그리고 대회에 참석한 모든 사람을 지배했던 감동적인 우정과 완벽한 (소통의) 원활함을 목격했던 사람들은, 어제까지만 해도 전혀 알지 못했던 사람들을 중립어가 하나로 묶어내고, 이들이 동화처럼 쉬운 중립어를 배우는 데 바친 몇 주의 시간이 기적을 만들어 냈으며, 또 이 언어가 누구도 자신의 조국, 언어 또는 종교로부터 분리하지 않은 채 다양한 민족, 종교를 가진 사람들이 아주 평화롭고 진실한 우정을 발휘하면서 공존할 가능성을 주었다는 사실을 믿을 수 없었다.

불로뉴 대회의 놀라운 성공은 힐렐주의 주창자들에게 다양한 민족 구성원 간의 절대적인 정의와 평등이 현실에서도 완전히 가능하다는 사실을 확인시켜 주었다. 따라서 그들은 국제어 지지자 내부에서 별도의 활동을 위한 특별한 단체로의 통합을 다양한 민족 구성원들 간의 공정公正함을 지지하는 모든 친구에게 제안하기 위해, 바로 다음 해인

1906년 9월, 스위스의 제네바에서 열리는 〈제2차 세계에스페란토대회〉를 활용하기로 했다.[2]

그러나 당시 초기 힐렐주의자들의 조국에서 전개된 상황은 그들이 자신의 계획을 원래보다 훨씬 앞당겨 진행하도록 재촉했다. 새로운 삶을 향한 모든 의식이 우리 내부에서 깨어나고, 사회적 양심이 자신의 존재에 대한 징조를 드러내기 시작하고, 또 '억압자와 피억압자' 대신 '사람들'과 '특정 종족의 구성원들'[3]만이 존재하게 될 것이라는 희망을 품게 되면서, 이제 우리는 '각각의 자기 민족'이 아닌 '우리 모두'를 위해, 다양한 종족으로 구성된 우리 조국에서 어떤 종족의 구성원이 다른 종족 구성원에게 무력으로 자신의 순수한 가족적 이상을 강요하지 않으면서도 국가 구성원이 모두가 완전히 평화롭게 살 수 있도록 하는 정치-종교적 교리敎理를 확정할 필요가 있다. 우리 조국이 우리의 모든 역량이 있어야 하는 현재의 위기 상황에서, 다양한 민족과 종교를 가진 모든 국민에게 상호 간의 불화와 자신의

---

2. 사람들은 힐렐주의와 에스페란토주의를 뒤섞지 말아야 한다! 이 두 사상이 서로 매우 가까운 관계에 있지만, 결코 동일하지는 않다. 누구든지 좋은 에스페란토주의자이면서도 힐렐주의의 반대자가 될 수 있다.

3. 이 부분은 제1차 러시아 혁명 기간(1905~1906)에 쓰였음을 주의해야 한다.(네크라소프[N. Nekrasov])

이익만을 위한 이기적인 행동을 중단하고, 어떤 한 민족이나 종교에 속한 집단이 아닌 모든 국민의 공동체로서의 국가를 구하기 위한 진정한 통합을 위해, 이러한 교리들을 우리 삶에 도입할 필요가 있다. 우리 국민 대다수가 아직 우리의 생각을 받아들일 준비가 되어 있지 않고, 우리의 목소리 역시 오랫동안 공허한 외침으로 남겠지만, 그런데도 우리의 원칙을 국민들에게 홍보해야 하는 이유는, 민족들 간의 평등함을 추구하는 사람들이 많지는 않지만 존재한다고 믿기 때문이다. 이것이 바로 우리 힐렐주의자들이, 우리의 모임에 가입하는 사람들이 아무리 적더라도, 민족 간의 평등과 우애를 지지하는 모든 친구에게 우리의 교리를 공개하기로 한 이유다.[4]

1906년 1월

---

4. 힐렐주의자 본부가 설립되기 전까지 힐렐주의를 인정하는 사람들은 지금 우리의 이 편지를 출판한 잡지사의 편집부로 자신의 주소를 보내 주시면 고맙겠다. 주소 :『러시아 에스페란티스토』편집부. S.-Peterburgo, B. Podjačeskaja, d. No. 24, loĝ. 12.

사전 설명

아래에 제시된 힐렐주의 교리는 단지 원칙적인 내용이며, 이 교리의 구체적인 내용은 후일 힐렐주의자들의 첫 대회에서 결정될 것이다.

힐렐주의의 본질

힐렐주의는 모든 사람을 자신의 조국, 언어 및 종교로부터 분리하지 않으면서, 자기 민족과 종교적 원칙에 배치되는 어떤 종류의 거짓과 반박도 피할 수 있게 해 주고 또 중립적이고 인간적인 토대, 상호 간의 우애, 평등 및 정의의 원칙 위에서 언어와 종교가 다른 모든 사람 사이의 소통을 가능하게 해 줄 것이다.

힐렐주의의 최종 목표

힐렐주의자들은 중립어와 중립적인 종교적 원칙 및 관행을 바탕으로 한 상호 간의 지속적인 소통을 통해 사람들이 점진적이고 차분하게 그러나 중단 없이 하나의 중립적 인류의 구성원으로 융화되기를 희망한다.

힐렐주의자 선언

사람들이 내가 누구고, 내 민족적 소신과 종교적 원칙은 무엇이며, 또 내 이상과 목표가 무엇이냐고 묻는다면, "나는 힐렐주의자다."라고 대답할 것이다. 이 말은 내가 다음과 같은 교리에 따라 행동하는 사람이라는 것을 의미한다.

1

나는 사람이며, 나에게는 순수한 인간적 이상만이 존재한다. 나는 모든 형태의 종족-국가적인 이상과 목표를 언젠가는 반드시 소멸해야 할 집단 이기주의와 인간에 대한 적개심으로 간주하면서, 내 힘으로 이러한 것들의 소멸을 촉진해야 한다.

2

나는 모든 사람이 평등하다고 믿으며 모든 사람을 그의 출신이 아니라, 오직 그 사람의 인간적인 능력과 행동으로 평가한다. 그가 나와 다른 민족, 종교, 언어를 갖고 태어났다는 이유로 가해지는 모든 공격과 탄압을 나는 야만적인 것으로 간주한다.

3

나는 모든 국가는 어떤 특정한 사람이나 종족에 속하지 않고 그들이 어떤 언어를 사용하거나 종교를 갖고 있는가에 관계없이 그 지역에 사는 모든 주민에게 전적으로 평등하게 귀속된다고 믿는다. 어떤 국가의 이익에 이런저런 종족, 언어 또는 종교의 이익을 개입시키는 것을 나는 오직 주먹과 칼의 힘만이 존재했던 야만 시대의 유물로 간주한다.

4

나는 모든 사람은 자신의 가정에서 자신이 원하는 언어나 방언을 사용할 수 있는 태생적이면서도 온전하며 논쟁이 불필요한 권리를 갖고 있고 또 자신이 원하는 종교를 고백할 수 있지만, 다른 종족 출신의 사람과 소통할 때는 가능한 중립적이고 인간적인 언어를 사용하거나 그러한 종교의 원칙에 따라 생활해야 한다고 믿는다. 어떤 한 개인이 자신의 언어나 종교 등을 다른 모든 사람에게 강요하는 모든 시도를 나는 야만적인 행위로 간주한다.

5

　나는 내가 태어났거나 평생 거주한 지역을 조국이라 부른다. 내가 어린 시절을 보냈거나 특히 내 종족이 사는 지역은 다른 어떤 지역보다 내게 소중하지만, 우리 종족이 한때 지배했거나 현재 우리 종족의 대다수가 살고 있다는 이유로 우리가 사는 지역의 일부 또는 다른 지역 일부를 결코 조국이라 불러서는 안 된다. 그 이유는 이러한 행위가 끊임없는 분쟁을 초래할 뿐 아니라 하나의 인류라는 보편성의 도덕률에 반하기 때문이다. 내가 사는 조국의 어떤 지역이 지리적 특성이나 관습 등에서 다른 지역과 크게 차이가 있다면, 오해를 피하고자 내가 거주하고 있는 그 지역을 별도의 호칭으로 부르자고 국가에 제안할 수 있다. 그리고 이때 나는 내가 이 지역을 조국의 배타적인 영토가 아니라 단지 조국 영토의 일부로 간주하고 있음을 명확하게 하기 위해 '내 조국'이 아니라 내 조국의 '땅'이라 불러야 한다. 그러나 조국의 전체 영토 또는 그 일부를 어떤 종족의 이름으로 불러서는 안 되고, 대신 모든 새로운 국가처럼 오직 중립적인 지리적 명칭을 붙여 불러야 한다. 만약 내가 사는 국가나 지역이 아직 중립적인 명칭을 갖고 있지 않다면, 적어도 힐렐주의자들과 대화할 때라도, 전체 조국을 가리킬 때는 자신이 사는 주요 도시의 명칭에 국가regno라는 단어를, 그리고 일부 지역을 가리킬 때는 자신들이 사는 주요 도시의 명칭에 지역lando이라는 단어를 붙여 사용하는 힐렐주의자의 방식으로 국가와 지역의 명칭을 사용해야 한다.

예 : 스위스Svisujo, 벨기에Belgujo, 오스트리아Aŭstrujo, 캐나다Kanado, 멕시코Meksiko, 페루Peruo, 페테르부르크Peterburgregno, 파리Parizregno, 알제리Alĝerio, 바르샤바Varsovilando.

6

나는 모든 국민의 출신, 언어 또는 종교와 관계없이 오직 전체 국민의 선을 위해 일하는 것을 애국주의 또는 국가에 대한 봉사라고 칭한다. 어떤 지역에 더 많은 수를 차지하고 있는 주민들의 언어, 종교 및 종족의 이익을 위한 특별한 봉사를 나는 결코 애국주의라 칭하지 않는다. 어떤 구성원들이 심지어는 절대다수를 차지하더라도 자신의 언어나 종교를 다른 종족 출신의 구성원들에게 강요할 수 없다는 도덕적 원칙에 부응하여, 모든 종족은 원한다면 자신의 언어 또는 종교에 기초해 그 구성원들을 위한 학교 또는 다른 기관을 설립할 수 있는 권리를 갖고, 어떤 특정 종족을 위한 목적을 갖지 않은 모든 공공 기관에서는 오직 중립적이고 인간적인 언어와 지역의 축제들이 보장될 수 있도록 노력해야 한다.

이러한 목표에 도달하기 전까지, 나는 우리나라에, 다른 종족의 언어를 사용할 능력이 없거나 원하지 않는 구성원들을 위한, 중립적이고 인간적인 언어를 사용하는 학교나 기관이 설립될 수 있도록 노력해야 한다. 그리고 지배권 확보를 위한 언어나 종교 간의 어떠한 상호 투쟁에 대해서도, 이러한 투쟁은 단지 어떤 부정의不正義의 또 다른 부정의에 대한 투쟁에 지나지 않기 때문에, 나는 중립을 지켜야 한다.

7

나는 구성원의 대다수가 같은 종족 출신인 지역에서는, "오랫동안 하나의 언어 또는 종교가 다른 언어나 종교를 지배하는 부정의에 대해 이해하지 못한 채", 전력을 다해 언어와 종교의 평등을 위해 노력하는 모든 형태의 투쟁에 반대하고 또 평등을 위해 투쟁하는 사람들을 탄압하고 모욕할 것이라는 사실을 인식하고 있다. 그러나 나는, 내가 절대적인 선과 정의를 위해 투쟁하고 있다는 점, 어떤 국민도 내일 자신에게 어떤 일이 발생할지 모르는 상황에서, 모든 언어와 종교를 평등하게 대하는 것이 국가들 간의 온갖 전쟁과 불화의 원인을 제거해 줄 수 있다는 점, '국가는 국민을 위해'라는 격언에 반하는 모든 행동과, 국민 일부의 다른 국민에 대한 모든 형태의 폭력은 심지어 그것이 절대다수가 극소수 집단에 행한 것일지라도 항상 폭력일 뿐이라는 점, 인류의 굳건한 행복은 모든 국민과 국가들이 장소, 시간 및 힘에 따라 달라지지 않는 오직 절대적이고 평등한 정의가 존재할 때만, 그리고 모든 국가에 종족이 아니라 사람과 국민이 존재할 때만 가능하다는 점 등을 기억하면서, 이런 탄압에 절대 흔들리지 않을 것이다.

8

나는 내 조국에 사는 사람들 전체를 그들의 출신, 언어 및 종교와 무관하게 내 민족이라고 부를 것이다. 그러나 나는 내 민족을 국수주의적 의미로 분류하지 않는다는 것을 입증하기 위해 항상 내 민족의 명칭 뒤에 '힐렐주의자'라는 단어를 붙이겠다. 나와 출신이 같은 모든 사람을 나는 내 종족이라 칭하며, 힐렐주의자들과의 대화에서 '민족'nacio, '국민'popolo 같은 혼란스러운 단어들 대신, 구체적인 힐렐주의자의 표현인 '한 국가의 주민'regnanaro 또는 '한 지역의 주민'landanaro을 사용하겠다. 그러나 내 국민과 지역주민을 결코 어떤 종족의 이름으로 부르지 않을 것이며, 항상 그들을, 적어도 힐렐주의자들과의 대화에서는, 국가나 지역의 중립적인 지리적 명칭을 사용해 부를 것이다. 나의 대화 상대방이 내가 어떤 정치-지리 및 인종 그룹에 소속되어 있는지 알고 싶어 할 때만 나의 종족, 언어 및 종교에 관해 이야기할 것이다.

예 : 스위스-힐렐주의자Sviso-hilelisto, 페테르부르크-국가 힐렐주의자Peterburgregna-hilelisto, 바르샤바-지역 힐렐주의자 Varsovilanda-hilelisto.

9

나는 내가 개인적으로 가장 잘 알고 사용하기를 희망하는 언어를 '내 언어'라고 말하겠다. 그러나 내가 그것을 어떤 '우상'偶像으로 간주하지 않으며 내 이상은 중립적이고 인간적인 언어임을 입증하기 위해 나는 이 언어에 항상 '힐렐주의자'라는 단어를 붙일 것이다. 모든 힐렐주의자 모임과 가능하면 모든 힐렐주의자와의 사적인 모임에서 나는 힐렐주의자의 언어를 사용할 것이고, 내 가정에서는 내가 원하는 언어를 사용하겠지만, 나는 그 언어를 '민족어'라 부르지 않고 '가족어'라 부를 것이다. 사람들이 내 '민족어'에 대해 질문할 때, 나는 '모든 민족이 현재 복수의 언어를 사용하고 있기 때문에 내 민족어에 대해 말할 수 없지만, 내 종족어(심지어 나 스스로가 전혀 그 언어나 방언을 사용하지 못하더라도 내 조국에서 우리 종족의 다수가 사용하는 언어나 방언)는 이것이다'라고 대답할 것이다.

주의: 현재는 에스페란토라고 불리는 하나의 중립어만 존재하고 있기 때문에 힐렐주의자들은 그 언어를 받아들여야 한다. 그러나 그들은 후일 어떤 다른 유용한 언어가 등장한다면 에스페란토를 다른 언어로 대체할 권리가 있다.

10

나는 내가 태어난 지역에서 믿거나 내가 공식적으로 승인한 종교를 내 종교라 칭할 것이다. 그러나 그것이 힐렐주의의 종교적인 원칙에 의해 다음과 같은 내용으로 구성된 것임을 입증하기 위해 항상 '힐렐주의자'란 단어를 붙이겠다.

a) 나는 '세계를 지배하고 있고 또 그 본질에 대해 내 지혜와 심장이 내게 서술한 대로 설명할 권리를 갖는' 이해 불가능한 가장 고귀한 권능을, '하느님'이라고 이해한다.

b) 나는 "다른 사람이 네게 행하기를 원하는 것처럼 너도 다른 사람에게 행하고, 항상 양심의 소리에 귀를 기울이라"는 구절을 내 종교의 기본적인 법칙으로 간주한다. 그리고 그 외의 다른 모든 것들, 즉 인간 삶의 구체적인 사업과 정신적인 온유함을 위해 사람들이 도입한 것들과 이의 실천이나 거부가 나의 개인적 의지로 결정되는 것은 단지 전설 또는 종교적인 관습으로 간주할 것이다.

c) 나는 모든 사람이 이런저런 전통적 종교에 속하게 된 것은 그 종교가 그 자신의 개인적인 확신에 가장 많이 응답해서가 아니라 단지 그가 그 종교(적인 분위기 또는 상황) 안에서 태어났기 때문이며, 모든 종교의 본질은 같지만, 이들 종교가 서로 구별되는 이유는 사람들의 개인적인 선택에 속하지 않은, 전설과 관습 때문이라고 인식하고 있다. 따라서 나는 누구도 어떤 사람의 전통적인 종교를 근거로 그를 칭찬하거나 비난할 수 없으며, 사람의 좋고 나쁜 행위는 그의 종교 때문이 아니라 오직 그 자신과 그의 삶의 조건 때문이라고 인식한다. 종교 간의 유일한 차이점과

사람들 간의 종교적 증오의 유일한 원인을 제공하는 '종교적 관습들'은 하느님이 아닌 사람들이 만든 것이기 때문에, 나는 다양한 종교를 믿는 힐렐주의자들의 지속적인 상호 소통을 통해 모든 힐렐주의자의 다양한 형태의 종교적 관습들이 공통의 중립적이고 인간적인 풍습들에 그 활동 공간을 조금씩 양보하도록 협력할 것이다.

11

내가 사는 도시에 힐렐주의자 성전이 건립되면, 다른 종교를 믿는 힐렐주의자들과 형제애로 가득한 모임을 진행하면서, 그들과 함께 중립적이고 인간적인 축제와 관습을 만들어, 부모들이 자녀들에게 거짓 없이 전해 줄 수 있는 철학적으로 순수하면서도 아름다우며, 시적이고, 따뜻하면서도 규칙적인 삶을 가능하게 하는 인류 공통의 종교를 차근차근 만들어 가는 데 협력하기 위해, 가능한 한 자주 그곳을 방문할 것이다. 힐렐주의자의 성전에서 나는 삶과 죽음, 우리 자신의 '나와 우주', '나와 영원' 등에 관한 인류의 위대한 스승들의 저술 강연을 경청할 것이다. 이 성전은 젊은이들을 진실·선·정의 및 모든 인류의 형제애를 위한 전사로 교육할 것이며, 그들이 정직한 노동을 사랑하고 화려한 언변과 모든 비열한 악행에 대해 분노하도록 키워야 한다. 이 성전은 나이 든 노인들에게는 영혼의 휴식을, 고통받는 이들에게는 위로를, 그리고 어떤 일로 마음의 짐을 진 사람들에게는 양심의 부담을 내려놓을 기회를 제공해야 한다. 내가 사는 도시에 힐렐주의자 성전이 설립될 때까지, 나는 가능한 한 자주 이 도시의 다른 힐렐주의자들과 함께 대화하려고 모일 것이지만, 만약 그런 사람들이 여기에 존재하지 않는다면 다른 도시의 힐렐주의자들과 편지로 소통할 것이다.

12

나는 '힐렐주의자 선언'에 서명한 모든 사람과 현존하는 힐렐주의자 성전이나 모임에 가입한 모든 사람을 힐렐주의자라고 부른다.

2

인류인주의 선언[1]

서문

여기에 제시된 선언문은 나의 정치-종교적 신념을 표현하고 있다.

많은 사람이 나를 에스페란토의 창안자로 알고 있고 그 때문에 이 인류인주의를 에스페란토 또는 이른바 '에스페란토주의의 내적 사상'과 동일시하려고 하는데, 이것은 잘못된 것이다. 에스페란토의 본질은 완전한 중립성인 반면, 에스페란토주의는 중립적 언어를 토대로 한 만남에서 자연스럽게 표출되는 무제한의 우호적 감정과 희망으로서, 모든 에스페란티스토는 이 사상을 자신이 원하는 대로 해석하고 또 그것을 받아들이거나 거부할 수 있는 전적인 권

---

1. [디테를레] 호마로(Homaro) 출판사, 마드리드, 1913.

한을 갖고 있다. 인류인주의는 특별하고 또 아주 제한적인 정치-종교적 강령으로 전적으로 나의 개인적인 신념을 표현하고 있을 뿐이며, 다른 에스페란티스토들과는 아무런 관계도 없다.

에스페란토의 적들이 나의 이 인류인주의 선언을 에스페란토에 대한 투쟁의 도구로 사용하고, 나 자신의 아주 개인적인 원칙을 모든 에스페란티스토들에게 강요하는 것처럼 세계에 홍보할 것이라는 사실을 나는 충분히 예견하고 있다. 바로 이런 점 때문에 나는 아주 오래전부터 나의 신념을 아예 공표하지 않거나 익명으로 발표하려고 했지만, 나는 이런 생각이 용서할 수 없는 비겁함이라는 것을 깨닫게 되었고 곧바로 이런 생각을 거두었다. 그렇지만 다른 모든 에스페란티스토들이 나의 개인적인 정치-종교적 신념과 의심스러운 연대를 맺고 있다는 모든 의혹으로부터 벗어날 수 있도록, 나는 〈제8차 세계에스페란토대회〉에서 에스페란토와 관련된 모든 공식 직함을 내려놓았다.

내가 지금 나의 신념을 공표하는 것은 이것을 홍보하기 위해서가 아니라, 단지 내 친구들에게 내 신념을 알려서 이런저런 정치-종교적 문제에 내가 관련되었다는 사실에 그들이 놀라지 않고, 또 나와 같은 원칙을 가진 사람들

에게 우리가 같은 원칙을 갖고 있다는 사실을 알리기 위
해서이다.

바르샤바

1913년 5월

L. L. 자멘호프

인류인주의 선언

나는 인류의 한 구성원이며, 이것은 나 자신이 다음과
같은 원칙에 의해 살아간다는 것을 의미한다.

I

나는 사람이고 전 인류를 한 가족으로 간주한다. 나는
서로 적대적인 종족들과 종족–종교들의 공동체에서, 인류
를 분열시키는 다양한 행위들이 언젠가는 사라져야 할 가
장 커다란 불행이라 생각하고, 나의 능력이 닿는 대로 이러
한 행위들을 종식하기 위해 박차를 가할 것이다.

II

나는 모든 사람을 오로지 (평등한) 사람으로 바라보고,
모든 사람을 그 사람의 개인적 가치와 행동으로 판단한다.
나와 다른 종족이나 언어, 종교 또는 다른 사회 계급에 속
한다는 이유만으로 다른 사람을 탄압하고 공격한다면, 나
는 그러한 행위들이 야만적이라고 판단한다.

III

나는 모든 지역은 어떤 특정한 종족의 소유가 아니라 그 사람의 출신, 언어, 종교 또는 사회적 역할과 관계없이 그 지역에 거주하는 모든 사람이 완전히 평등하게 소유하고 있다고 판단한다. 나는 어떤 지역의 이익을 특정한 종족 또는 종교의 이익과 동일시하고, 동시에 그 지역 내부의 어떤 특정한 종족이 다른 종족들 위에 군림하며 그들의 지역에 대한 가장 기본적이고 자연적인 권리를 박탈하도록 허용하는 어떠한 역사적 권리들에 관한 구실口實도 오로지 주먹과 칼의 힘만이 존재하던 야만 시대의 유물이라고 판단한다.

IV

모든 국가와 지방의 명칭은 어떤 종족의 언어나 종교의 명칭이 아닌 중립적인 지리적 명칭을 사용해야 하는데, 그 이유는 오래 역사를 지닌 많은 나라가 여전히 사용하고 있는 특정 종족의 명칭이, 어떤 특정 종족의 후예를 자처하는 주민이 다른 종족의 후예로 추정되는 주민에게 자신이 그 지역의 주인이라고 주장하는 주요한 이유이기 때문이다. 따라서 이런 나라들이 중립적인 명칭을 갖게 될 때까지, 나는 적어도 나의 동지들과 대화하면서 이런 나라를 부를 때에는 그 나라의 수도 명칭 뒤에 국가regno나 지역 provinco 등의 단어를 덧붙이고자 한다.

V

나는 모든 사람은 자신의 사적인 삶에서 자신이 말하기에 가장 편리한 언어나 지역 언어를 사용할 수 있는 완전한 권리를 갖고 있으며, 자신을 가장 만족시키는 종교를 받아들일 권리가 있음을 인정한다. 그러나 다른 언어를 사용하거나 다른 종교를 믿는 사람들과 대화할 때는 중립적인 언어를 사용하고 중립적인 예절과 관습을 따르기 위해 노력해야 한다. 나는 같은 국민 또는 지역민들에게 있어서, 중립적인 언어라는 것이 국가의 언어 또는 지역의 더 많은 주민이 사용하는 문화어라는 점을 알고 있지만, 동시에 이것은 소수 거주민이 다수 거주민의 편리함을 위해 양보한 것일 뿐, 피지배 종족이 지배 종족에게 빚지고 있는 어떤 비굴한 찬사가 아니라는 점도 인식하고 있다. 나는 또 다양한 종족들이 서로 다투고 있는 지역의 공공 기관에서는 중립적인 언어를 사용하거나 적어도, 특정 종족어 교육을 위한 시설을 제외하고는, 중립적인 언어를 사용하는 특수학교 및 문화 시설들을 설립해서 원하는 모든 사람이 문화의 근

원을 이해하고, 국수주의적 냄새가 풍기지 않는 중립적인
분위기에서 자신의 자녀를 교육할 수 있도록 하는 것이 바
람직하다고 생각한다.

VI

나는 사람들 사이의 상호 분쟁이 절대 멈추지 않을 것
이라는 사실을 알기 때문에, 사람들이 어떤 '종족'의 명칭보
다 '인간'이라는 명칭을 앞세우는 데 익숙해지기 전까지, 그
리고 '국민'이라는 명확하지 않은 의미의 단어가 종종 종족
적 국수주의에 의해 불필요한 논쟁을 일으키고 오용誤用을
초래하며, 같은 국가 심지어는 같은 종족의 후손들을 적대
적으로 분열시키기 때문에, 나를 어느 민족과 연결할 것인
가라는 질문에 대해 나는 다음과 같이 대답한다. 나는 인
류의 한 구성원이다. 사람들이 특별히 내 국가, 지역, 언어,
출신 또는 종교에 대해 질문할 때만 구체적으로 대답한다.

VII

나는 내가 태어난 나라를 조국이라고 부르고, 내가 정
착해 주민으로 사는 지역을 고향이라고 부른다. 그러나 '지
역"lando이라는 단어의 불명확성 때문에, '조국'과 '고향'이라

는 단어의 의미가 매우 부정확하고 이로 인해 같은 지역에
사는 사람들 사이에서까지 논쟁을 불러일으키면서 서로
적대시하고 동시에 분열을 조장하기 때문에, 모든 의심스
러운 경우에 나는 이런 부정확한 단어들을 사용하는 것을
피하는 대신 좀 더 구체적인 단어인 '조국'patruja regno, '조국
의 지역'patruja regiono, '조국의 도시'patruja urbo, '고국'hejma regno,
'고향 지역'hejma regiono, '고향 도시'hejma urbo 등을 사용할 것
이다.

VIII

나는 한 국가에 속한 모든 국민이, 자신의 출생, 언어,
종교 또는 어떠한 사회적 역할과 무관하게 국가를 위해 선
한 일을 하는 것을 애국심이라 부른다. 그러나 어떤 특정
종족의 이익을 위해 봉사하거나, 다른 사람들을 적대시하
는 행위들은 결코 애국심이라고 칭하지 않는다. 나는 자신
의 조국과 가정에 대한 깊은 사랑은 아주 자연스럽고 모든
사람에게 있어서 공통적인 현상이며, 단지 비일상적이고 예
외적인 상황만이 이러한 자연적 느낌을 마비시킨다는 것을
인식하고 있다. 따라서 우리 집의 모든 일이 특별한 한 종
족의 안락함이나 영광을 위해 남용되고 또 그것이 사회 활

동을 위한 나의 열정을 마비시키거나 심지어 다른 조국에 대한 환상을 갖게 하더라도 나는 절망하지 않을 것이다. 대신에 나는 우리 가정의 비정상적인 상황이 언젠가는 마무리되고, 내 아들이나 손자들은 나와 우리 가족들이 겪었던 무기력한 부정의 대신 강력한 열정을 충분히 누릴 수 있을 것이라는 신념으로 나를 위로할 것이다.

IX

나는 언어가 인류의 소통을 위한 수단일 뿐 목적이 되어서는 안 되며, 인류를 분열시키는 것이 아니라 통합하는 임무를 수행해야 한다는 점과 언어 국수주의가 사람들 사이에서 증오의 주요한 요인 중의 하나라는 점을 인식하면서, 결코 특정 종족의 언어나 방언을 성스러운 것으로 간주하지 않으며 내가 아무리 그 언어를 좋아하더라도 그것을 내 투쟁의 깃발로 삼지 않을 것이다. 사람들이 특별히 내 조국의 언어에 대해 질문하면, 나는 국수주의적 감정을 배제하고 내가 어렸을 때 부모님들과 대화했던 언어나 방언에 관해 이야기할 것이다. 사람들이 특별히 내 개인의 언어에 대해 질문하면, 나는 어떤 국수주의적 고려도 배제한 채 내가 개인적으로 가장 잘 말하고 또 가장 기꺼이 사용하는 언어를 거론할 것이다. 그러나 내 모국어나 개인적인 언어가 어떤 것이든지 관계없이, 나는 내 시각에서 다른 사람들에게 내 언어를 강요하지 않고, 다른 사람들 역시 내게 그들의 언어를 강요하지 않아야 한다는 도덕성 그리고 국수주의적 토대를 배제한 중립적이고 인간적인 문화에 봉사하기 위해 나의 동시대인들이 종족들 간의 관계를 위해 사용하는 중립적이면서도 인간적인neŭtrale-homa 그 언어를 배울 것이다.

X

나는 종교란 단지 진실한 믿음의 문제일 뿐 지속해서 상속되는 종족 분리의 도구가 되어서는 안 된다는 점을 인식하면서, 내가 실제로 믿는 종교 또는 그런 종교를 대신하는 체계를 내 종교라 칭한다. 그러나 내 종교가 어떤 것이든지, 나는 그것이 중립적이고 인간적인 '인류인주의' 원칙들에 근거하고 있음을 고백한다. 내가 언급한 '인류인주의' 원칙들이란 다음과 같다.

1) 물질 및 정신세계가 존재하게 하는 근거根據 중의 근거인, 이해할 수 없는 가장 고귀한 힘을, 나는 '하느님' 또는 다른 이름으로 부른다. 그러나 나는 그 힘의 본질에 대해

모든 사람은 자신의 오성悟性, 심장 그리고 자신의 교회에서 가르친 대로 표현할 권리가 있다는 사실을 인식하고 있다. 나는 결코 하느님에 대한 다른 사람의 믿음이 나의 믿음과 다르다는 이유로 그들을 미워하거나 탄압하지 않을 것이다.

2) 종교의 진정한 가르침의 본질은 모든 사람의 가슴속에 양심의 형태로 존재하며, 모든 사람에게 그러한 가르침 중의 가장 중요하고 필수적인 원칙은 다음과 같은 내용이라는 것을 나는 인식하고 있다. "다른 사람이 네게 행하기를 원하는 것처럼 너도 다른 사람에게 행하라." 나는 이 가르침 외의 다른 모든 것은, 사람이 자신의 신앙에 기초해 절대복종해야 하는 하느님의 가르침으로 간주하거나 인류의 다양한 종족의 위대한 스승들이 우리에게 남겨 준 전설과 뒤섞인 해설 또는 인류가 확립한 관습으로 간주하며, 그것을 실천하거나 그렇게 하지 않는 것은 전적으로 우리의 의지에 달려있다고 인식한다.

3) 만약 내가 현존하는 어떤 계시적인 종교도 믿지 않는다면 단순히 종족적인 이유로 어떤 종교를 선택해 다른 사람들이 내 신념에 대해 오해하게 하거나 후세들에 종족 간의 끝없는 분열을 상속해선 안 된다. 반대로 만약 법

률이 허용한다면, 내 신앙을 무신론과 동일시하지 않으면 서도 신앙의 완전한 자율성을 유지하면서, 나는 '자유로운 종교인'이라고 공개적이고 공식적으로 선언해야 한다. 내가 사는 지역에 내 양심과 마음에 따라 가입할 수 있는, 모든 사람이 합의해 정식으로 조직된 자유 신앙인을 위한 (특정한) 교리가 없는 자유로운 공동체가 존재한다면, 내 종교적 중립성을 확실하고 정확하게 확립하고, 내 후손들이 교리 없는 혼란스러운 삶을 살다가 결국에는 종족적 종교 국수주의에 다시 빠져드는 것을 막기 위해, 나는 그러한 자유 신앙 공동체에 (공식적이고 또 그것이 후손들에게 지속해서 상속될 수 있도록) 가입하고, 동시에 그 공동체의 중립적 명칭과 활동 그리고 강제적이지 않으면서도 중립적이고 인간적인 축제들과 관습, 달력 등등을 수용할 것이다. 이런 세상이 오기 전까지 나는 내가 태어날 때 공식적으로 기록된 그 종교에 남아 있겠지만, 내가 그 종교에 단지 잠정적으로 관습과 행정적 편의를 위해 가입했다는 사실을 보여주기 위해 항상 '자유로운 신앙'이라는 단어를 덧붙일 것이다.

3

에스페란토주의의 본질에 대한 선언[1]

에스페란토주의의 본질에 대해 많은 사람이 아주 잘못
된 생각을 하고 있어서, 불로뉴-쉬르-메르에서 개최된 국
제 대회에 참가한 세계 각국 에스페란티스토의 대표로 구
성된 우리 서명자들은 에스페란토 창안자의 제안에 따라
다음과 같이 설명할 필요가 있음을 인식했다.

1. 에스페란토주의는, 대중들의 내적 생활에 간섭하지
않고 현존하는 민족어들을 배척하지 않으면서, 오직 중립
적이고 인간적인 이 언어를 세계에 보급하려는 운동으로,

---

1. [옮긴이] 불로뉴-쉬르-메르에서 개최된 〈제1차 세계에스페란토대회〉 첫 회
   의(1905년 8월 7일)에서 자멘호프는 자신이 제안하고 위원회가 내용을 약
   간 수정한 선언을 낭독했는데, 이 선언은 4차 회의에서 최종적으로 결정되
   었다. 브와락의 제안으로 대회 참가자들에게 제안되어 채택되었고, 이 선언
   은 모든 에스페란티스토에게 거의 신념처럼 받아들여졌다. 브와락(Émile
   Boirac, 1851~1917)은 프랑스 철학자이자 에스페란토운동의 열렬한 추동자
   로 에스페란토학술원 회장을 역임했다. 데자뷔(déjà vu, 기시감)라는 용어
   를 처음으로 사용했다.

언어 문제로 대립하는 다양한 지역의 공공 기관에서 평화적 분위기 조성에 기여하고 또 모든 대중이 동등하게 관심을 두는 서적들이 출판될 수 있도록 도와 서로 다른 민족의 구성원들이 소통할 수 있는 가능성을 제공하는 운동이다. 이런저런 에스페란티스토들이 에스페란토주의와 연결하는 다른 모든 사상이나 희망은 전적으로 그의 개인적 행위이며, 에스페란토주의는 이에 대해 어떤 책임도 지지 않는다.

2. 현재 세계의 어떤 연구자도 인공어를 국제어로 채택해야 한다는 사실을 의심하지 않으며, 동시에 지난 2세기 동안 진행된 많은 시도는 단지 이론적인 계획만을 제시했을 뿐이며, 실제로 언어로 완성되고 시험을 거쳐 모든 면에서 완벽하게 생존할 수 있고 또 가장 적합한 유일한 언어는 에스페란토뿐임이 입증되었다. 따라서 국제어의 이상에 동의하는 친구들은, 이론적 논쟁은 백해무익할 뿐이고 국제어의 목적은 오직 실제적인 노력으로만 도달 가능하다고 인식하면서, 모든 사람이 이미 오래전부터 유일한 언어인 에스페란토 주위로 집결해 이 언어를 보급하고 풍부한 문학 자산을 형성하기 위해 노력하고 있다.

3. 에스페란토어의 창안자는 초기에 이 언어와 관련된

모든 개인적 관계와 특권을 영원히 거부했기 때문에, 에스페란토는 물질적으로나 정신적으로 '누구의 소유물도 아니다.'

이 언어의 물질적 주인은 모든 인류다. 이 언어에 관한 책이나 이 언어로 쓰인 책을 출판하고자 하는 모든 사람은 자기 뜻대로 출판할 수 있고 어떤 목적을 위해서든 이 언어를 사용할 수 있으며, 에스페란토 분야에서 가장 훌륭하고 뛰어난 작가로 인정받은 사람들을 이 언어의 정신적 주인으로 간주할 것이다.

4. 에스페란토는 (합법적인 규칙을 제정할 수 있는) 어떤 개인적인 권위자도 없으며, 어떤 특정한 개인에 종속되지 않는다. 에스페란토 창안자의 모든 개인적 의견이나 저서들은 다른 모든 에스페란티스토들의 그것과 마찬가지로 절대적으로 사적인 것으로 간주되며 누구에게도 강요되지 않는다. 모든 에스페란티스토를 항상 강제할 수 있는 유일한 것은, 누구도 그 내용을 변경할 권한이 없는, 에스페토어의 기본 토대가 담긴 소책자 『에스페란토의 기초』 *Fundamento de Esperanto*뿐이다. 이 책에서 언급한 규칙이나 형식에서 벗어나려는 사람은 결코 '에스페란토의 창안자가 이렇게 하길 원한다, 혹은 권한다.'라는 표현으로 자신을 정당

화할 수 없다. 『에스페란토의 기초』에 있는 내용으로 편리하게 표현할 수 없는 모든 개념에 대해 에스페란티스토들은 다른 모든 언어에서 표현하는 것처럼 자신이 할 수 있는 가장 정확한 방식으로 표현할 권리가 있다. 그러나 언어의 온전한 통일성을 위해 모든 에스페란티스토는 에스페란토를 위해 가장 큰 노력을 기울였으며 그 정신을 가장 잘 이해하고 있는 에스페란토 창안자의 저서에 표현된 문체를 최대한 수용하기를 추천한다.

5. 에스페란토를 알고 있고 사용 가능한 모든 사람은, 그들이 이 언어를 어떤 목적으로 사용하든지, 완전히 동등하게 '에스페란티스토'라 칭한다.

『위험한 언어』(2013) 이후 6년이 흘러 『인류에게 공통의 언어가 있다면』이 독자들과 만나게 되었다. 자멘호프의 주장처럼 에스페란토 배우기가 자연어 (또는 다른 민족어) 배우기보다 50배나 쉬운지는 모르겠지만 제도교육을 통해 강제로 배운 영어와 비교해보면 상당히 쉬웠던 것 같기는 하다.

에스페란토를 통해 붕괴 직후의 동유럽을 경험하고, 수교 전의 중공을 맛볼 수 있었다. 자멘호프가 바라는 에스페란토의 전사가 될 능력은 없지만 기회가 되면 다른 언어를 사용하는 사람들과의 거의 유일한 소통 수단으로 영어만을 떠올리는 사람들이 다수인 이 땅에 에스페란토를 소개하고 싶었다. 에스페란토의 역사를 정리한 『위험한 언어』와 에스페란토 창안자의 세계관과 에스페란토 창안의 동기와 배경을 읽을 수 있는 『인류에게 공통의 언어가 있다면』을 선택했고 2016년 8월부터 2018년 8월까지 중국에서 일하면서 다시 용기를 내고 시간을 쪼갰다. 첫 계획과

달리 출판 순서가 바뀌긴 했지만 최소한의 짐을 내려놓을 수 있어 다소 홀가분하다.

자멘호프는 유소년 시절 언어와 종족·문화적 차이로 인한 종족 간의 다툼과 반목을 겪으면서 국제어를 통한 소통과 화해를 꿈꾸게 되었고, 김나지움 시절부터 시작된 그의 에스페란토 창안 작업은 1887년 결실을 보게 되었다. 그러나 그가 직면한 현실은 냉혹했다. 에스페란토가 발표되기 8년 전 발표된 첫 국제어 볼라퓌크는 바벨탑 이래 공용어를 기다리던 많은 사람의 호응으로 활화산처럼 타오르다 그 불꽃이 꺼져가고 있었지만 볼라퓌크 지지자들은 두 개의 공용어를 원하지 않았다. 에스페란티스토들은 볼라퓌크보다 간편하고 쉬운 점에 환호하면서도 자멘호프의 추상적 이념에 우려를 드러냈다. 이 책에 번역된 자멘호프의 논문, 연설문, 편지 등은 이런 다양한 상황을 돌파하기 위해 쓰였다. 여기저기서 반복되는 주장과 내용이 그의 절박함을 보여주고 있다.

역자의 충분치 않은 에스페란토 능력과 5~6줄 마침표 없이 이어지는 긴 문장 때문에 고민하면서 자멘호프의 과장된 주장에 의구심을 떠올렸다. 문제의 해결을 위해 귀찮은 질문을 던질 때마다 항상 웃는 모습으로 답해 준 우수

이曰井裕之 선생께 감사드린다.

    용기를 내고 시간을 내서 번역 작업을 시작했지만 역자가 적임자란 생각은 해 보지 않았다. 역자보다 훨씬 언어적으로 뛰어나면서 또 에스페란토운동의 경험도 풍부한 에스페란티스토들이 많음을 알기 때문이다. 거친 작업에 정확한 비판으로 도움을 기대한다. 시간을 쪼개 초고를 읽어준 Paz와 이수영 프리뷰어 님, 처음부터 끝까지 모든 복잡한 과정을 인내해 주신 갈무리 출판사에도 감사드린다. 그렇더라도 역자의 부족함이 덮어지는 것은 아니라는 점도 잘 알고 있다.

2019년 9월

최만원

김나지움에서 동료들과 함께 (뒷줄
왼쪽 첫 번째가 자멘호프, 1873년)

러시아어로 발행된 첫 에스페란토 교재 (1887년)

프랑스 불로뉴-쉬르-메르 〈제1차 세계에스페란토대회〉에서 자멘호프 가족과 미쇼(Michaux) 가족 (1905년)

프랑스 불로뉴-쉬르-메르 〈제1차 세계에스페란토대회〉에서 자멘호프 부부와 친구들 (1905년)

자멘호프 부부 (1906년)

독일 드레스덴에서 개최된 〈제4차 세계에스페란
토대회〉에서의 자멘호프 (1908년)

미국 워싱턴에서 개최된 〈제6차 세계에스페란토대회〉 (1910년)

자멘호프의 장례식 (1917년)

1859년 12월 15일 러시아령 폴란드의 북동부에 위치한 비알리스토크
　　　(Białystok)에서 출생.

1869년~1878년 비알리스토크 초등학교 입학. 어려서부터 가정에서 러
　　　시아어, 이디시어, 폴란드어를 주로 사용했으며, 특히 아버지에게
　　　서 프랑스어, 독일어, 히브리어 등을 배우다.

1878년 12월 5일 김나지움에서 고대 그리스어, 라틴어, 영어 등을 배우
　　　면서 자신의 첫 인공어 계획인 만국공통어(Lingwe universala)를
　　　완성한 후 학우들과 자축하다.

1879년 독일 신부(神父) 슐라이어(Johann Martin Schleyer)가 첫 근대
　　　적 국제어 볼라퓌크(Volapük)를 발표하다.

1881년 러시아 황제 알렉산더 2세의 피살로 유대인에 대한 학살이 시
　　　작되자 유년기에 가졌던 러시아에 대한 동화적 정서를 버리고 초
　　　기 시오니즘과 독립 유대국가 건설운동에 참여하다.

1885년 모스크바와 바르샤바에서 의학을 공부하고, 특히 빈에서 안과
　　　를 공부한 후 베이시에야이에서 안과의사로 개업하다.

1885년 배타적 시오니즘을 극복하고 전 인류의 평등과 평화를 담보할
　　　수 있는 인본주의(후일 인류인주의[Homaranismo])에 대한 관심
　　　으로 지평을 확장하다.

1887년 7월 26일 『제1서』(*Unua Libro*)를 출판하다. 『제1서』의 러시아판
　　　원제는 *Lingvo Internacia : Antaŭparolo kaj plena lernolibro*(국제어 : 서문
　　　과 완전한 교본)인데, 다음 해 출판된 『제2서』(*Dua Libro de l' lingvo
　　　Internacia*)의 영향으로 습관적으로 『제1서』로 불리게 되었다. 자멘
　　　호프가 『제1서』를 "에스페란토 박사"(Doktoro Esperanto)라는 필

명으로 출판하여, 이 새로운 국제어가 이때부터 "에스페란토"라는 이름으로 불리게 되었다. 『제1서』는 출간된 해에 폴란드어, 독일어, 프랑스어로 출판되었다.

1887년 8월 9일 평생의 후원자이자 동지였던 클라라(Klara Silbernik, 1863~1924)와 결혼. 이후 세 자녀 아담(Adam, 1888), 조피아(Zofia, 1889), 리디야(Lidja, 1904)가 출생.

1887년 〈미국철학협회〉의 "국제어 문제에 관한 위원회"에서 에스페란토를 당시까지 대중에게 제안된 가장 쉽고 이성적인 국제어 방안으로 선정하다.

1888년 『제2서』와 『제2서 보충』(*Aldono al la Dua Libro de l' lingvo Internacia*)이 발간되다. 세계 첫 에스페란토 모임이 독일 뉘른베르크에서 설립되다.

1889년 독일 뉘른베르크에서 세계 첫 에스페란토어 잡지 『에스페란티스토』(*La Esperantisto*)가 창간되다.

1889년~1990년 『에스페란티스토』지에 「에스페란토와 볼라퓌크」(Esperanto kaj Volapük)를 연재하다.

1894년 셰익스피어의 『햄릿』을 에스페란토로 번역 출판하다.

1901년 자멘호프의 철학적, 종교적 신념을 포괄한 인류인주의의 초기 형태인 힐렐리즘(Hilelismo)에 관한 소책자를 발행하다.

1903년 다양한 에스페란토 원작 및 번역 문학작품을 수록한 『에스페란토 기초 문선』(*Fundamenta Krestomatio de la Lingvo Esperanto*)을 출판하다.

1905년 프랑스 불로뉴-쉬르-메르(Boulogne-sur-Mer)에서 〈제1차 세계 에스페란토대회〉가 개최되다. 『에스페란토의 기초』(*Fundamento de Esperanto*)를 발표하다.

1906년 힐렐리즘의 완성된 형태인 인류인주의("인류라는 큰 가정의 구성원"이라는 의미) 사상을 정리한 소책자 「인류인주의」를 러시아어와 에스페란토로 출판하다.

1907년 단행본 『국제어 사상의 본질과 미래』(*Esenco kaj Estonteco de la
ideo de Lingvo Internacia*)를 출판하다. 이 글은 1898년 "Unuel"이라
는 필명으로 『에스페란토 기초 문선』(*Fundamenta Krestomatio*)에 실
리면서 처음 공개된 것이다. 1907년 보프롱(Louis de Beaufront)이
〈프랑스과학증진협회〉 대회에서 발표하다.

1907년 괴테의 『이피게네이아』, 쉴러의 『군도』 등을 에스페란토로 번
역 출판하다.

1908년 〈세계에스페란토협회〉(Universala Esperanto-Asocio, 약칭
UEA)가 창립되다.

1910년 『언어 문제에 관한 답변들』(*Lingvaj Respondoj*), 『에스페란토 속담
집』(*Proverbaro Esperanta*)을 출판하다.

1911년 영국 런던에서 개최된 〈세계인종대회〉를 위해 「종족과 민족어」
(Gentoj kaj Lingvo Internacia)를 발표하다.

1913년 「인류인주의 선언」(Deklaracio pri Homaranismo)을 발표하다.

1907년~1914년 『구약성경』의 많은 부분을 에스페란토로 번역하다.

1912년 8월 폴란드(당시 오스트리아-헝가리제국) 크라쿠프(Kraków)에
서 개최된 〈제8차 세계에스페란토대회〉에서 에스페란토 관련 모
든 공식 직함을 내려놓다.

1915년 1차 세계대전 종결 후 각국 외교관들에게 보내는 호소문 「거대
한 전쟁 후」(Post la Granda Milito)를 발표하다.

1917년 4월 14일 바르샤바에서 심장병으로 별세하다.

:: 수록 글 출처

"Raporto verkita de anonima aŭtoro kaj legita (en formo iom ŝanĝita kaj mallongigita) de s-ro L. de Beaufront en la kongreso de l' Association Française pour l'Avancement des Sciences (Parizo, 1900)", *Originala Verkaro*, pp. 276~312.

"Eltiro el privata letero al s-ro B.(N. Borovko)", *Originala Verkaro*, pp. 417~422.

"Gentoj kaj Lingvo Internacia", *Originala Verkaro*, pp. 345~353.

Al s-ro Michaux(Pri "Tutmonda Ligo Esperantista"), *Originala Verkaro*, pp. 432~436.

"Esperanto kaj Volapük", *Originala Verkaro*, pp. 258~275.

"Antaŭparolo al la 'Unua Libro' ", *Originala Verkaro*, pp. 17~21.

"Aldono al la 'Dua Libro de l'lingvo Internacia' ", *Originala Verkaro*, pp. 29~40.

"Unua Kongreso 1905 en Boulogne-sur-mer", *Originala Verkaro*, pp. 360~365.

"Dua Kongreso 1906 en Genève", *Originala Verkaro*, pp. 368~374.

"Tria Kongreso 1907 en Cambridge", *Originala Verkaro*, pp. 374~381.

"Vortoj de lasta konfeso (1917)", *Originala Verkaro*, p. 358.

"Dogmoj de Hilelismo (1906)", *Originala Verkaro*, pp. 313~321.

"Homaranismo (1913)", *Originala Verkaro*, pp. 338~343.

"Deklaracio pri la Esenco de la Esperantismo (1905)". https://eo.wikipedia.org/wiki/Deklaracio_pri_Esperanto